地方治理研究报告 第5辑

法治政府建设创新实践
——市县示范创建

李宗楼 王义德◎主编

安徽师范大学出版社
ANHUI NORMAL UNIVERSITY PRESS
·芜湖·

图书在版编目(CIP)数据

法治政府建设创新实践：市县示范创建 / 李宗楼，王义德主编. — 芜湖：安徽师范大学出版社，2022.7

ISBN 978-7-5676-5728-1

Ⅰ. ①法… Ⅱ. ①李… ②王… Ⅲ. ①社会主义法治—建设—研究—中国 Ⅳ. ①D920.0

中国版本图书馆CIP数据核字(2022)第106352号

安徽师范大学法学院
芜湖市社会治理研究院 资助出版

法治政府建设创新实践——市县示范创建　　李宗楼　王义德◎主编

责任编辑：胡志立
责任校对：胡志恒
装帧设计：张德宝
责任印制：桑国磊
出版发行：安徽师范大学出版社
芜湖市北京东路1号安徽师范大学赭山校区
网　址：http://www.ahnupress.com/
发行部：0553-3883578　5910327　5910310(传真)
印　刷：江苏凤凰数码印务有限公司
版　次：2022年7月第1版
印　次：2022年7月第1次印刷
规　格：700 mm × 1000 mm　1/16
印　张：21
字　数：319千字
书　号：ISBN 978-7-5676-5728-1
定　价：65.00元

前言

党的十八大以来，中国特色社会主义法治体系不断健全，法治中国建设迈出坚实步伐取得显著成效。以习近平同志为核心的党中央对全面依法治国作出重要部署，深入推进依法行政、加快建设法治政府，形成了一系列法治政府建设的新理念新思想新战略。习近平总书记围绕法治政府建设的目标任务、地位作用、根本遵循、工作布局、重要抓手等作出一系列重要论述，形成了科学、严谨的思想体系和理论架构，是习近平法治思想在法治政府建设领域的集中体现，蕴含了习近平法治思想的基本精神和核心要义。2020年11月，习近平总书记在中央全面依法治国工作会议上明确指出，全面依法治国是一个系统工程，要整体谋划，更加注重系统性、整体性、协同性。法治政府建设是重点任务和主体工程，要率先突破。在习近平法治思想指导下，近些年来，全国各地区各部门多措并举、改革创新，法治政府建设取得重大进展，全面依法行政能力明显提高。当前，我国已经开启全面建设社会主义现代化国家、实现向第二个百年奋斗目标进军的新征程，统筹中华民族伟大复兴战略全局和世界百年未有之大变局，推进国家治理体系和治理能力现代化，适应人民日益增长的美好生活需要，都对法治政府建设提出了新的更高要求。

2021年8月，中共中央、国务院印发《法治政府建设实施纲要（2021—2025年）》（简称《纲要》）明确指出，在新发展阶段持续深入推进依法行政，全面建设法治政府，要全面贯彻习近平法治思想，增强“四个意识”、坚定“四个自信”、做到“两个维护”，把法治政府建设放在党和国家事业发展全局中统筹谋划，加快构建职责明确、依法行政的政府治理体系，全面建设职能科学、权责法定、执法严明、公开公正、智能高效、廉洁诚信、人民满意的法治政府，为全面建设社会主义现代化国家、实现中华民族伟大复兴的中国梦提供有力法治保障。这是持续深入推进依法行政，全面建设法治政府的指导思想，也是加快法治政府建设的重要遵循。

在贯彻实施《纲要》实践中，我们要深入学习贯彻习近平法治思想，提高对法治政府在法治国家建设中的重点任务和主体工程的认识，认真贯彻和践行《纲要》提出的总体目标，立足新起点，明确新方位，提出新举措，着眼法治国家、法治政府、法治社会一体化建设，力争“重点突破”带动“整体提升”，为到2035年基本建成法治国家、法治政府、法治社会奠定坚实基础。针对当前建设实践中的短板弱项，必须牢牢把握法治政府建设的正确方向和重要遵循，落实和践行好“十四五”规划提出的目标任务，积极探讨法治政府建设的创新路径，不断提升法治政府建设的质量和水平，推动新时代法治政府建设再上新台阶。本辑首篇“深入把握和扎实推进法治政府建设——学习习近平法治思想”一文，正是从整体上阐述了习近平法治思想引领法治政府建设的重要性和指导性，强调深入学习和把握习近平法治思想是扎实推进法治政府建设，提升法治政府建设水平和依法行政能力的根本要求。

本辑研究报告以获得全国或省级法治政府建设示范命名的十多个市县（区）为研究对象，围绕法治政府建设的目标任务，着重探讨个案市县在示范创建中多措并举、改革创新取得的某一方面的积极成果和有益经验，剖析示范个案创建特点和具有共性的价值借鉴，阐述新发展阶段法治政府建设面临的新形势新任务和对策建议，以推动市县法治政府建设水平整体提升，再上新台阶。其研究的主要内容：

一是政府职能依法全面履行，更好发挥政府作用问题的研究。以合肥市深化“放管服”改革推动高质量发展、铜陵市法治化营商环境建设、南陵县深化政府权责清单制度建设路径探析、滁州市加快政务服务标准化体系建设、绩溪县法治引领生态环境保护等个案，总结和分析依法全面履行政府职能的成功做法和基本经验，探讨如何实现政府职能深刻转变，把该管的事务管好、管到位，形成边界清晰、分工合理、权责一致、运行高效、法治保障的政府机构职能体系，推动更好发挥政府作用。

二是健全依法行政制度体系和行政决策科学民主合法问题的研究。以蚌埠市健全依法行政制度体系推进政府治理规范化程序化法治化、淮南市稳步推进行政决策科学化民主化法治化、宿州市埇桥区重大行政决策公众参与中的全过程民主实践等案例，对地方政府完善依法行政制度体系和市县健全行政决策机制、推进政府重大行政决策公众参与全过程民主的发展与完善等问题分别作出分析，着力探寻完善市县依法行政制度体系和实现行政决策程序规定严格落实、决策质量和效率显著提高，提升行政决策公信力和执行力。

三是推进严格规范公正文明执法和行政权力制约监督机制问题的研究。以黟县旅游综合执法改革与体制机制创新、黄山市严格推行行政执法三项制度、蒙城县强化对行政权力的制约监督、六安市政务公开与制度创新等个案，探求市县全面落实行政执法责任制、严格规范公正文明执法和科学有效的行政权力监督制约机制，着力实现行政执法水平普遍提升，保障党和人民赋予的权力始终用来为人民谋幸福。

四是社会矛盾纠纷依法有效化解，促进社会公平正义问题的研究。以池州市基层社会矛盾纠纷综合化解的新探索和淮北相山区大调解融入基层社会矛盾纠纷化解机制的创新路径分析为案例，重点探讨新时期市县政府如何健全依法化解矛盾纠纷机制，努力实现人民群众合法权益受到公平对待、尊严获得应有尊重，推动完善社会矛盾纠纷多元预防调处化解机制。

五是坚持党的领导，全面推进法治政府建设研究。以天长市加强党对法治政府建设的领导为例，探讨党委和政府把习近平法治思想贯彻落实到法治政府建设全过程和各方面，切实履行推进法治建设领导职责，履行法治政府建设主体责任，谋划落实好法治政府建设的各项目标任务，促进和保障法治政府建设抓实抓好，为进一步推动法治政府建设提供有益借鉴。

本辑研究报告的主要特点是坚持以习近平法治思想为指导，把法治政府建设为了人民、依靠人民作为研究示范创建的出发点和目标，推进法治政府创建实践，满足人民群众对新时代法治政府的新需求新期待，这是其一。其二是围绕法治政府建设的主要内容，剖析示范个案创建特点和具有共性的价值借鉴，以创建促提升，以示范带发展，推动市县找差距、补短板、激发内生动力，实现法治政府建设的整体推进。三是运用实证研究方法，依据具体材料，采用严谨的逻辑分析，使研究成果具有较强的说服力，有助于推动市县加快法治政府建设和依法行政能力的提升，推进法治政府建设的理论与实践问题深入研究。

开展地方及基层治理实证研究，是探讨当代中国特色社会主义治理理论的一种尝试，试图通过每辑所选择的研究主题，运用治理理论与实证研究方法，集合团队共同探索，以推动理论研究与实践的结合，理论研究为现实社会服务。本辑主要围绕市县法治政府建设示范创建个案的某一方面展开分析与探讨，而不是对法治政府建设所有问题的研究。即便如此，这些专题性实证研究对推进地方及基层法治政府建设与治理水平的提升，以及对这一问题继续深入研究，有着重要参考价值和积极意义。

本辑研究报告由主编负责选题和框架内容设计，法学院公共管理系组织老师调研和专题报告撰写，最后由主编统稿、修改与定稿，安徽师范大学法学院、芜湖市社会治理研究院资助经费出版。开展地方治理专题研究以来和本辑研究报告的出版，得到安徽师范大学法学院大力支持，得到安徽师范大学副校长、博士生导师彭凤莲教授，法学院院长、博士生导师周振杰教授，院党委书记赵红等领导的鼓励与支持，公共管理系全体同仁全力协助和有关院校老师的热情参与，还得到实地调研单位的热情帮助与支持，得到安徽师范大学出版社领导的关心与支持。在此向他们一并表示诚挚的感谢！

由于受我们的水平和时间所限，疫情防控期间深入调研与研究不够，本书难免有不足之处，欢迎学界同仁及读者批评指正。

李宗楼

2022年5月于安徽师范大学花津校区

目　录

深入把握和扎实推进法治政府建设

——学习习近平法治思想

李宗楼

摘　要： 建设法治政府，严格依法行政，是习近平法治思想的重要内容，是全面依法治国和发展中国特色社会主义基本方略的重要组成部分。法治政府建设是全面依法治国的重点任务和主体工程，是推进国家治理体系和治理能力现代化的重要支撑。建设法治政府，全面推进依法行政是一项战略性、全局性和系统性工程。健全政府机构职能体系，推动依法行政制度体系的完善，严格落实重大行政决策程序，坚持严格规范公正文明执法，强化对行政权力制约和监督，完善突发事件应对体系，构建多元社会矛盾纠纷化解体系，全面建设数字法治政府，是当前和今后一个时期法治政府建设的重点任务。法治政府建设必须坚持党的全面领导、坚持以人民为中心的价值引领，牢牢把握法治政府建设的正确方向；坚持问题导向，着力解决制约法治政府建设的突出问题；坚持改革创新，探索具有中国特色的法治政府建设模式和路径；坚持统筹推进，强化法治政府建设整体推动、协同发展。推动法治政府建设高质量发展，提升法治政府建设水平，需要推动法治政府和法治社会互相促进，抓好“关键少数”和强基导向，发挥以示范和督察为抓手的引领与推动作用，多措并举，勇于实践，奋力开创法治政府建设新局面。

关键词： 习近平法治思想　法治政府建设　依法行政　依法治国

习近平总书记在2020年11月中央全面依法治国工作会议上指出，全面依法治国是一个系统工程，要整体谋划，更加注重系统性、整体性、协同性。其中，法治政府建设是重点任务和主体工程，要率先突破。在法治政府建设上要率先突破，一个重要着力点就是认真贯彻党的十九届五中全会精神，深入贯彻落实“十四五”规划提出的“建设职责明确、依法行政的政府治理体系”，实现“国家行政体系更加完善，政府作用更好发挥，行政效率和公信力显著提升”的目标任务，到2025年，政府行为全面纳入法治轨道，职责明确、依法行政的政府治理体系日益健全，行政执法体制机制基本完善，行政执法质量和效能大幅提升，到2035年要“基本建成法治政府”。这是党中央立足于国家治理现代化全局作出的重大决策部署，是推进国家治理体系和治理能力现代化的重要动力，也是深化和拓展中国特色社会主义法治道路、推进全面依法治国的新方位。

党的十八大以来，以习近平同志为核心的党中央坚持法治国家、法治政府、法治社会一体建设的同时，围绕深入推进依法行政、加快建设法治政府这一重大课题，形成了一系列法治政府建设的新理念新思想新战略。习近平总书记围绕法治政府建设的目标任务、地位作用、根本遵循、工作布局、重要抓手等作出一系列重要论述，形成了科学、严谨的思想体系和理论架构，是习近平法治思想在法治政府建设领域的集中体现，蕴含了习近平法治思想的基本精神和核心要义。在全面建设社会主义现代化国家、实现第二个百年奋斗目标的历史进程中，我们要学深悟透习近平法治思想，提高对法治政府在法治国家建设中的重点任务和主体工程的认识，针对建设中的短板弱项，抓好法治政府建设的主要任务，牢牢把握法治政府建设的正确方向和重要遵循，积极探讨法治政府建设的创新路径，不断提升法治政府建设的质量和水平，对落实和践行“十四五”规划中提出的目标任务，全面推进依法行政有着重要的现实意义。

一　深入认识法治政府建设是全面依法治国的重点任务和主体工程

坚持全面依法治国是新时代坚持和发展中国特色社会主义基本方略的

重要内容，也是坚持和发展中国特色社会主义的本质要求和重要保障。能不能加快法治国家建设，做到全面依法治国，很大程度上要通过大力推进法治政府建设、保证行政机关依法行政来实现。习近平总书记指出，“关键在于党能不能坚持依法执政，各级政府能不能依法行政”[①]，2021年3月，习近平总书记在《求是》杂志发表《坚定不移走中国特色社会主义法治道路，为全面建设社会主义现代化国家提供有力法治保障》一文明确指出：“推进全面依法治国，法治政府建设是重点任务和主体工程，对法治国家、法治社会建设具有示范带动作用，要率先突破。”这一重要论断是对我国坚持依法治国实践的总结，是从法治国家建设战略高度强调法治政府建设的重要性。

（一）政府是国家治理的组织者和实施者

法治政府建设是依法治国的重点任务和主体工程，首先是由政府在国家治理体系中的地位所决定的。一般来说，政府作为国家机构体系的重要组成部分，是执行和实现国家重要功能的组织和工具，担负着组织、指挥、管理和执行的重任。在我国，党和国家作出的各项重大决策部署需要各级政府去贯彻和实施；全国人大及其常委会制定的法律、法规和作出的重大决定需要各级政府去执行和实施；大部分法律、地方性法规草案和全部行政法规、政府规章都是由设区的市级以上人民政府提出或制定的；司法机关的公正司法，需要政府的尊重和不干预司法，去保障其有效实现；整个社会的安全和秩序，需要政府的依法有效管理去建构和维护。可以说，没有政府的组织和整个系统有效运作，就很难实现国家体系的有效运行。其次，政府是国家建设和发展的主体力量，肩负着国家赋予的一系列重要职能，包括保障人民民主和维护国家长治久安的政治职能，承担着宏观调控、市场监管等经济建设的职能，还有像环境保护、社会主义文化建设以及提供社会公共服务等其他多种职能。这些职能的履行，既是政府承担的法定职责，也是政府践行法治建设的重要路径，而建设职责明确、依法履行职

① 习近平.加快建设社会主义法治国家[J].求是，2015(1)：3-8.

能的政府，最重要的在于政府的组织和实施功能的发挥，也就是说，政府的组织和实施是履行好国家职能的基础和关键，有了政府的积极组织和依法实施，并用法治给行政权力定规矩、划界限，规范行政决策程序，加快转变政府职能，就能促进并保障政府积极履行好各项职能，推动国家治理的现代化。

（二）政府治理的转型和法治建设发展的要求

法治政府建设是依法治国的重点任务和主体工程，还源于政府治理模式的转型和法治建设的发展。党的十八大以来，在全面推进依法治国的号角声中，法治政府建设换挡提速，依法治理、依法行政成为一道时代的鲜明烙印。正如习近平总书记指出的，“人类社会发展的事实证明，依法治理是最可靠、最稳定的治理”[①]。这是对人类社会发展规律的总结，也是对我国既有治理模式的反思。由于历史的原因，曾在过去一段时间，我们的政府对社会、经济等领域采用高度集中的管制而非采用法治的方式进行，教训十分深刻。直到今天，虽然我们在法治政府建设方面取得了重大成就，但也还很难说政府在治理过程中已经充分发挥了法治的作用，充分做到了严格规范公正文明执法，在守法上全面成为了人民群众的表率。正因如此，一个长远有效的政府治理应当将依法行政作为基本准则。因此，政府治理的思维和路径全面转向法治，是提升政府治理水平、实现长效稳定治理的必由之路，是带动法治国家各方面建设的动力源[①]。不仅如此，法律能否得到有效实施，是建设法治国家的重点和难点。习近平总书记指出，“法律的生命力在于实施。如果有了法律而不实施，或者实施不力，搞得有法不依、执法不严、违法不究，那制定再多法律也无济于事”[②]。要破解这一问题，势必应当着力提升法治政府在法治国家建设中的权重[③]，将其作为主体工程，如通过机构改革和重组，强化包括市场监管等在内的政府职能部门履职能力，借助外在的政府履职管理体制和执法体制实施法律，进而实现法

① 马怀德.论习近平法治思想中的法治政府理论[J].政法论坛，2020(6)：11-22.

② 习近平关于全面依法治国论述摘编[M].北京：中央文献出版社，2015：57.

③ 马怀德.论习近平法治思想中的法治政府理论[J].政法论坛，2020(6)：11-22.

治。法律的有效实施需要强化对政府权力的制约和监督。正如有的学者提出，“任何国家，法治的重心都是制约和控制行政权力，防止其滥用和异化。我国依法治国、依法治权的核心也是针对行政权力及其行使”[①]，而权责法定是监督制约政府权力的重要方式，需要通过法律规定不同层级、不同类型行政机关的权力和责任，建构科学合理的权力结构，确保法律实施的稳定性。必须建立健全制约监督政府权力体系，确保法律公正实施。政府是重要的执法主体，建立健全制约监督政府权力的体系，是实现法律公正实施的重要保障。

（三）法治政府是法治社会的引领者和示范者

法治政府建设是依法治国的重点任务和主体工程，还在于法治政府对于法治社会建设的示范引领作用。在现代社会，政府行政机关既是国家事务和社会事务的管理者，是社会的治理主体和最重要的执法者，也是许多公共服务的提供者，与人民群众打交道最多、联系最多，政府行政机关及其公务人员能否尊法守法、依法办事，直接影响人民群众对法治政府和法治国家建设的认识和评价。对待法律、法治的态度和做法，也必然直接传递给社会和公众，为社会和公众所效仿。在全面推进依法治国的今天，如果政府没有依宪施政、依法行政，政府官员存在“权大于法”“有法不依”的思想，又怎能要求广大人民群众尊法守法呢？也就是说，惟有政府守法诚信，在实施各项行政活动过程中坚守法治底线，信守承诺，不朝令夕改，不破坏人民群众对政府的合法合理期待，才能真正树立法律权威，促使人民群众真正做到办事依法、遇事找法、解决问题用法、化解矛盾靠法，真正带动实现全民守法。因此，要发挥政府和公职人员在人民群众中的引领示范作用，带头做到有法必依、严格执法。2020年2月，习近平总书记在中央全面依法治国委员会第三次会议上的讲话中指出：“当前，一些领导干部还不善于运用法治思维和法治方式推进工作，领导干部心中无法、以言代法、以权压法是法治建设的大敌。各级领导干部必须强化法治意识，带头

① 张文显.建设中国特色社会主义法治体系[J].法学研究，2014(6)：18.

尊法学法守法用法，做制度执行的表率。”他还多次强调“行政机关是实施法律法规的重要主体，要带头严格执法，维护公共利益、人民权益和社会秩序。执法者必须忠实于法律，既不能以权压法、以身试法，也不能法外开恩、徇情枉法。”[①]习近平总书记如此重视发挥行政机关和干部在法治建设中的表率作用，并要求抓住领导干部这个“关键少数”，旨在把法治政府建设作为重点任务和主要工程率先突破，以实际行动带动全社会尊法学法守法用法。

二　正确把握新发展阶段法治政府建设的目标任务

建设法治政府，全面推进依法行政是一项战略性、全局性和系统性工程，需要立足全局和长远统筹谋划。根据中国特色社会主义法治国家建设目标任务，在不同的发展时期，面对形势的变化，应突出法治政府建设的重点任务扎实有序推进，也就是既需要全方位推进取得整体性成效，也需要抓住重要任务取得重点突破，这是习近平法治思想的重要体现。基于《法治政府建设实施纲要（2015—2020年）》（以下简称2015年《纲要》）实施五年来取得的成就经验、面临的困难问题，以及对当下社会主要矛盾的判断和人民群众需求的日益迫切，中共中央、国务院印发《法治政治建设实施纲要（2021—2025年）》（以下简称2021年《纲要》）明确提出“全面建设职能科学、权责法定、执法严明、公开公正、智能高效、廉洁诚信、人民满意的法治政府”新目标。这个目标是立足新发展阶段、贯彻新发展理念、构建新发展格局，紧扣“加快形成职责明确、依法行政的政府治理体系”，坚持问题导向、目标导向，确立到2025年法治政府建设的重点任务和提出改革发展新举措，是在承继发展的基础上对法治政府建设的新布局，是“十四五”时期全面推进法治政府建设的路线图和施工图，为到2035年基本建成法治国家、法治政府、法治社会奠定坚实基础。

---

① 中共中央文献研究室.习近平关于全面依法治国论述摘编[M].北京:中央文献出版社,2015:57.

（一）健全政府机构职能体系

职能科学是法治政府的基本标准之一，依法全面履行职能是法治政府建设的基本要求。习近平总书记指出：“各级政府必须依法全面履行职能，坚持法定职责必须为、法无授权不可为”[①]。党的十八大以来，党中央、国务院以“放管服”改革为着力点和突破口，切实抓好依法全面履行政府职能这一法治政府建设的基础性工作。一方面，不断深化政府职能转变。正如习近平总书记所指出的，“各级政府一定要严格依法行政，切实履行职责，该管的事一定要管好、管到位，该放的权一定要放足、放到位，坚决克服政府职能错位、越位、缺位的现象。”[②]在行政审批领域实行“减法”，最大限度减少对生产经营活动的许可，最大限度缩小投资项目审批、核准的范围，最大幅度减少对各类机构及其活动的认定。在市场监管中实行“加法”，加强事中事后监管，创新市场监管方式，采用协同监管、综合监管、智能监管和信用监管，提高监管实效。另一方面，推进行政职能和行政组织的法定化。以机构改革为基础，充分发挥法治规范和保障机构改革成果的作用，加快推进机构、职能、权限、程序、责任法定化。习近平总书记指出：“要完善权责清单制度，加快推进机构、职能、权限、程序、责任法定化，强化对行政权力的制约和监督，做到依法设定权力、规范权力、制约权力、监督权力。”[③]分级分类推进行政审批制度改革，大力推行权力清单、责任清单、负面清单制度并实行动态管理，加快建设服务型政府，提高政务服务效能，全面提升政务服务水平，是政府依法履行职能的重要任务。同时，持续优化法治化营商环境，及时总结各地优化营商环境可复制可推广的经验做法，适时上升为法律法规制度，也是构建法治政府职能体系的组成部分和必然要求。习近平总书记在主持召开中央全面依法治国委员会第二次会议时强调，要把工作重点放在完善制度环境上，健全法规制度、标准体系，加强社会信用体系建设。在企业家座谈会上，习近平总

① 习近平.加快建设社会主义法治国家[J].求是，2015(1):3-8.

② 中共中央文献研究室.习近平关于全面依法治国论述摘编[M].北京：中央文献出版社，2015:60.

③ 习近平.习近平谈治国理政(第三卷)[M].北京：外文出版社，2020:174.

书记进一步强调，“要依法保护企业家合法权益，加强产权和知识产权保护，形成长期稳定发展预期，鼓励创新、宽容失败，营造激励企业家干事创业的浓厚氛围。要推进简政放权，全面实施市场准入负面清单制度，支持企业更好参与市场合作和竞争。”①

（二）推动依法行政制度体系的完善

依法行政是各级政府活动的基本准则，也是法治政府建设最重要最基本的要求和任务。依法制定行政法规、规章和规范性文件，提高制定法规、规章和规范性文件质量，构建系统完备、科学规范、运行有效的依法行政制度体系，是法治政府运行的重要保障。我国现行的《立法法》《行政诉讼法》《行政复议法》《行政处罚法》《行政许可法》《行政强制法》《国家赔偿法》等，构成了中国行政法律体系的主体架构，在促进政府依法行政、推动法治政府建设方面发挥重要作用。2015年《纲要》提出，要构建系统完备、科学规范、运行有效的依法行政制度体系，使政府管理各方面制度更加成熟更加定型，为建设社会主义市场经济、民主政治、先进文化、和谐社会、生态文明，促进人的全面发展提供有力制度保障。习近平总书记指出，“加强和改进政府立法制度建设，完善行政法规、规章制定程序，完善公众参与政府立法机制；重要行政管理法律法规由政府法制机构组织起草；对部门间争议较大的重要立法事项，由决策机关引入第三方评估，不能久拖不决”②。可以说，在依法行政制度建设方面取得了重要成果。但为了进一步完善依法行政制度体系，要采取更加有力举措建立和完善政府立法体制机制，提高行政立法质量，包括严格落实立法法规定，坚持立改废释并举，完善行政法规、规章制定程序，健全政府立法立项、起草、论证、协调、审议机制，推进政府立法精细化，切实增强政府立法的及时性、系统性、针对性、有效性、可操作性。提高政府立法质量，还要完善地方政府规章制定机制，实现规章制定和改革决策相统一、相衔接。要提高政府立法公众参与度，拓展社会各方有序参与政府立法的途径和方式。要加强规

---

① 习近平. 在企业家座谈会上的讲话[M]. 北京：人民出版社，2020：4.

②《中共中央关于全面推进依法治国若干重大问题的决定》辅导读本[M]. 北京：人民出版社，2014：55.

范性文件监督管理，对规范性文件的制定程序、内容限制、备案审查和清理机制进行明确和规范，努力使政府治理各方面制度更加健全、更加完善。

（三）健全行政决策制度体系

行政决策是各级人民政府履行政府职能的重要方式。行政决策经常会通过公共资源的配置，影响不特定多数人的权益，因此，规范行政决策是法治政府建设的又一重要内容。鉴于行政决策内容的复杂性和多样性，难以从实体层面作出统一规范，从程序角度实现行政决策的科学、民主、合法，就成为推进法治政府建设的必然选择[①]。习近平总书记指出："要以建设法治政府为目标，建立行政机关内部重大决策合法性审查机制，积极推行政府法律顾问制度，推进机构、职能、权限、程序、责任法定化，推进各级政府事权规范化、法律化。"[②]总结我国政府行政决策的实践，把党的领导贯穿于重大行政决策全过程和各方面，是确保重大行政决策坚持正确政治方向的关键性制度要求。国务院《重大行政决策程序暂行条例》明确规定，重大行政决策必须坚持和加强党的全面领导，全面贯彻党的路线方针政策和决策部署，充分发挥党的领导这一核心作用，把党的领导贯彻到重大行政决策全过程，要求决策事项目录和标准须经同级党委同意后向社会公布，重大行政决策出台前应当按照规定向同级党委请示报告。同时，要严格履行决策法定程序，健全依法决策机制。党的十八届四中全会提出，要健全依法决策机制，完善重大行政决策程序制度，明确决策主体、事项范围、法定程序、法律责任，规范决策流程，强化决策法定程序的刚性约束。把公众参与、专家论证、风险评估、合法性审查、集体讨论决定确定为重大行政决策的法定程序。必须坚持科学决策、民主决策、依法决策的统一。科学决策是行政决策内在理性的表现，民主决策是"以人民为中心"的治理理念在行政决策领域的具体体现，依法决策体现了法治原则对于行政决策的规范要求，三者的结构性完善，才能促进并保障政府在重大决策领域的系统完备，才能提升行政决策公信力和执行力。因此，要完善行政

---

① 马怀德.论习近平法治思想中的法治政府理论[J].政法论坛，2020(6):11-22.

② 习近平.加快建设社会主义法治国家[J].求是，2015(1):3-8.

决策执行机制，建立健全重大行政决策跟踪反馈制度，严格落实重大行政决策终身责任追究制度和倒查机制。

（四）全面推进严格规范公正文明执法

行政执法是政府实施法律法规、履行法定职能、管理经济社会事务的主要方式。坚持严格规范公正文明执法，旨在通过具体执法案件传递法治的要求，努力让人民群众在每一个执法行为中都能看到风清气正、从每一项执法决定中感受到公平正义。习近平总书记指出，“国务院和地方各级人民政府作为国家权力机关的执行机关，作为国家行政机关，负有严格贯彻实施宪法和法律的重要职责，要规范政府行为，切实做到严格规范公正文明执法。”[①]党的十九届三中全会进一步指出，“针对当前依然存在的执法不规范、不严格、不透明、不文明以及不作为、乱作为等突出问题，必须加快建立权责统一、权威高效的依法行政体制。”[②]因此，建立健全权责统一、权威高效的行政执法体制，严格实施法律法规规章，各类违法行为得到及时有效查处，公民、法人和其他组织的合法权益得到切实保障，经济社会秩序得到有效维护，行政违法或不当行为明显减少，对行政执法的社会满意度显著提高，成为法治政府建设中严格规范公正文明执法的具体目标。为此，继续深化综合行政执法体制改革，完善权责清晰、运转顺畅、保障有力、廉洁高效的行政执法体制机制，提高执法执行力和公信力。要加大重点领域执法力度，特别是加大食品药品、公共卫生、自然资源、生态环境、安全生产、劳动保障、城市管理、交通运输、金融服务、教育培训等关系群众切身利益的重点领域执法力度。同时，完善行政执法程序，创新行政执法方式，严格落实行政执法公示、执法全过程记录、重大执法决定法制审核制度，全面落实行政执法责任制，健全行政执法人员管理制度，加强行政执法保障等，这是当前和今后一个时期法治政府建设的重要任务。

① 习近平.在首都各界纪念现行宪法公布施行30周年大会上的讲话[M].北京：人民出版社，2012:9.

② 习近平.习近平谈治国理政（第三卷）[M].北京：外文出版社，2020:174.

（五）强化对行政权力制约和监督

人类历史经验反复证明，权力是一把双刃剑，在法治轨道上行使可以造福人民，在法律之外行使则必然祸害国家和人民。这不仅因为行政机关拥有资源配置和社会管理的广泛权力，而且在现代社会发展中，行政机关承担着极为艰巨的经济社会建设重任，因此，加强对行政权力的制约和监督，既是衡量法治政府建设的基本标准，也是推进法治政府建设的重要抓手。习近平总书记指出，要强化对权力运行的制约和监督，健全权力运行制约和监督体系，形成监督合力，将行政权力制约和监督体系建设纳入党和国家监督体系全局统筹谋划，突出党内监督主导地位。推动党内监督与人大监督、民主监督、行政监督、司法监督、群众监督、舆论监督等各类监督有机贯通、相互协调。[①]积极发挥审计监督、财会监督、统计监督、执法监督、行政复议等监督作用。自觉接受纪检监察机关监督，对行政机关公职人员违法行为严格追究法律责任，依规依法给予处分。不仅如此，结合当前实际，加强和规范政府督查工作，加强对行政执法行为制约和监督，也是强化对行政权力制约和监督的又一重要任务，包括进一步明确政府督查的职责、机构、程序和责任，增强政府督查工作的科学性、针对性、实效性。加强行政执法监督机制和能力建设，充分发挥行政执法监督统筹协调、规范保障、督促指导作用，建成全覆盖的行政执法协调监督工作体系。全面落实行政执法责任，严格按照权责事项清单分解执法职权、确定执法责任。全面主动落实政务公开，让权力在阳光下运行，以制度安排把政务公开贯穿政务运行全过程，不断创新公开方式，扩大政务公开参与，注重公开实效，让群众看得懂、听得懂、能监督、好参与。

（六）健全突发事件应对制度体系

坚持运用法治思维和法治方式应对突发事件，着力实现越是工作重要、事情紧急越要坚持依法行政。严格依法实施应急举措，是推进法治政府建

① 习近平．习近平谈治国理政（第三卷）［M］．北京：外文出版社，2020：546，549．

设，提高依法预防处置重大突发事件能力的重要任务。我国进入新发展阶段，国内外环境的深刻变化，带来一系列新挑战和新风险，能否有效防范化解风险挑战，直接关乎我国实现更高质量、更有效率、更加公平、更可持续、更为安全的发展，关乎“第二个百年”奋斗目标的顺利实现。习近平总书记对防范应对风险挑战，依法预防处置重大突发事件作出一系列重要论述。2019年习近平总书记在主持中共中央政治局第十九次集体学习时强调，应急管理是国家治理体系和治理能力的重要组成部分，承担防范化解重大安全风险、及时应对处置各类灾害事故的重要职责，担负保护人民群众生命财产安全和维护社会稳定的重要使命。“面对波谲云诡的国际形势、复杂敏感的周边环境、艰巨繁重的改革发展稳定任务，我们必须始终保持高度警惕，既要高度警惕‘黑天鹅’事件，也要防范‘灰犀牛’事件；既要有防范风险的先手，也要有应对和化解风险挑战的高招；既要打好防范和抵御风险的有准备之战，也要打好化险为夷、转危为机的战略主动战。”①2020年2月，习近平总书记在疫情防控关键时刻召开的中央全面依法治国委员会第三次会议上的讲话中强调，“疫情防控越是到最吃劲的时候，越要坚持依法防控，在法治轨道上统筹推进各项防控工作”，“各级党委和政府要全面依法履行职责，坚持运用法治思维和法治方式开展疫情防控工作，在处置重大突发事件中推进法治政府建设，提高依法执政、依法行政水平。”②为依法预防处置重大突发事件，要完善突发事件应对机制，修改突发事件应对法，系统梳理和修改应急管理相关法律法规，加快推进突发事件行政手段应用的制度化规范化，规范行政权力边界，提高突发事件应对法治化规范化水平。不仅如此，各级政府要提高突发事件依法处置能力。增强风险防范意识，强化各地区各部门防范化解本地区本领域重大风险责任。推进应急管理综合行政执法改革，强化执法能力建设，积极引导、规范基层组织和社会力量参与突发事件应对，在处置重大突发事件中推进法治政府建设。

---

① 习近平.习近平谈治国理政(第三卷)[M].北京:外文出版社,2020:219.

② 习近平.全面提高依法防控依法治理能力为疫情防控提供有力法治保障[N].人民日报,2020-02-06(1).

（七）构建多元社会矛盾纠纷化解体系

社会矛盾化解是政府的重要职能之一，也是执政为民理念落实与否的重要试金石。2020年3月，习近平总书记在浙江安吉县考察基层矛盾纠纷调解工作时指出，矛盾处理是一个国家、社会长治久安的基础性工作。解决问题的宗旨，就是为人民服务。老百姓都能够顺心满意，我们这个国家才能越来越好。而社会矛盾纠纷的行政解决，是多元纠纷体系的重要组成部分，具有司法救济不可比拟的功能优势。党的十八届四中全会提出："健全社会矛盾纠纷预防化解机制，完善调解、仲裁、行政裁决、行政复议、诉讼等有机衔接、相互协调的多元化纠纷解决机制。"[①]依法有效化解社会矛盾纠纷，要围绕切实维护公民、法人和其他组织的合法权益，全面形成公正、高效、便捷、成本低廉的多元化矛盾纠纷解决机制，充分发挥行政机关在预防、解决行政争议和民事纠纷中的作用，构建对维护群众利益具有重大作用的制度体系，包括社会矛盾预警机制、利益表达机制、协商沟通机制、救济救助机制。同时，全面深化行政复议体制改革，整合地方行政复议职责，发挥行政复议化解行政争议主渠道作用。按照事编匹配、优化节约、按需调剂的原则，合理调配编制资源，形成公正权威、统一高效的行政复议体制。全面推进行政复议规范化、专业化、信息化建设，不断提高办案质量和效率。健全优化行政复议审理机制，完善行政调解、行政裁决、仲裁制度。健全行政调解制度，进一步明确行政调解范围，完善行政调解机制，规范行政调解程序。贯彻落实人民调解法，健全人民调解组织网络，实现村委会、居委会人民调解组织全覆盖，推进企事业单位、乡镇街道、社会团体、行业组织中人民调解组织建设。改革信访工作制度，规范信访工作程序，畅通群众诉求表达、利益协调和权益保障渠道，维护信访秩序，保障群众合理合法诉求依照法律规定和程序就能得到合理合法维护。

---

① 中共中央关于全面推进依法治国若干重大问题的决定[M].北京：人民出版社，2014:29.

（八）全面建设数字法治政府

建设数字法治政府就是坚持运用互联网、大数据、人工智能等信息技术手段促进依法行政，着力实现政府治理信息化与法治化深度融合，优化革新政府治理流程和方式，大力提升法治政府建设数字化水平，这也是法治政府建设的科技保障。《法治中国建设规划（2020—2025年）》提出，要充分运用大数据、云计算、人工智能等现代科技手段，全面建设“智慧法治”，推进法治中国建设的数据化、网络化、智能化。习近平总书记高度重视现代科学技术在国家治理中的重要作用，他明确指出，以互联网、大数据、人工智能为代表的新一代信息技术日新月异，给各国经济社会发展、国家管理、社会治理、人民生活带来重大而深远的影响。运用大数据提升国家治理现代化水平，“要建立健全大数据辅助科学决策和社会治理的机制，推进政府管理和社会治理模式创新，实现政府决策科学化、社会治理精准化、公共服务高效化。”[①]党的十九届五中全会强调，随着互联网、大数据、人工智能等信息技术快速发展，政府治理方式也发生了很大变化，数字政府的功能作用日益明显，越来越成为创新行政管理方式、提高行政效能、建设服务型政府的重要路径。但数字政府建设绝不只是“监管的数字技术”或者“数字技术的监管”，而是一种适应数字时代的要求，是对政府理念、机构、职能、流程再造的法治化进程，因此必须坚持技术维度与法治维度并重。也就是说，虽然数字政府是实现法治政府的有效机制，但政府在运用数字技术行使权利、履行职责过程中同样需要严格依法行政，数字经济的各项权力都应在法治的轨道上运行，它必然也成为法治政府建设的重要任务。为此，要加快推进信息化平台建设，建立健全政务数据共享协调机制，进一步明确政务数据提供、使用、管理等各相关方的权利和责任，加快建设全国行政执法综合管理监督信息系统。完善制度体系架构，统筹中央设计指导与基层探索创新，不断拓宽政府与市场的协同合作渠道，提高协同合作水平，构建政府数据服务与保障体系。

① 习近平.在中共中央政治局第二次集体学习时的讲话[N].人民日报，2017-12-10(1).

总之，习近平总书记关于法治政府建设系列重要论述和中国特色社会主义法治道路建设的时代要求，为确立我国法治政府建设的目标任务，不断推进法治政府建设指明了方向，也是检验法治政府建设的衡量标准，更是法治政府建设的实践要求。

三　扎实推进法治政府建设必须坚持的重要原则

全面推进依法治国是国家治理领域一场广泛而深刻的革命，法治政府建设也是其中政府治理领域广泛而深刻的革命。为保证这场革命有效推进，不仅取决于对法治政府建设重要性的认识和法治政府建设目标任务的实施，更为重要的是坚持党对法治政府建设的全面领导、坚持以人民为中心的价值引领，牢牢把握法治政府建设的正确方向；坚持问题导向，用法治给行政权力定规矩，切实解决制约法治政府建设的突出问题；坚持改革创新，积极探索中国特色的法治政府建设模式和路径；坚持统筹推进，强化法治政府建设整体推动、协同发展，为全面推进依法治国、依法执政、依法行政奠定坚实基础。

（一）坚持党的全面领导

中国共产党的领导是中国特色社会主义最本质的特征。坚持党的全面领导，是社会主义法治的根本要求，是党和国家的根本所在、命脉所在，是全国各族人民的利益所系、幸福所系，也是全面推进依法治国的题中应有之义。党的领导是社会主义法治最根本的保证，也是法治政府建设的根本保证。无论是保证法治政府建设的正确道路方向和价值立场，还是深入推进改革，确保政府职能与社会经济现实、国家治理能力要求相适应，都需要加强党的领导。习近平总书记曾针对我国推进严格规范公正文明执法过程中出现的问题时就敏锐地洞察到，行政执法不仅仅是执法机构的事务，它需要一个良好的环境。因为，忠于法律的执法活动符合党和国家的根本利益，但在具体的案件中，则难免与一些其他利益发生冲突而受到抵制。

因此，习近平总书记提出党要“保证执法”，[①]党的十八届四中全会进一步强调，各级政府必须坚持在党的领导下、在法治轨道上开展工作。

坚持党的全面领导，就是对法治政府建设的全面领导，确保党发挥总揽全局、协调各方面的领导核心作用。党总揽全局、协调各方的领导体系是居于统领地位的，是全覆盖、贯穿始终的。只有在党的领导下，才能更加有力有序有效地把党的领导贯彻落实到法治政府建设的方方面面，才能保证政令上下贯通、执行有力，才能促进协同配合，形成工作合力，优化政府效应，更好地发挥政府作用。在法治政府建设中必须落实全面从严治党要求，进一步规范行政权力的配置和运行，把权力关进制度的笼子，加大干部作风建设的力度，紧紧抓住领导干部这个“关键少数”，以零容忍的态度保持高压反腐的态势，使行政机关工作人员特别是领导干部更加理性、谨慎地依法行使人民赋予的权力。要把坚持不坚持依法行政、愿意不愿意依法办事、善于不善于运用法律手段做好工作，作为评判行政机关工作人员特别是领导干部工作水平高低、工作实绩大小的重要标准，使法治政府建设真正成为一项硬要求和硬约束。要推动完善法治政府建设工作体制机制。制度建设是推进党的和国家各项工作开展的有力抓手，要坚持把基层作为法治政府建设工作的重点，以完善和落实法治政府建设配套制度为抓手，以规范决策程序、执法行为、政务公开等为关键环节，重点突破、分步实施、梯次推进。

（二）坚持以人民为中心

法治政府建设是全面依法治国的主体工程，必须遵循以人民为中心的价值理念。要基于良法善治的崇高理念，从立党为公、执政为民的战略高度推进法治政府建设。习近平总书记指出，“坚持人民主体地位，必须坚持法治为了人民、依靠人民、造福人民、保护人民，把体现人民利益、反映人民愿望、维护人民权益、增进人民福祉落实到依法治国全过程，使法治及其实施充分体现人民意志”[②]。“人民”既是习近平法治思想的鲜亮底色，

---

① 习近平.在首都各界纪念现行宪法公布施行30周年大会上的讲话[M].北京：人民出版社，2012：11.

② 习近平.加快建设社会主义法治国家[J].求是，2015(1)：3-8.

也是习近平总书记部署法治中国建设的出发点和落脚点。政府承担着按照党和国家决策部署推动经济社会发展、管理社会事务、服务人民群众的重大职责。各级政府要从解决人民最关心最直接最现实的利益问题入手，强化政府职责，提高公共服务共建能力和共享水平。从人民群众最关心的事情做起，从解决人民群众意见最大的领域入手。对执法领域存在的有法不依、执法不严、违法不究甚至以权压法、权钱交易、徇私枉法等突出问题，老百姓深恶痛绝，必须下大气力解决。

党的十九大指出，我国社会主要矛盾已经转化为人民日益增长的美好生活需要和不平衡不充分的发展之间的矛盾。“人民美好生活需要日益广泛，不仅对物质文化生活提出了更高要求，而且在民主、法治、公平、正义、安全、环境等方面的要求日益增长。”①在这一理念的指引下，十九届四中全会将“必须坚持一切行政机关为人民服务、对人民负责、受人民监督，创新行政方式，提高行政效能，建设人民满意的服务型政府”写入《决定》，成为法治政府建设基本的价值立场。在中央全面依法治国工作会议上，习近平总书记强调行政执法工作面广量大，一头连着政府，一头连着人民群众，直接关系群众对党和政府的信任，对法治的信心。要推进严格规范公正文明执法，提高司法公信力。正如《中共中央关于党的百年奋斗重大成就和历史经验的决议》强调的，“必须把体现人民利益、反映人民愿望、维护人民权益、增进人民福祉落实到全面依法治国各领域全过程，保障和促进社会公平正义，努力让人民群众在每一项法律制度、每一个执法决定、每一宗司法案件中都感受到公平正义”。

坚持以人民为中心思想突破了传统形式法治的静态之维，把能否不断增强人民群众的获得感、幸福感和安全感确立为评价法治政府建设成效的试金石，扩展了法治政府建设的内涵和外延，是“法治为民”思想在法治政府建设领域的具体展开，是积极回应人民群众新要求新期待，以保障和促进社会公平正义为价值追求，保护人民权益，增进人民福祉。值得一提的是，“以人民为中心”的价值追求，在决战决胜脱贫攻坚全面建成小康社

---

① 习近平．决胜全面建成小康社会 夺取新时代中国特色社会主义伟大胜利——在中国共产党第十九次全国代表大会上的讲话[M]．北京：人民出版社，2017：11.

会中、在2020年以来的全国各级政府依法防控和抗击新冠肺炎疫情的过程中得到生动的体现，充分展现中国特色社会主义制度的显著优势，体现了法治政府建设的积极成效。在迈向全面建设社会主义现代化国家新征程中，法治政府建设必须遵循好以人民为中心的重要原则。

（三）坚持问题导向

坚持问题导向是马克思主义的鲜明特点，中国共产党人干革命、搞建设、抓改革，从来都是为了解决中国的现实问题。强烈的问题意识，以重大问题为导向，抓住关键问题进一步研究思考，就能推动解决我国发展过程中面临的一系列突出矛盾和问题。正如习近平总书记指出的，“问题是创新的起点，也是创新的动力源。只有聆听时代的声音，回应时代的呼唤，认真研究解决重大而紧迫的问题，才能真正把握住历史脉络、找到发展规律，推动理论创新。”[①]习近平总书记反复强调，坚持问题导向，坚持底线思维，要把问题作为研究制定政策的起点，把工作的着力点放在解决最突出的矛盾和问题上。这就是说，各级政府和领导干部在社会实践中要增强问题意识、坚持问题导向，敢于正视和发现社会发展中存在的问题，科学分析和研究这些问题存在的原因，把握住问题的脉络、找到解决问题的正确思路和发展规律。

党的十八大以来，以习近平同志为核心的党中央坚持问题导向，扭住法治政府建设中的一些重点问题提出重大举措，破解难题、攻坚克难，解决了许多长期想解决而没有解决的难题，各级政府在推进法治政府建设中取得了显著成效，如政府机构设置调整和职能配置，“放管服”改革推进，营商环境的优化；依法行政制度体系的日益健全，重大行政决策程序制度初步建立，行政决策公信力的提升；行政执法体制机制改革大力推进，严格规范公正文明执法水平普遍提高；行政权力制约和监督全面加强，等等。但同时，我们也要清醒看到法治政府建设中的短板，如用法治给行政权力定规矩、划界限，权责协同，健全法律法规体系，行政规范性文件制定与

① 习近平.在哲学社会科学工作座谈会上的讲话[N].人民日报，2016-05-19(2).

监督管理，政务诚信建设与破解政府失信难题等等，是当下制约法治政府建设的突出问题，也是新时代推进法治政府建设面临的困难和问题，必须要有强烈的问题意识和指向性，敢于触及矛盾、长于解决问题。

（四）坚持改革创新

改革创新是中国特色社会主义事业发展的不竭动力，也是推进法治政府建设的动力源泉和重要原则。从2004年国务院发布《全面推进依法行政实施纲要》明确提出我国建设法治政府的目标，到2015年中共中央、国务院发布2015年《纲要》，再到2021年中共中央、国务院发布2021年《纲要》，我国探索中国特色法治政府建设的模式和路径已有18年。这些年来，特别是党的十八大以来，为全面贯彻依法治国的重要决策和全面推进依法行政，各地各部门多措并举，坚持改革创新，依法行政能力明显提高，法治政府建设取得重大进展，已初步创建了一个具有中国特色的法治政府建设的新模式，初步开辟了一条具有中国特色法治政府建设的新路径[①]。当前，我国已经开启全面建设社会主义现代化国家、向第二个百年奋斗目标进军的新征程，统筹中华民族伟大复兴战略全局和世界百年未有之大变局，推进国家治理体系和治理能力现代化，适应人民日益增长的美好生活需要，都对法治政府建设提出了新的更高要求，特别是信息技术革命、数字革命飞速发展，既是百年变局的基本推动力量，也给法治政府建设提出了新的挑战。如何坚持改革创新，不断探索和健全完善适应现代高科技社会与风险社会的政府治理体制机制，显得尤为重要。习近平总书记曾多次指出，“惟改革者进，惟创新者强，惟改革创新者胜”。这是对我国改革创新历史经验的高度总结，更是强调改革创新是一个民族进步的灵魂，是一个国家兴旺发达的不竭动力，也是中华民族最深沉的民族禀赋。面对复杂的改革环境、艰巨的发展任务，今天的中国比以往任何时候都更加需要创新驱动。正如党的十九届五中全会强调的，要以改革创新为根本动力，以满足人民日益增长的美好生活需要为根本目的统筹推进各项工作，积极探索中国特

① 姜明安.积极探索中国特色法治政府建设的模式和路径[J].中国党政干部论坛，2021(9)：75-76.

色法治政府建设的模式和路径，推动新时代法治政府建设再上新台阶。

（五）坚持统筹推进

坚持统筹推进，是法治政府建设的又一重要原则和遵循。其基本要义是把法治政府建设纳入经济社会发展和全面依法治国总体布局中加以谋划，统筹兼顾法治政府建设与法治国家、法治社会建设，充分发挥各行政机关及其工作人员的合力，增强行政机关之间的协同性和整体性。党的十八届四中全会提出建设社会主义法治国家的总目标，系统并明确法治政府要建立职能科学、权责法定、执法严明、公开公正、廉洁高效、守法诚信的建设目标时，习近平总书记就强调推进法治政府建设要整体谋划，更加注重系统性、整体性、协同性。习近平总书记指出，各级政府“要以建设法治政府为目标，建立行政机关内部重大决策合法性审查机制，积极推行政府法律顾问制度，推进机构、职能、权限、程序、责任法定化，推进各级政府事权规范化、法律化。要全面推进政务公开，强化对行政权力的制约和监督，建立权责统一、权威高效的依法行政体制。要严格执法资质、完善执法程序，建立健全行政裁量权基准制度，确保法律公正、有效实施”①。这既是对统筹推进法治政府建设重要性的深刻阐述，也是对坚持统筹推进这一原则提出的要求。党的十八大以来，正是在这一原则的指导和统筹布局下，法治政府建设的目标成为一个立体、全面、严密、有机的体系，覆盖了过去视野中相对关注不够的盲区，统一整合了以前相对分散推进的任务，统筹规划了适应社会主义市场经济条件、符合国家治理体系和治理能力现代化需要的实现路径，取得了重大进展。在加快推进法治政府建设新的实践中，坚持好这一原则和遵照《纲要》要求，强化法治政府建设的整体推动、协同发展，着力建立健全重点任务协调推进机制，有效实现部门协同发展，解决好各地区法治政府建设不平衡问题，更有利于推动法治政府与法治国家、法治社会的协同发展。

---

① 习近平.加快建设社会主义法治国家[J].求是，2015(1)：3-8.

四　提升法治政府建设的质量和水平需要深入探讨的几个问题

党的十八大以来，特别是2015年《纲要》实施以来，各地区各部门坚持以习近平法治思想为指导，全面贯彻落实习近平总书记关于“建设法治政府是全面依法治国的重点任务和主体工程”的重要指示精神，深入贯彻落实《纲要》明确的各项任务举措，多措并举、持续发力，法治政府建设取得重大进展。为全面贯彻“十四五”规划和认真落实好2021年《纲要》，要学深悟透习近平法治思想，明晰建设新思路，积极探索，善于创新，勇于实践，切实提升法治政府建设的质量和水平。

（一）着力推动法治政府和法治社会互相促进

法治政府与法治社会是法治国家建设的两个不同建设体，也是互相联系相互促进最为密切的统一体。法治政府是法治国家建设的主体和重点，也是法治社会建设的先导和示范，法治社会是法治国家、法治政府建设的基础和依托，法治政府建设必须筑牢法治社会的根基。一方面，大力推进法治政府建设、保证行政机关依法行政，需要以法治社会作为依托和支撑，需要全社会的共同参与和共同努力。另一方面，法治社会的建设也需要以法治政府为基础和条件，需要相应的行政力量进行配合，保证社会能够按照既定的规范进行运作，保证公民权利能够完全实现，使政府、社会与公民之间形成良性关联。因此，推动法治政府和法治社会互相促进，协同发展，是现代社会发展的必然要求，也是加快法治政府建设的重要路径。推动法治政府与法治社会互动促进、协同发展，需要在促进理念融合、引导社会公众广泛参与和建设成果共享三个维度上着力①。一是坚持理念融合。从一定意义上讲，法治是一种思想理念，推进法治政府建设，首先是要将法治理念包括依法行政思想理念进行广泛的传播，让法治信仰、法治精神、法治思想相融合，真正成为全社会共同的理想、目标和追求，为实现从法

① 李富莹.深入把握和推进法治政府建设[J].红旗文稿，2021（13）：19-22.

规则到法秩序的转变奠定理念基础。二是引导社会公众广泛参与，有效发挥法治实践平台的示范引领作用。让社会公众有机会通过体验式或示范创建充分参与法治实践，感受法治思维和法治方式的实际效果，让社会公众在每一个行政行为中感受到公平正义，在行政机关的依法行政中享受法治生活，真正促进法治政府和法治社会协同推进。三是坚持法治建设成果共享，是凝聚社会公众参与法治政府建设的持久动力。社会公众的利益追求与法治政府建设的目标是同向和一致的，法治政府建设的目标既要建设尊法、守法的政府，也要建设高效、有为、让公众满意的政府。现阶段深入推进法治政府建设，要为构建新发展格局、优化营商环境、促进经济社会高质量发展和维护国家利益、促进国际合作等方面提供有力的法治服务和保障。同时，法治政府建设在推进政府治理体系和治理能力现代化，增强和满足社会公众安全感、幸福感、获得感方面同样具有极为重要的价值和意义。

（二）突出抓好“关键少数”和强基导向

深入推进法治政府建设，要抓住领导干部这个“关键少数”，发挥带头依法办事的榜样作用和抓好基层法治政府建设两个重点。习近平总书记指出：“各级领导干部在推进依法治国方面肩负着重要责任，全面依法治国必须抓住领导干部这个‘关键少数’”[①]。在现实生活中，“一些党员、干部仍然存在人治思想和长官意识，认为依法办事条条框框多、束缚手脚，凡事都要自己说了算，根本不知道有法律存在，大搞以言代法、以权压法”[②]。尤其一些基层领导干部不够重视法治政府建设，以言代法、以权压法等现象还较为突出，直接影响基层法治及社会主义现代化建设进程。要彻底改变这种现状，必须抓住领导干部这个“关键少数”。一是强调领导干部带头依法办事，这既是法律责任，也是其政治责任。习近平总书记指出，各级领导干部要带头依法办事，带头尊崇法治，带头遵守法律，对宪法和法律保持敬畏之心，牢固确立法律红线不能触碰、法律底线不能逾越的观

① 中共中央文献研究室.习近平关于全面依法治国论述摘编[M].北京：中央文献出版社，2015：118.

② 习近平.加快建设社会主义法治国家[J].求是，2015(1)：3-8.

念，不要去行使依法不该由自己行使的权力，也不要去干预依法自己不能干预的事情，更不能以言代法、以权压法、徇私枉法，做到法律面前不为私心所扰、不为人情所困、不为关系所累、不为利益所惑，做尊法学法守法用法的模范。二是提高领导干部运用法治思维和法治方式开展工作的能力。领导干部要运用法治思维和法治方式深化改革、推动发展、化解矛盾、维护稳定，履行推进法治建设第一责任人职责，统筹推进科学立法、严格执法、公正司法、全民守法，并善于运用法治方式开展工作，让人民群众在日常生产生活中都能感受到公平正义。三是加强对领导干部违法行为的责任追究。对各级领导干部，不管什么人，不管涉及谁，只要违反法律就要依法追究责任。把法治建设成效作为衡量各级领导班子和领导干部工作实绩重要内容，把能不能遵守法律、依法办事作为干部考察重要依据。

基层是政府治理的基础，也是政策、法律实施的最后一公里。同时，基层也是法治政府建设的短板和薄弱环节。“基础不牢，地动山摇”，习近平总书记多次强调要树立大抓基层、大抓基础的导向。2021年3月全国“两会”期间，习近平总书记在参加青海代表团审议时强调，“全面推进依法治国，推进国家治理体系和治理能力现代化，工作的基础在基层”。从基层抓起，从基本、基础和常规做起，在构建简约高效的基层管理体制和深化行政执法体制等方面推动基层法治政府建设。要认真落实习近平总书记关于“坚持强基导向”和2021年《纲要》精神，合力营造齐抓基层法治建设的导向和氛围，有效推动基层法治政府建设。一是要重视并实行基层扁平化和网格化管理。推进编制资源向基层倾斜，加快制定不同层级行政执法配备标准，破解基层责权不匹配，人才匮乏等难题。二是深化综合行政执法体制改革，逐步实现县区乡镇“一支队伍管执法”的改革原则和要求。三是稳步将基层治理中迫切需要且能有效承接的行政执法事项下放至基层，坚持依法下放，坚持权随事转、编随事转、钱随事转，确保放得下、接得住、管得好、有监督。建立健全乡镇、街道与上一级相关部门行政执法案件移送及协调协作机制，推动全面依法行政各项决策部署在基层落地见效，切实增强基层群众对法治政府建设的获得感、满意度。

（三）充分发挥以示范和督察为抓手的引领推动作用

深入推进法治政府建设，既要重视榜样的力量，发挥示范引领作用，又要强化责任督察，层层传导压实责任。其中，示范创建活动是法治政府建设向纵深推进的重要抓手，也是发挥示范引领作用的重要形式。习近平总书记在中央全面依法治国委员会第二次会议上指出，“要加强法治政府建设，加强对示范创建活动的指导，杜绝形式主义，务求实效”[①]。2015年《纲要》明确提出：“积极开展法治政府建设示范创建活动，大力培育法治政府建设先进典型。”2019年5月，中央依法治国办印发《关于开展法治政府建设示范创建活动的意见》，就示范创建活动的指导思想、基本原则、创建目标等作出明确而具体规定，指引并推进全国范围积极有序开展法治政府建设示范创建活动。2020年，经中央依法治国委员会批准，第一批40个全国法治政府建设示范地区和24个示范项目获得命名。各省、自治区、直辖市依据全国法治政府建设示范创建活动相关文件精神，在本区域内组织开展法治政府建设示范创建活动，一批省级法治政府建设示范地区和项目先后获得命名。示范创建活动取得积极成效，树立了一批新时代法治政府建设的标杆典型，进一步激发各地建设法治政府的内生动力，有效提升了法治政府建设的能力和水平，进一步增强人民群众的法治获得感。为充分发挥法治政府建设示范引领作用，一要不断完善创建指标体系，紧密结合本地区本单位实际，严防形式主义和弄虚作假，注重提升示范创建成效和水平。二是要加强对示范地区和项目的指导监督、跟踪评估、支持保障，完善示范创建机制，扎实推进，努力把示范地区和项目打造成法治政府建设的“金字招牌”。三是用好示范创建这一抓手，大力推进并形成一批可复制、可推广、可借鉴的示范样本。有效发挥先进典型标杆引领、辐射带动作用，以创建促提升，以示范带发展，不断激发法治政府建设的内生动力。

强化责任督察工作，是确保法治政府建设各项任务举措落到实处的有力抓手。中央全面依法治国委员会办公室自2018年成立以来，多次下沉一

① 习近平在中央全面依法治国委员会第二次会议上的讲话[N].人民日报，2019-02-25(1).

线、真督实察，以督促改、以督抓落实，有力推动了各地区各部门不断加快法治政府建设的步伐。2019年，中共中央办公厅、国务院办公厅印发《法治政府建设与责任落实督察工作规定》，对督察工作的原则、对象和内容、督察方式方法作出明确规定，强调要充分发挥督察工作对法治政府建设与责任落实的督促推动作用。2021年《纲要》要求深入推进法治政府建设督察工作，并在2025年前实现对地方各级政府督察全覆盖。为此，各地区各部门要在认真贯彻中央关于法治政府建设督察工作精神的基础上，总结督办督察的成功经验，制定重点任务举措分解方案，与《纲要》对标对表，压实责任、狠抓落实，既要重视社会公众参评，也要发挥专家点评作用，确保党中央、国务院关于法治政府建设的决策部署落到实处，发挥好责任督察在法治政府建设中的独特推动作用，立足全局、补齐短板，推动新时代法治政府建设再上新台阶。

参考文献

习近平.关于全面依法治国论述摘编[M].北京:中央文献出版社,2015.

习近平.论坚持全面依法治国[M].北京:中央文献出版社,2020.

习近平.坚定不移走中国特色社会主义法治道路,为全面建设社会主义现代化国家提供有力法治保障[J].求是,2021(5):4-15.

中共中央关于坚持和完善中国特色社会主义制度、推进国家治理体系和治理能力现代化若干重大问题的决定[N].人民日报,2019-11-06(1).

中共中央.法治中国建设规划(2020—2025年)[N].人民日报,2021-01-11(1).

姜明安.论新时代中国特色法治政府建设[J].北京大学学报(哲学社会科学版),2018(1):5-13.

马怀德.论习近平法治思想中的法治政府理论[J].政法论坛,2020(6):11-22.

江必新,黄明慧.习近平法治思想中的法治政府建设理论研究[J].行政法学研究,2021(4):3-19.

姜明安.积极探索中国特色法治政府建设的模式和路径[J].中国党政干部论坛,2021(9):75-76.

合肥市深化“放管服”改革推动高质量发展

王义德

摘　要： 着力实现政府职能深刻转变，是推进依法行政，加快建设法治政府的目标要求，而深化行政审批制度改革，把该管的事务管好、管到位，才能形成边界清晰、运行高效、法治保障的政府机构职能体系。合肥市以行政审批制度改革为核心，持续推进简政放权；不断创新和完善机制，加强监管，促进放管结合；多措并举，优化服务，努力建设人民满意的服务型政府。合肥市的“放管服”改革与实践，有力地促进了法治政府建设，推动地方政府管理模式的变革，促进了整体性治理，推动了地方治理的现代化发展；同时，极大地激发了经济活力，促进了社会公平正义，提升了企业创新力和竞争力，推动了高质量发展。

关键词： “放管服”改革　法治政府　高质量发展　合肥市

我国已开启全面建设社会主义现代化国家、向第二个百年奋斗目标进军的新征程，统筹中华民族伟大复兴战略全局和世界百年未有之大变局，推进国家治理体系和治理能力现代化，适应人民日益增长的美好生活需要，都对法治政府建设提出了新的更高要求，而深化“放管服”改革，着力实现政府职能深刻转变，成为法治政府建设的重要目标。党的十八大以来，合肥市不断推进“放管服”改革，特别是在贯彻实施中共中央、国务院印发的《法治政府建设实施纲要（2015—2020年）》以来，以敬民之心简政之道，持续为企业松绑减负，积极推进“大众创业、万众创新”，取得了令人瞩目的成效。其中，商事制度改革获国务院通报激励，国务院办公厅开展的网上政府服务能力评估合肥位居全国第四。合肥市深化“放管服”改革，优化营商环境，推动经济社会高质量发展，有力推进了法治政府建设进程。2020年，合肥市获安徽省法治政府建设示范市命名。本文以合肥市深化“放管服”改革为个案进行梳理和研究，对新发展阶段持续深化“放管服”改革，实现政府职能深刻转变，推进依法行政，全面建设法治政府具有一定的参考价值。

一　以行政审批制度改革为核心，持续推进简政放权

简政放权改革，就是要“通过政府的减权限权为市场增活力、为发展添动力，使权力做减法，给责任做加法，为市场做乘法”①。其实质就是“把政府不该管的事交给市场”②。近年来，合肥市以行政审批制度改革为核心，进行了一系列的简政放权制度改革。

（一）持续深化行政审批改革

行政审批是指行政机关（包括有行政审批权的其他组织）根据自然人、法人或者其他组织提出的申请，经过依法审查，采取“批准”“同意”“年检”“发放证照”等方式，准予其从事特定活动、认可其资格资质、确认特定民事关系或者特定民事权利能力和行为能力的行为。它是现代国家管理政治、经济、文化、社会等各方面事务的一种重要的事前控制手段。由于行政审批决定着各类主体能否进入市场或社会，并进行正常活动，因此，要简政放权、转变政府职能，就必须以行政审批制度改革作为起点。③我国

① 解安，杨峰.“放、管、服”改革的经验启示及路径优化[J].中国行政管理，2018(5)：158-159.

② 张新宁，杨承训.“放管服”：政府在社会主义市场经济中的科学定位——改革开放40年的一项重要理论成果[J].学习论坛，2018(10)：14-19.

③ 王丛虎，门钰璐.“放管服”视角下的行政审批制度改革[J].理论探索，2019(1)：91-96.

中央政府自2002年起就开始实施行政审批制度改革，合肥市一直追随着中央和省政府的步伐，深化行政审批改革，用政府权力“减法”换取市场活力“乘法”。

一是持续削减审批事项。2013年至2017年，合肥市先后集中组织3次市级行政审批事项清理，取消下放行政审批事项230项，占原有审批事项的72%；精减市级投资核准事项12项，占原有核准事项的52%。2018年、2021年，为贯彻落实国务院和省政府有关取消行政许可事项的决定和通知精神，合肥市又对应取消8项。对于上级政府取消下放的行政审批事项，合肥按照“四个一律”要求，加强全程监督、全程服务，及时取消或调整本市对应项目。所谓“四个一律”，即凡上级政府取消的项目，合肥对应项目一律取消；下放到市级的项目，一律做好承接落实工作；下放到市级以下的项目，一律做到应放尽放；取消和下放的项目，一律在第一时间衔接落实。权力下放，并非“一放了事”。为确保基层能够接得住、管得好，2014年至2017年，合肥市按照人事匹配、编制资源向基层倾斜的原则，加强县（市、区）人员力量配备，共向4个城区下划行政编制113名、事业编制624名，并要求市直部门做好业务培训和监督①。

二是突出行政审批服务功能。为突出行政审批服务功能，合肥市大力推进“一站式”审批制度。凡列入市级政府权责清单，由行政相对人申请办理的权力事项全部集中到市政服务中心受理。建立以窗口为主导的审批运行机制，进行“一站式”审批。权力事项较多、任务较重的市直部门，按照“不增编制、不增机构、不增领导职数”的原则，整合部门行政审批及服务职能，设立审批服务处，承担本部门审批服务职能，整建制进驻市政服务中心，启用审批专用章，对外代表本部门统一受理、办结各类审批服务事项②。与此同时，重点打造联合审批平台，实现跨部门联动审批。

三是推进行政审批的规范化、信息化。合肥市在削减行政事项、“进一

① 合肥市推进“放管服”改革 撬动经济动能转化[EB/OL].（2017-8-15）[2022-4-10].https://www.walre.com/hf/news/2017/0816/44783.html.

② 合肥市推进“放管服”改革 撬动经济动能转化[EB/OL].（2017-8-15）[2022-4-10].https://www.walre.com/hf/news/2017/0816/44783.html.

个门办所有事”的“一站式”审批的同时，着力推进行政审批的规范化、信息化建设。一方面，为及时衔接落实国务院、省政府决定取消、下放和改变管理方式的行政许可事项规范化审批，建立权责清单及关联清单制度，实行“即时动态和年度集中调整相结合”动态管理机制，公布实施清单年度版本。与此同时，推出明确的审批操作规程，缩小自由裁量权。另一方面，全面清理规范行政审批中介组织行为，规范涉审中介服务，压减各类行政审批前置中介服务事项。2017年7月，合肥市政府印发《关于公布市级公共服务清单和行政权力中介服务清单目录的通知》，明确市级列入中介服务事项清理规范的部门共计51个，初始上报中介服务事项229项，经审核，取消20项、规范（下放）23项、转换13项，保留178项，精简比例达到19.5%。与此同时，依托全国一体化政务服务平台，扎实稳步推进行政审批的信息化工作。

（二）深入推进投资审批改革

投资审批体制改革，是简政放权的重要方面。合肥市深入推进投资审批制度改革，主要体现在以下方面。

一是精简下放投资审批事项。在投资审批工作中，合肥市严格做好国务院和省政府取消下放投资审批权的衔接，落实国家、省目录界定的核准范围，发布《合肥市地方政府核准的投资项目目录》，市级不新增任何核准事项，凡是未纳入核准范围的，一律实行备案管理。截至2017年8月，合肥市市级核准事项由23项精简为11项，精简率达到52%。除了国家和省级要求市级备案的化工项目、光伏项目外，其他社会投资项目全部下放到县市区备案①。2021年，合肥市将企业投资备案下发县（市、区）比例提升到90%以上，进一步缩减了企业服务半径。

二是全面实现投资审批事项线上并联办理、企业投资项目核准和备案线上办理。并联审批实行牵头单位总负责制、缺席默认制、超时默认制，避免一个项目需要多次申请、多次勘察现场等情况发生。对企业投资项目

① 合肥市推进“放管服”改革 撬动经济动能转化[EB/OL].（2017-8-15）[2022-4-10].https://www.walre.com/hf/news/2017/0816/44783.html.

审批、核准和备案推行“容缺受理+承诺制”改革。对基本条件具备、主要申报材料齐全且符合法定条件、次要条件有欠缺的服务事项，经项目单位自愿申请、书面承诺按规定时限补齐材料，实行先行受理、容缺办理制度；对一般企业投资项目和一般审批事项实行承诺制审批。

三是大力提升办理建筑施工许可便利度。由于投资项目基本离不开相关的建筑施工项目，所以“推进投资审批改革要着眼于办理建筑施工许可便利度”①。合肥市持续优化工程建设项目审批，出台《合肥市工程建设项目审批事项清单》，并在此基础上进一步精简整合工程建设项目全流程涉及的行政许可、技术审查、中介服务、市政公用服务等事项，取消非必要或可通过事中事后监管方式实现管理的审批事项，公布各审批阶段“一张表”。制定符合“拿地及开工”等基本要件“正面清单”及安全、环保、能耗等刚性要求“负面清单”，对简易低风险工程建设项目实行“清单制+告知承诺制”审批。精简服务事项，制定中介服务事项清单，保留的中介服务事项全部进入政务服务网“中介超市”，实行承诺制服务。按照“应进全进”原则，健全合肥市工程建设项目报建各类行政审批电子证照库，移动端即“皖事通”支持查询项目报建流程图、办理进展实时进度和“网上办”“掌上办”等服务②。通过制定实施系列便利措施，竭力解决工程建筑项目办理耗时长的“老大难”问题。2020年合肥市工程建设项目从立项到竣工验收全流程平均办理时间压缩到53个工作日、工业项目全流程平均办理时间压缩到36个工作日，比国家要求时限缩短1/3以上。

（三）持续推进商事制度改革

商事制度是规范市场主体和商事活动的法律规章和政策总和，是对市场主体准入、交易和退出等市场活动的制度和政策规定。我国的商事登记制度脱胎于计划经济体制，带有浓厚的计划经济色彩，阻碍了市场经济的顺畅运行。因此，党中央、国务院立足经济社会改革发展全局，不断推进

① 李军鹏.十九大后深化放管服改革的目标、任务与对策[J].行政论坛，2018(2)：11-16.

② 参见《合肥市人民政府办公室关于印发服务“六稳”“六保”进一步做好“放管服”改革有关工作实施方案的通知》合政办秘〔2021〕32号。

商事制度改革。合肥市也结合自身实际，持续跟进。

在商事制度改革中，合肥市先后实施注册资本实缴改认缴、企业年检变年报、营业执照“三证合一”到“数证合一”、经营场所申报承诺、企业名称自主申报、注册登记权限不断下放、“先照后证”等一系列改革举措，不断降低准入门槛。在此基础上，合肥市又进一步推进“证照分离”改革和企业登记电子化，取得了明显的成效。

“证照分离”的“证”即许可证，“照”即营业执照。每一张许可证，都承载着一个独立的行政管理部门的许可权和审批权。“证”越多也就意味着要得到行政管理许可的部门越多，经过的部门行政审批程序越多，市场主体准入的程序越复杂。因此，“证照分离”改革也就成为商事制度改革的核心问题之一，也是中央和地方政府近年来持续推动的改革领域之一。

为推进“证照分离”改革，2018年安徽省政府出台《推开“证照分离”实施方案》。合肥市结合实际，认真落实该方案要求，对涉企行政审批事项分别按照直接取消审批、审批改为备案、实行告知承诺、优化准入服务等4种方式实施“证照分离”改革。对直接取消的审批事项，市场主体办理营业执照后即可开展相关经营活动；对改为备案管理的审批事项，有关部门及时调整权力清单，制定备案管理细则，公开办理程序及工作流程，强化事中事后监管；对暂时不能取消的审批事项，但通过事中事后监管能够纠正不符合审批条件的行政审批事项，可实行告知承诺制，市场主体承诺符合审批条件并提交有关材料的，当场办理审批；对关系国家安全、公共安全、金融安全、生态安全和公众健康等重大公共利益的行政审批事项，保留审批，优化准入服务。相关部门进一步精简审批材料、优化审批流程、压缩审批时限、提高审批效率。通过“证照分离”改革，有效区分“证”“照”功能，将许可类的“证”分离出来，尽可能减少审批发证，让更多市场主体“照后能营、持照即营”，解决了“准入不准营”的问题。对于“证照分离”改革后属于信息采集、记载公示、管理备查类的事项，都整合到营业执照上，部门间通过信息共享获取市场主体相关信息，真正实现市场主体“一照一码走天下”。

合肥市在进行“证照分离”改革的同时，大力推进企业登记电子化，推进电子证照、电子印章的推广和应用。如果说“证照分离”改革主要解决的是市场主体准入程序问题，那么企业登记电子化则进一步提高了市场主体准入的效率。为此，合肥市不断加快信息化建设，大力推进商事登记全程电子化。2017年1月，合肥市工商局网上登记系统上线运行，4月底推行企业登记全程电子化服务模式。同年7月，合肥市工商局商事登记全自助证照一体机正式启用，采用“政银合作”模式。经营者就近在中国建设银行授权网点申请、核准、打印营业执照，为企业和群众解决全程电子化打通了“最后一公里”，实现了“家门口申办、全天候领照”；同时大大压缩登记时间，从网上申请注册登记到拿到营业执照前后不到24小时。在此基础上，合肥市还不断推进电子证照、电子印章的推广和应用。建设电子印章公共服务平台，统一提供电子印章的申请、制作、备案、查询、变更、注销、签章、验章和使用管理等服务，并与国家政务服务平台统一电子印章系统、市治安管理信息系统进行对接，实现数据互通共享；依托企业开办“一网通办”平台，实现电子营业执照作为企业办理注册登记、公章刻制、涉税服务、银行开户、社保登记、住房公积金开户等业务的合法有效身份证明和电子签名手段；推广电子凭证和电子证照在不动产登记中的应用，扩大电子证照应用场景，引导企业、群众申领电子证书替代纸质证书，并提供自助打证服务；试行投标人电子营业执照、电子证照、招标人电子签章、电子云签在交易过程中的应用①。这些举措都极大地减少办事环节和费用，提升了市场主体的办事效率。

（四）持续开展清费减税改革

推进税费改革，减轻企业负担，也是简政放权的重要方面。合肥市严格落实国务院、省政府已出台的各项收费清理政策。2017年11月出台的《合肥市深化简政放权放管结合优化服务改革重点任务分工方案》，就提出要及时动态调整对应中介服务事项，有效解决评审评估事项多、耗时长、费用高等问题；加强对政府定价的涉企经营服务性收费监管，降低企业用

① 参见《合肥市优化营商环境行动方案》(2021版)。

能、用地、用网、物流、融资等各方面的成本；全面整顿行业协会、各类中介机构收费项目，组织行业协会商会对收费情况开展全面自查，全面清理取消违法违规收取的入会费、赞助费、会议费、培训费、评比表彰费等费用，并限期退还违法违规所得。2017年各类收费项目由99项调减至77项，年减企业负担12.29亿元。在《合肥市优化营商环境行动方案》（2021版）中又提出，提供纸质发票“网上申请、邮寄配送”免费服务。在清费减费的同时，合肥市深化纳税改革，特别是减免中小微企业的税负，将小规模纳税人增值税起征点从月销售额10万元提高到15万元。对小微企业和个体工商户年应纳税所得额不到100万元的部分，在现行优惠政策基础上，再减半征收所得税。通过这些改革，合肥市重新界定了政府与市场、社会的边界，重塑了政府与市场和社会的关系，激发了市场和社会的活力。

二　不断创新和完善机制，加强监管，促进放管结合

党中央、国务院推出“放管服”改革，就是要在简政放权的同时加强有效监管，坚持放管结合，把有效监管作为简政放权的必要保障，摆脱过往出现的“一放就乱、一乱就收、一收就死”的循环困境，实现由“严进宽管”到“宽进严管”的转变[①]。合肥市在推进放管结合改革的过程中，对取消和下放的行政许可事项，坚持“谁审批、谁监管”“谁主管、谁监管”的原则，由主管部门会同相关部门逐项制定事中事后监管措施，明确监管层级、监管部门、监管方式及监管规则和标准。在此过程中，不断探索创新，健全完善以“双随机、一公开”为基本手段、以重点监管为补充、以信用监管为基础的新型监管机制，探索推行“智慧化+信用化+网格化”三位一体监管模式[②]，大力推进公平监管。

① 沈荣华.十八大以来我国“放管服”改革的成效、特点与走向[J].行政管理改革，2017(9)：10-14.

② 参见《合肥市人民政府办公室关于印发服务“六稳”“六保”进一步做好“放管服”改革有关工作实施方案的通知》合政办秘〔2021〕32号。

（一）完善“双随机、一公开”监管机制，推出地方标准

所谓“双随机、一公开”，即在监管过程中随机抽取检查对象，随机选派执法检查人员，抽查情况及查处结果及时向社会公开。这是党中央、国务院为严格限制监管部门自由裁量权，促进公平公正公开监管，在全国推广的监管模式。合肥市为落实“双随机、一公开”监管工作，不仅建立健全市场主体名录库和执法检查人员名录库，建立公示平台，对保留、取消、下放等权力事项，逐项制定事中事后监管细则，还建立联席会议制度，扩大随机抽查部门参与范围，动态调整统一随机抽查事项清单，制定并实施年度工作计划，推动“双随机、一公开”监管工作的落实。如2020年合肥市场监管领域共完成“双随机、一公开”抽查任务1879批次，抽查企业18966户次，其中联合抽查任务723批次，联合抽查企业3344户次，检查结果全部向社会公示。不仅如此，为进一步规范“双随机、一公开”监管工作，市场监管局在充分摸底调研、分析论证和征求意见的基础上，结合本地工作实际，制定安徽省首个“双随机、一公开”地方标准，即《“双随机、一公开”监管工作规范》（DB3401/T223-2021），从“双随机、一公开”监管工作的组织方式、工作基础、监管实施、结果运用和协同联动等多个环节入手，对数据时限进行量化、对执法行为进行规范，特别是在部门联合抽查和信用分类应用方面进行规范，形成标准，填补了“双随机、一公开”监管执行过程中缺乏标准指导的空白，提高了监管抽查的规范化、标准化水平。

（二）建立完善守信联合激励和失信联合惩戒制度，加强信用监管

诚信是立人之本，也是经济、社会有序运行的基石。“一个没有信誉机制的社会是不可能有真正的市场经济的”[①]。而现实是我国社会中诚信缺失问题严重，制假售假、商业欺诈、金融诈骗、恶意逃债等现象层出不穷。“诚信缺失与社会不信任不仅造成市场交易、社会交往成本大增，社会总体

---

① 张维迎. 市场与政府[M]. 西安：西北大学出版社，2014：32.

福利减损，更是当前我国市场监督、社会治理领域许多问题、矛盾冲突产生的关键性原因之一。"[①]因此，加强诚信建设和信用监管，就成为我国各级政府的紧迫任务。在诚信建设问题上，合肥市政府从自身做起，开展政府欠款集中清理行动和政府履约专项行动，全面治理"新官不理旧账"、不履行承诺、违约毁约等政务失信行为，提升政府公信力。在此基础上，合肥市深入开展诚信社会建设，2017年9月推出《合肥市建立完善守信联合激励和失信联合惩戒制度加快推进社会诚信建设工作方案》，大力加强信用监管。

一是健全褒扬和激励诚信行为机制。具体包括培育、推介和宣传诚信典型，将诚信市场主体优良信用信息及时在市政府门户网站和"信用合肥"网站进行公示，在会展、银企对接等活动中重点推介诚信企业；在办理行政许可过程中，对诚信典型和连续三年无不良信用记录的行政相对人，可根据实际情况实施"绿色通道"和"容缺受理"等便利服务措施；在教育、文化、就业、创业、保障房、社会保障等公共产品或公共服务供给上，优先满足诚信个人需要；在实施财政性资金项目安排、招商引资配套政策等各类政府支持政策中，优先考虑诚信主体；在有关公共资源交易活动中，鼓励依法依约对诚信市场主体采取信用加分等措施；按企业诚信等级实施分类监管，对诚信企业适当减少检查内容，降低检查频次；支持和鼓励金融机构、实体企业开发"税易贷""信易贷""信易售""市民卡"等守信激励产品。

二是健全约束和惩戒失信行为机制。具体界定严重失信行为范围，根据失信行为严重程度实施分类惩戒；依托市公共信用信息平台实现信息共享，将严重失信行为有关信息提供给其他部门和社会组织，实施联合惩戒。依法依规加强对失信行为的行政性约束和惩戒、市场性约束和惩戒、行业性约束和惩戒、社会性约束和惩戒；完善个人信用记录，推动联合惩戒措施落实到人。

三是构建守信联合激励和失信联合惩戒协同机制。具体包括：（1）发

---

① 王湘军. 国家治理现代化视域下"放管服"改革研究——基于5省区6地的实地调研[J]. 行政法学研究，2018(4):106-115.

挥合肥市社会信用体系建设联席会议作用，建立守信联合激励和失信联合惩戒的发起与相应机制。(2) 实施多部门协同和跨地区联动。具体来说，健全长江中游城市群省会城市区域信用体系建设合作机制，加强跨地区、跨部门、跨领域的信用信息共享和信用评价结果互认，建立合肥都市圈城市信用体系建设合作机制，推进实施区域信用联动奖惩。(3) 加强信用信息公示。全面落实市、县两级政府及其部门将行政许可、行政处罚等信息在7个工作日内通过政府网站公开，并及时归集至“信用合肥”网站，为社会提供“一站式”查询服务。(4) 推进信用信息归集共享和使用。建立和优化市公共信用信息共享服务平台功能，发挥其信用信息归集共享枢纽作用，与市公共资源交易监督平台、行业信用信息系统、国家/其他地区公共信用信息交换共享平台等联通，实现信息共享。促进政务信用信息与社会信用信息互动融合。(5) 完善信用红黑名单制度。建立完善各领域诚信典型“红名单”制度和严重失信主体“黑名单”制度，落实对“红榜”“黑榜”企业和个人的褒奖和约束措施。(6) 建立激励和惩戒措施清单制度。建立强制性和推荐性两类措施清单。强制性措施是指依法必须联合执行的激励和惩戒措施。推荐性是指由参与各方推荐的，符合褒扬诚信、惩戒失信政策导向，可根据实际情况实施的措施。(7) 建立健全信用修复机制。联合惩戒措施的发起部门和实施部门按照法律、法规和政策规定明确各类失信行为的联合惩戒期限。在规定期限内纠正失信行为、消除不良影响的，不再作为联合惩戒对象。支持有失信行为的个人通过社会公益服务等方式修复个人信用。(8) 建立健全信用主体权益保护机制。分领域制定信用信息异议处理制度，规范信用信息异议申请、核查、反馈、处理等工作程序和规则。支持有关主体通过行政复议、行政诉讼等方式维护自身合法权益。(9) 建立跟踪问效机制。充分利用市公共信用信息共享服务平台，建立健全信用联合激励惩戒的跟踪、监测、统计、评估机制，建立相应的督查、考核制度。对信用信息归集、共享和激励惩戒措施落实不力的部门和单位进行通报和督促整改①。

① 参见《合肥市人民政府印发合肥市建立完善守信联合激励和失信联合惩戒制度加快推进社会诚信建设工作方案的通知》合政〔2017〕135号。

（三）制定支持市场主体创业发展六项清单，推进包容审慎监管

合肥市在积极完善“双随机、一公开”监管和信用监管的同时，积极探索审慎监管。合肥市市场监管局于2020年10月推出支持市场主体创业发展的六项清单，即“容缺受理清单”“不予处罚清单”“轻微处罚清单”“从轻处罚清单”“从重处罚清单”和“信用扶持清单”。根据这六项清单，在市场监督和行政执法过程中，对新经济、新业态、新模式领域和一般投资经营行为以及不触碰安全底线的，全面推进包容审慎监管。具体适用情形包括：在企业注册登记、行政审批事项、产品监督抽查、电子商务合同监管、广告监管等事项中普遍适用；对食品、医药、医疗器械、化妆品、特种设备等不涉及安全隐患的轻微违法行为优先适用；对潜在风险大，可能造成不良后果的，审慎适用；对触碰市场监管红线的食品、药品、特种设备等领域的严重违法行为，依法从重查处。同时，设置了合理的“纠错期”、必要的“过渡期”和审慎的“审查期”。给予违法行为当事人合理的自我纠错机会，对违法行为轻微并及时纠正，没有造成危害后果的，不予行政处罚；对需要达标整改的企业给予必要的自查整改机会，对有主动消除或者减轻违法行为危害后果等情形的，给予减轻或从轻行政处罚；对食品、药品、医疗器械、特种设备等市场监管领域内的持续时间长、多次违法、屡次查处不改、社会危害大、暴力抗法、造成严重后果等情节严重的违法行为，在坚持重典治乱、体现执法“刚性”的同时，必须全面查清案件事实，严格执行行政处罚程序，审慎作出从重处罚决定①。

（四）建立公平竞争审查制度，促进公平监管

根据《国务院关于在市场体系建设中建立公平竞争审查制度的意见》《安徽省人民政府关于在市场体系建设中建立公平竞争审查制度的实施意见》精神，2017年7月5日，合肥市出台《合肥市人民政府关于在市场体系中建立公平竞争审查制度的实施意见》，将行政机关和法律法规授权的具有

① 参见《关于进一步优化营商环境推进包容审慎监管支持市场主体创业发展六项清单（2020年版）》合市监〔2020〕125号。

管理公共事务职能的组织制定市场准入、产业发展、招商引资、招标投标、政府采购、经营行为规范、资质标准等涉及市场主体经济活动的政府规章、规范性文件和其他政策措施，以及提请市人大审议的地方性法规草案等，都纳入审查范围。明确具体的审查标准，如不得设置不合理或者歧视性的准入和退出条件，不得对外地和进口商品、服务实行歧视性价格和歧视性补贴政策等商品和要素自由流动标准，不得违法给予特定经营者优惠政策等影响生产经营成本标准，不得强制经营者从事《反垄断法》规定的垄断行为等影响生产经营行为标准。同时，规定从2017年7月1日起，市政府及所属部门在有关政策措施制定过程中要进行公平竞争审查。同时要求各县（市、区）政府及所属部门按照“谁制定、谁清理”的原则于2017年底前完成相关现行政策清理工作，并将清理结果向社会公布。为落实公平竞争审查制度，合肥市建立公平竞争审查工作联席会议制度，统筹协调推进公平竞争审查相关工作，对实施公平竞争审查制度进行宏观指导，协调解决制度实施过程中的重大问题。2020年，为贯彻落实《市场监管总局等四部门关于进一步推进公平竞争审查工作的通知》，合肥市进一步健全审查规则，严格审查标准，完善工作机制，针对行业准入、资质标准、行业补贴等方面，对民营、外资企业设置的歧视性规定和做法，组织开展全面清理并持续推进[①]。2021年，又建立全市反不正当竞争联席会议制度，持续开展重点行业领域反不正当竞争执法行动，加大互联网、医疗美容、培训机构、要素市场等行业和领域不正当竞争行为的监管执法力度[②]。

总之，合肥市完善“双随机、一公开”监管机制，推出地方标准；建立完善守信联合激励和失信联合惩戒制度，加强信用监管；制定支持市场主体创业发展六项清单，推进包容审慎监管；建立公平竞争审查制度，促进公平监管，有力地促进了放管结合。同时，也重塑了政府的职责和功能，推动长期以来存在的政府“缺位”问题的有效解决，促进了社会的公平正义。

---

① 参见《合肥市深入贯彻落实〈优化营商环境条例〉实施意见》。

② 参见《合肥市人民政府办公室关于印发服务“六稳”“六保”进一步做好“放管服”改革有关工作实施方案的通知》合政办秘〔2021〕32号。

三　优化服务，努力建设人民满意的服务型政府

在“放管服”改革中，“简政放权”明确了市场在资源配置中的决定性作用，“放管结合”规定了政府的职责和功能，其最终目标是“优化服务”，即“建设人民满意的服务型政府”①。合肥市在建设人民满意的服务型政府中，坚持普惠性、保基本、均等化、可持续的方向，加快完善基本公共服务体系；创新机制，推广政府和社会资本合作模式，调动社会各方面积极性，增加基本公共服务；大幅放开服务业市场，促进民办教育、医疗、养老、健身等服务业和文化体育等产业健康发展，多渠道提高公共服务共建能力和共享水平，满足群众多层次、多样化公共服务需求。与此同时，合肥市在优化政务服务、打造便利化公共环境上，也取得了显著的成效。

（一）制定清单，删繁就简，着力提高政务服务效率

为提高政务服务效率，合肥市着力做好以下两个方面的工作。

一是全面梳理和公开公共服务事项目录，促进公共服务事项集中服务。按照省政府统一部署，合肥市开展市县乡三级公共服务事项和市县两级行政权力中介服务事项清理规范工作。如前所指，2017年7月，合肥市公布市级公共服务清单和行政权力中介服务清单目录，市级纳入公共服务清单建设的部门共计86个，确定服务事项1589项；市级列入中介服务事项清理规范的部门共计51个，精简规范中介服务事项，保留178项。此后根据工作需要，动态调整公共服务事项目录。

二是持续开展“减证便民”行动，取消各种不必要的证明和手续。2016年10月，合肥市在全市范围内开展证明材料专项清理活动，取消了一些没有法律法规依据的或可以通过部门间发函、共享等方式核实的证明和盖章环节。2017年，合肥在开展公共服务事项清理规范的同时，按照“四个一律”原则对公共服务事项涉及的各类证明材料一并进行清理。所谓

① 张新宁，杨承训.“放管服”：政府在社会主义市场经济中的科学定位——改革开放40年的一项重要理论成果[J].学习论坛，2018(10)：14-19.

"四个一律"，即凡没有法律法规依据的一律取消，能通过个人现有证照来证明的一律取消，能采取申请人书面承诺方式解决的一律取消，能通过网络核验的一律取消。对必要的证明加强互认共享，减少不必要的重复举证。2019年8月，合肥市政府按照国务院办公厅和省政府办公厅的要求，决定再取消市政府规章、市政府规范性文件设定的19项证明事项①。合肥市在取消不必要的证明同时，依法实施证明事项清单管理，清单之外不得向市场主体和群众索要证明。确需提供证明的，应告知证明事项名称、用途、依据、索要单位、开具单位等。与此同时，健全政务数据共享协调机制，加强信息共享和证明互认，实现身份证信息、户籍及变动信息、车辆所有权信息、出生医学证明、死亡医学证明、不动产信息等数据共享，全面推行证明事项告知承诺制，公布施行告知承诺制的证明事项目录，推广告知承诺书在线填报办事模式，统一规范线上线下办理流程，方便企业和群众自主选择、便捷申办，推动遗产继承公证、亲属关系证明等公证证明事项便捷化办理②。

此外，合肥市还引入竞争和社会评价，提升公用事业服务质量和效率。对供水、供电、供气、供暖等公用事业单位及银行等服务机构加强监管、引入社会评价，促进其提高服务水平；加快推进公用事业领域改革，打破不合理垄断，鼓励社会资本进入，以竞争推动服务质量提升。

（二）大力开展"互联网+政务服务"，推进政务服务智慧化

近年来，合肥市大力开展数字城市建设，搭建了"政务云+城市中台"的城市大脑体系，通过"政务云+城市中台"构建"城市大脑数字底座"，打造数字政府的统一支撑平台、数字社会的统一赋能平台、数字经济的统一创新平台。截至2021年9月，已打通全市200多个信息系统，汇集相关数据10366类327亿条，电子证照273类3808万套，通过深度挖掘数据资源、全面分析政府部门业务事项和应用场景，服务于31家市直、区县委办局及

① 参见《合肥市人民政府关于取消证明事项的决定》合政〔2019〕85号。

② 参见《合肥市人民政府办公室关于印发服务"六稳""六保"进一步做好"放管服"改革有关工作实施方案的通知》合政办秘〔2021〕32号。

企事业单位的64个应用系统，覆盖不动产登记、住房保障审核、中小学报名、公证员办理、合肥通社会综合服务等349个业务应用场景。

在打造数字政府的基础上，合肥市全面落实省委省政府关于建设江淮大数据中心、新型全省政务“皖事通办”平台、“智慧监管”综合平台等部署，充分利用区块链、人工智能、大数据等先进技术成果，深入开展“互联网+政务服务”，不断完善“皖事通办”合肥分厅平台功能，实现政府一个平台“推服务”、群众一个平台“找政府”。具体来说，一是上线“掌上办”“指尖办”等新的服务模式。依托大数据中心，合肥市完成了211类个性化表单定制，自动带出电子材料或电子证照，实现“零填报、零上传”，实现市县平均承诺时限压缩至1.7个工作日，平均申报材料精简至1.7件①。二是推行7×24小时不间断办理，实现政务服务“不打烊”“随时办”。同时不断完善7×24小时政务服务地图功能，推出50多项“智慧办”事项。三是不断拓展“互联网+政务服务”的广度和深度。全市55个市直部门、13个县（市）区、150个乡镇、1690个村居共14.1万个政务服务事项全部纳入安徽政务服务网，实现“一网通办”；梳理县乡村关联事项，开展流程再造，实行“村受理、乡初审、县核准”网上办理“三级”联动，实现政务服务事项“跨层级通办”，基层服务事项“家门口办”；结合智慧社区项目的实施，推进社区各类管理系统、服务平台通过智慧社区融合平台与市级大数据平台对接，实现基层为民服务事项“单点登录”“一窗办理”；积极配合做好74项政务服务事项的“跨省通办”，拓展与宁波、上海松江自助端“跨省通办”事项，推进与长江中游城市群4个省会城市、长江经济带9个城市政务服务“跨市通办”。与此同时，完善“好差评”评价数据收集处理整改回访全流程管理，依评促改。

总之，合肥市依托数字政府建设，大力推进“互联网+政务服务”，推进政务服务智慧化，不断健全政务服务工作体系，精准实施线上线下深度融合，推动了政务服务从“可办”向“办好”转变，一体化政务服务能力和水平显著提升，连续多年在国务院办公厅组织的省级政府和重点城市一

---

① 合肥市持续深化“放管服”改革多项惠企便民举措优化营商环境[EB/OL].(2021-9-8)[2022-4-10]. https://baijiahao.baidu.com/s?id=1710303728602343586&wfr=spider&for=pc.

体化政务服务能力调查评估中名列前茅，在2020年中国营商环境评价中，合肥市政务服务指标成为全国标杆之一。

（三）采取系列措施，强化为企服务

为企业服务显然是社会主义市场经济条件下优化政府服务的重要方面。不过，对于长期习惯于下达指令的政府来说，“如何为企业‘服务’是一个生疏的问题”①，只能在实践中摸索。合肥市政府在实践中积极探索，主要采取以下措施强化为企业服务。

一是深化企业开办“六个一”改革，优化企业注销简易程序。在企业开办方面，合肥市依托“皖事通办”平台，深化“六个一”改革，即“一窗受理、一网通办、一次采集、一套材料、一档管理、一日办结”，实现企业开办“零成本”。不仅如此，合肥市还在以下方面深化企业开办服务：持续提升“一网通办”能力，延长“一网通办”业务链条，企业可以通过开办平台办理公章刻制、申领发票、社保登记、住房公积金开户和个人缴存登记、银行预约开户等业务；为新开办企业免费刻制公章由3枚提升至5枚；鼓励有条件的地方通过增加公益岗、窗口辅助人员等方式，为新开办企业、工程建设提供咨询辅导和免费代办服务。如合肥市庐阳区在2018年11月就开启全程代办服务，为区域内重大投资项目、重点项目和招商引资重大项目提供包括设立开办、投资立项、税务登记、店招审批、消防备案、放映许可、餐饮许可等全程免费代办、领办服务②。

在企业注销方面，合肥市推进企业简易注销登记改革试点全覆盖，扩大简易注销范围，公告时间由45天压缩至20天；允许承诺已完成清税或不涉及税务事项的个体工商户直接办理注销登记；在税务注销中深化分类分级管理，对符合简易注销条件的纳税人，免予提供清税证明直接办结；对其他申请注销的纳税人中无风险或者低风险的实行即办注销；积极争取企

① 张新宁，杨承训．“放管服”：政府在社会主义市场经济中的科学定位——改革开放40年来的一项重要理论成果[J].学习论坛，2018(10)：14-19.

② 合肥市持续深化“放管服”改革多项惠企便民举措优化营商环境[EB/OL].(2021-9-8)[2022-4-10]. https://baijiahao.baidu.com/s?id=1710303728602343586&wfr=spider&for=pc.

业注销登记与行政许可注销登记同步办理试点，试行申请人申请企业注销登记，同时缴销相关许可证后，市场监管部门依法主动为其注销许可证，无需再次申请办理许可证注销登记。

二是加大惠企政策力度和政策落地。在这方面，总体而言，合肥市根据省政府统一部署，深入开展“四送一服”双千工程，即组织千名机关干部，深入千家企业，送新发展理念、送支持政策、送创新项目、送生产要素，服务实体经济，进而构建亲清政商关系，确保经济平稳健康发展。如2020年，合肥市共开展企业走访调研16273户次，召开政策宣讲会1129场，召开各类要素对接会260场，帮助企业解决融资53.31亿元、用工15249人、土地795.7亩，办理企业反映问题1930个[①]。在实施“四送一服”双千工程中，合肥市鼓励开展惠企政策直达服务，对资金扶持、减税降费等政策，试行符合条件的企业精准提示、在线办理。在政策上向中小微企业倾斜，创新金融服务机制，在2020年推行“政保贷”等新型金融产品近30亿元，惠及中小微企业超过1万户[②]；建立健全防范化解拖欠民营企业中小企业账款工作长效机制，通过项目审核、预算管理、绩效考核、审计监督等措施，防止和纠正拖欠民营企业中小企业账款问题；对小微企业电力接入实现“零上门”“零审批”“零投资”；全面推行用水用气社会投资简易低风险项目工程“零跑办”“零资料”“零投资”工作模式[③]；等等。

三是破除体制机制障碍，为企业科技创新营造良好环境。近年来，合肥市为实施创新驱动发展战略，出台《创新驱动发展工程实施方案》《合肥市五大发展行动计划》《合肥市科技创新发展“十三五”规划》等一批重要文件，采取了一系列有效措施，引导企业创新发展。主要包括：建设“科大硅谷”，打造具有全球影响力的“科创+产业”集聚区，完善“众创空间+加速器+产业基地”全生命周期创新链，2020年，科技企业孵化器达68家，其中国家级16家；备案众创空间90家，其中国家级20家；国家级双创基地

① 合肥创优营商环境攻坚年成绩单出炉！[EB/OL].(2021-1-7)[2022-4-10].https://view.inews.qq.com/a/20210107A0GI9F00.

② 合肥创优营商环境攻坚年成绩单出炉！[EB/OL].(2021-1-7)[2022-4-10].https://view.inews.qq.com/a/20210107A0GI9F00.

③ 参见《合肥市优化营商环境行动方案》(2021版)。

总数达8个[①]。建立“合肥市科技服务信息平台”，实现科技计划项目从需求征集到结题验收的全过程网上办理，推进科技服务“一网通办”。围绕安徽创新馆打造千亿级科技大市场，完善安徽联合技术产权交易所技术交易功能，形成线上线下交易相结合的服务模式，便利企业获取各类创新资源。大力培育科技创新成果评价、鉴定、评估、拍卖、交易等专业化科技中介服务机构。加快创新创业生态体系建设，实施科技型创新企业培育“双千”行动。为解决企业吸引人才问题，制定落实“20条”、人才创新创业“8条”等人才政策，完善人才培养、评价、激励等机制，畅通高层次人才“绿色通道”，构筑海内外英才向往汇聚的强大磁场。

四是加强知识产权的保护和运用。在现代企业的竞争中特别是科学研究和技术服务企业间的竞争主要体现在先进技术的对抗、知识产权的较量。知识产权创造、运用、保护、管理、服务各个环节的高效实施和有序开展，才能确保改善投资环境和市场资源，营造稳定公平透明、可预期的营商环境。但是目前企业无论是在自主创新、专利产品的市场转化方面，还是对知识产权的保护方面，都存在一些问题，普遍存在知识产权“纠纷解决难”的问题[②]。合肥市是我国加快推进知识产权运营服务体系重点建设城市，在健全知识产权制度体系，加大知识产权保护力度，优化知识产权公共服务，强化知识产权运用等方面都作出了一定的努力和探索。2020年8月，经国家知识产权局批准，“中国（合肥）知识产权保护中心”正式成立。建成后的保护中心，立足合肥、辐射全省、融入长三角，将大幅缩短产业领域创新主体的专利审查周期，提高专利审查质量和效率，形成以知识产权快速审查、快速授权、快速确权、快速维权“一站式”服务为核心职能，专利导航与运营、知识产权宣传咨询服务为补充的知识产权保护工作体系。根据建设实施方案，专利审查的质量和效率都得到了提高，发明专利审查周期由平均30个月缩短至10个月；实用新型专利审查周期由平均12个月缩短至

① 合肥创优营商环境攻坚年成绩单出炉！[EB/OL].（2021-1-7）[2022-4-10].https://view.inews.qq.com/a/20210107A0GI9F00.

② 金海民，王天品，蒋晓闻，黄伟强.基层优化营商环境法治保障的实现路径——基于对上海市闵行区浦江镇的调研[J].中国司法，2021（2）：28-34.

1个月；外观设计专利审查周期由平均6个月缩短至15个工作日。与此同时，合肥市积极探索建立知识产权维权服务站，完善市、县（市）区、开发区知识产权维权援助工作网络，提升维权援助能力；推动设立知识产权纠纷人民调解组织；强化知识产权案件专业化审判组织建设，全面推进知识产权刑事、民事、行政案件“三合一”审判，提高审判效率；按照“园区—产业—企事业单位导航”的原则，支持开展产业规划类专利导航项目，推进知识产权质押融资风险补偿机制；推广知识产权综合险种，依法合规推进知识产权证券化；推进合肥市知识产权运营服务平台建设，促进平台与机构、基金等要素融合，促进创新成果知识产权化、知识产权产业化。

（四）努力推进通关便利化，规范口岸收费，提高贸易服务效率

如果说为企服务是优化政府服务的一个重要面向，那么提高贸易服务效率也是优化政府服务的一个重要领域。合肥作为省会城市，对外贸易量巨大，其主要通过推进通关便利化、规范口岸收费来提高贸易服务效率。

推进通关便利化。“‘便利化’要求一切以人民群众利益为中心，从人民的获得感出发，去设计体制变革、机制运行、技术手段的应用和不断发现问题等”[①]。合肥市在推进通关便利化方面，主要采取了以下措施：大力推广国际贸易平台“单一窗口”平台应用；推进两步申报通关模式，优化业务流程，推进长三角特殊货物检查一体化改革，提升海关特殊监管区信息化智能化水平；推广科学随机布控，全力提升布控命令的精准度和可执行性，对高级认证企业降低科学随机布控比例，对失信企业加大布控力度，建立7×24小时应急处理机制，加强工作协同，保障正常货物通关顺畅；选择符合采信政策要求的检验机构，试点实施第三方检验结果采信，并做好后续监管[②]。

清理规范口岸收费。合肥市根据国家港口收费计费最新规定，动态调整并及时公布口岸收费项目目录清单，做到清单外无收费。开展交通物流

---

① 王从虎，门钰璐.“放管服”视角下的行政审批改革[J].理论探索，2019(1)：91-96.

② 参见《合肥市人民政府办公室关于印发服务“六稳”“六保”进一步做好“放管服”改革有关工作实施方案的通知》合政办秘〔2021〕32号。

等领域收费检查，坚决查处不执行政府定价、明令取消的收费项目继续收费及价格欺诈等行为。持续开展口岸收费监管，重点查处港口、检验检疫环节不落实优惠减免政策行为[①]。

四 合肥市“放管服”改革促进了地方治理现代化和高质量发展

如果说“‘放管服’改革剑之所指就是整个行政体制的核心与关键——政府职能，其基本目的就是要推进国家治理现代化。”[②]那么，合肥市的“放管服”改革则实实在在地推进了地方治理的现代化，同时也促进了合肥市的高质量发展。

（一）促进了合肥治理现代化

之所以说合肥市的“放管服”改革实实在在地促进了地方治理的现代化，是因为它促进了合肥市的法治政府建设，重塑了地方政府治理模式，促进了整体性治理。

首先，合肥市的“放管服”改革，有力地促进了地方法治政府建设。合肥市的简政放权改革不仅是做政府权力的“减法”，而且将剩下的权力都以权责清单的方式确立下来，如2017年制定了《合肥市市级公共服务清单目录》《合肥市市级行政权力服务保留事项清单目录》等清单。与此同时，合肥市在制定这些清单的同时，还有审批办证一次性告知清单、权力流程图、办事指南等，这些都是对政府职责边界的明确界定。“划定政府职责边界，构筑权力的藩篱是当今民主、法治国家的不二之选。”[③]清单建设使得“行政权力与经济权力、社会权力的边界更加清晰，能够将行政权力运行归

① 参见《合肥市人民政府办公室关于印发服务“六稳”“六保”进一步做好“放管服”改革有关工作实施方案的通知》合政办秘〔2021〕32号。

② 王湘军.国家治理现代化视域下“放管服”改革研究——基于5省区6地的实地调研[J].行政法学研究，2018(4):106-115.

③ 王湘军.国家治理现代化视域下“放管服”改革研究——基于5省区6地的实地调研[J].行政法学研究，2018(4):106-115.

入法治化轨道，并以流程全公开的方式使行政权接受公众监督”。[①]在监管中，合肥市不仅在市场监管领域制定《“双随机、一公开”监管工作规范》，而且在生态环境保护、交通运输、农业农村、文化市场等行政执法领域也分别制定规范执法自由裁量权的办法，明确法律依据和处罚标准，这些都有力地推进了合肥的法治政府建设。

其次，合肥市的“放管服”改革，大大地促进了地方政府管理模式的变革。如前所述，在合肥市的“放管服”改革中，商事制度的改革得到了有力地推进，这不仅破除了旧有制度的羁绊，降低了企业的制度性成本，而且带来了行政管理方式的变革。我国原有的商事制度，是“以行政审批的方式针对商事主体及其经营能力的法律化行政管理”[②]，具有浓厚的“管制主义”色彩[③]。在商事制度的改革中，合肥市先后实施注册资本实缴改认缴，“证照分离”改革和企业登记电子化等一系列措施。这些改革都冲击了政府本位主义、家长主义下以秩序为先的行政理念，改变对商事主体自由缺乏尊重的行政审批运作模式[④]。而在进行这种降低市场准入门槛的“前端”改革的同时，要将市场监管重心从事前转向事中与事后，也促进了政府由“管主体”向“管行为”的转变[⑤]。同时，合肥市在“放管服”改革中，为优化服务，充分利用区块链、人工智能、大数据等先进技术成果，深入开展“互联网+政务服务”，实现政府一个平台“推服务”、群众一个平台“找政府”，重塑了政府的管理模式。“事实上，以大数据、云计算、人工智能等为代表的新一轮信息革命，真正实现了对原有政府管理模式和运行机制的颠覆式革命。”[⑥]这不仅是由于“互联网+政务服务”通过利用现代信息技术，对政府数据资源进行有效配置，实现政府部门之间的信息集成与共享，从而达到业务流程的优化与协同[⑦]，而且重塑了政府部门横纵通

① 胡税根，徐靖芮.我国政府权力清单制度的建设与完善[J].中共天津市委党校学报，2015(1):67-77.

② 艾琳，王刚.商事登记制度改革的行政审批视角解析[J].中国行政管理，2014(1):19-25.

③ 王湘军.国家治理现代化视域下“放管服”改革研究——基于5省区6地的实地调研[J].行政法学研究，2018(4):106-115.

④ 艾琳，王刚.商事登记制度改革的行政审批视角解析[J].中国行政管理，2014(1):19-25.

⑤ 钟瑞栋，刘奇英.商事登记制度下的行政管理体制创新[J].管理世界，2014(6):176-177.

⑥ 翟云.重塑政府治理模式：以“互联网+政务服务”为中心[J].国家行政学院学报，2018(6):128-132.

⑦ 孟川瑾.“互联网+政务服务”：以数据为核心的政务改革[J].中国行政管理，2016(7):12.

贯、跨部门跨层级系统跨地域业务高效协同、数据资源流转通畅、网上服务一张网供给、社会治理精细运转、决策支撑精准高效、基础保障安全可管可控的政府组织新格局。

第三，合肥市的“放管服”改革，有力地促进了整体性治理。整体性治理是在“新公共管理时代”向“后公共管理时代”转型的大背景下，由佩里·希克斯和帕却克·登力维提出的治理模式，在20世纪90年代后期开始盛行。“整体性治理提倡治理层级的扁平化，注重加强政府各部门的协作，破除‘碎片化’和打破部门分割”[①]，降低治理成本、提高服务效率。党中央、国务院在推进“放管服”改革的过程中，促进了各地政府的整体性治理，合肥市也不例外。整体性治理实现的关键在于合作。如前所指，合肥市大力推进的“一站式”审批中，将由行政相对人申请办理的权力事项集中到市政服务中心，重点打造联合审批平台，实现跨部门联合审批，破解基于部门职能分割管理体制的“多头审批”“多头审图”“多头勘验”等问题，实现了群众和企业从“碎片化”的“找部门”到“整体性”的“找政府”转变。而合肥市无论是促进“双随机、一公开”监管工作，还是在加强诚信社会建设工作中都建立了联席会议制度，都促进了政府部门间的联动与合作以及政府的整体性治理水平。当然，“整体性治理能够实现的一个前提是信息技术的发展。”[②]合肥市的数字政府建设更是有力地促进了整体性治理。通过数字政府建设，合肥市将全市55个市直部门、13个县（市）区、150个乡镇、1690个村居政务服务事项全部纳入安徽政务服务网，实现“一网通办”，就“彻底破除了政府治理体制的割裂和有效治理的结构障碍”[③]。它实行“村受理、乡初审、县核准”网上办理“三级”联动，实现政务服务事项“跨层级通办”，即实现了跨层级的联通整合；而它推进与长江中游城市群4个省会城市、长江经济带9个城市政务服务“跨市通办”，则构建了跨地区的新型合作关系。

① 翟云.重塑政府治理模式：以“互联网+政务服务”为中心[J].国家行政学院学报，2018(6)：128-132.

② 寇大伟，崔建锋.整体性治理视域的“放管服”改革——以河北省“放管服”改革为例[J].领导科学，2019(2)：13-16.

③ 翟云.重塑政府治理模式：以“互联网+政务服务”为中心[J].国家行政学院学报，2018(6)：128-132.

（二）促进了合肥高质量发展

党的十九大报告作出了“我国经济已由高速增长阶段转向高质量发展阶段”这一重大判断。高质量发展的显著特征是从关注经济规模和增长过程，转向关注增长的结果和增长的效益；从关注经济增长一个维度，转向关注经济发展、社会公平、生态环境等多个维度；从片面重视高增长产业，转向关注产业协同发展、构建现代化产业体系；从关注经济增长的要素投入，转向关注要素生产率的提升和要素优化配置；从关注GDP，转向关注以人民为中心的各项制度安排和城乡区域之间的协调发展。高质量发展根本在于经济的活力、创新力和竞争力。我国的“放管服”改革助推了高质量发展，而这一点在合肥体现得尤为明显。

首先，合肥市深化“放管服”改革，极大地激发了经济活力。如前所述，合肥市在“简政放权”方面，持续削减审批事项、突出审批服务功能、推进行政审批的规范化、信息化；精简下放投资审批事项，全面实现投资审批事项线上并联办理、企业投资项目核准和备案线上办理，大力提升办理建筑工程许可便利度；持续推进以“证照分离”为核心的商事制度改革，大力推进企业登记电子化，推进电子证照、电子印章的推广和应用；持续开展清费减税改革，减轻企业负担。这些措施重新界定了政府、市场和社会的边界，重塑了政府、市场和社会的关系，从而适应市场经济的战略调整，对经济发展起到发端和撬动作用①，极大激发了“大众创业、万众创新”的热情，市场主体持续增加，促进了合肥市经济的快速增长。2019年，合肥迈入市场主体超百万城市行列。2020年上半年，全市新增市场主体14.44万户，创历史新高，超过杭州市，位居长三角城市群第五；超过武汉市、长沙市，位居中部省会城市第二②。正是这样的高质量发展，合肥实现了历史性的跨越，在2020年迈入万亿城市的行列。

其次，合肥市深化“放管服”改革，促进了社会公平正义的发展。如

① 高小平，陈新明.政府绩效管理视角下深化“放管服”改革研究[J].理论与改革，2019(2)：51-60.

② 合肥市持续深化“放管服”改革多项惠企便民举措优化营商环境[EB/OL].(2021-9-8)[2022-4-10] https://baijiahao.baidu.com/s?id=1710303728602343586&wfr=spider&for=pc.

前所述，合肥市在“放管结合”方面，加强事中事后监管，完善“双随机、一公开”监管机制，推出地方标准；建立完善守信联合激励和失信联合惩戒制度，加强信用监管；制定支持市场创业发展六项清单，推进包容审慎监管，建立公平竞争审查制度，促进公平监管。其意义不仅在于促进了政府的职能归位，更在于进一步打破行政性垄断，防止市场垄断和地方保护，建设统一开放、竞争有序的市场体系，使劳动力、土地、资金、资源等各类要素在行业间、企业间、区域间实现更高效率的配置；使新技术、新产品、新业态、新商业模式获得更加高效的制度基础。

再次，合肥市深化“放管服”改革与创新驱动战略相结合，激发了创新力和竞争力。合肥市在“优化服务”方面，除了制定清单，删繁就简，持续开展“减证便民”行动，大力开展“互联网+政务服务”，推进政务服务智慧化提高政务服务效率等措施外，还有一个重要方面就是强化为企服务。而在为企服务中，积极配合创新驱动战略，特别注重破除企业创新体制机制障碍，为企业科技创新营造良好环境，培育和塑造了企业的创新力和竞争力。

2017年1月，合肥成为三大综合性国家科学中心之一，标志着合肥成为代表国家参与全球科技竞争与合作的重要力量。在推进综合性国家科学中心建设中，合肥成为全国大科学装置最密集地区之一。“一城（滨湖科学城）、一馆（安徽创新馆）、一岛（科学岛）、一谷（中国声谷）”以及量子创新研究院、离子医学中心、天地一体化网络合肥中心、类脑实验室等重大基础工程平台建设稳步推进。重大科技创新成果不断涌现，在英国《自然》增刊“2018自然指数”全球科研城市50强评选中，合肥列第27位。以综合性国家科学中心为龙头，创新平台梯次推进产业升级不断发展。2020年年底，全市国家高新技术企业3328户，2021年突破4200户。在科创板上，合肥已累计12家企业科创板上市，居省会城市第2位[①]。按照“龙头企业—大项目—产业链—产业集群—产业基地”的思路，着力培育具有国际竞争力的产业集群。以京东方、康宁、彩虹、维信诺等为代表的新型显示

① 合肥成果缘何屡次站在聚光灯下？[EB/OL].(2021-10-29)[2022-4-10].https://baijiahao.baidu.com/s?id=1714919419969945442&wfr=spider&for=pc.

产业完成“从沙子到整机”的整体布局，实现了从跟跑、并跑到领跑；光伏新能源产业形成以通威、晶澳、阳光电源等为龙头的完整产业链条，产业和应用规模均居全国前列；以江淮大众、江汽蔚来、国轩高科等为代表的新能源汽车产业蓬勃发展；“中国声谷”聚集企业400多家，较2014年初建时增长了14倍，智能语音及人工智能产业保持国内领先水平，跻身全国人工智能“五强”城市。在发展中，新型显示、集成电路、人工智能等领域取得了很多突破、填补了很多空白，从“芯屏器合”到“集中声智”，从紧缺高端产业到引领型高端产业，合肥产业发展不断迈上新台阶。这种以制造业为主引擎的现代化经济体系的发展，无疑促进了经济结构的优化升级，提升创造力和竞争力。正是创新，让合肥保持了经济平稳较快发展，实现了质量和效益不断提高，在高质量发展上迈出了坚实步伐。

总的来说，近年来在党中央、国务院和省委、省政府的指引下，合肥市结合自身实际不断深化“放管服”改革，有着自身的创新和特色，结出丰硕的果实，推动了治理能力现代化的发展、高质量发展，提升了合肥市在“长三角”中副中心的地位。当然，“放管服”改革是一项长期的任务，合肥市在“放管服”改革中，还存在着政府职能转变不够到位、政府部门“官本位”思想还在一定程度上存在、社会力量参与不足、政府政务服务信息共享不全面、“信息孤岛”现象依然存在、公共服务还存在一些短板等问题和不足。不过，我们坚信合肥市在持续深化“放管服”改革的道路上，这些问题和不足能够逐步得到解决，“放管服”改革效能得到释放，地方治理的现代化得到进一步的发展，高质量发展得到进一步推进，就一定能够促进合肥市第十二次党代会提出的“创新名城”“产业名城”“生态名城”“活力之城”“示范之城”“文化之城”“幸福之城”目标的早日实现。

参考文献

李军鹏.十九大后深化放管服改革的目标、任务与对策[J].行政论坛,2018(2):11-16.

翟云.重塑政府治理模式:以“互联网+政务服务”为中心[J].国家行政学院学报,2018(6):128-132.

高小平，陈新明．政府绩效管理视角下深化“放管服”改革研究[J]．理论与改革，2019(2)：51-60.

王湘军．国家治理现代化视域下“放管服”改革研究——基于5省区6地的实地调研[J]．行政法学研究，2018(4)：106-115.

寇大伟，崔建锋．整体性治理视域的“放管服”改革——以河北省“放管服”改革为例[J]．领导科学，2019(2)：13-16.

孟川瑾．“互联网+政务服务”：以数据为核心的政务改革[J]．中国行政管理，2016(7)：12.

王丛虎，门钰璐．“放管服”视角下的行政审批制度改革[J]．理论探索，2019(1)：91-96.

张新宁，杨承训．“放管服”：政府在社会主义市场经济中的科学定位——改革开放40年的一项重要理论成果[J]．学习论坛，2018(10)：14-19.

铜陵市法治化营商环境建设研究

——以经济法为视角①

王宇松　应婷婷②

摘　要：市场经济是法治经济，保障市场经济有效运行的关键是建立起法治化营商环境。市场经济又是一个以资本类财产为主导的社会化大生产的再生产体系，必须遵循资本总公式G—W—G′的运行规律，保持市场主体在市场准入、自主经营、公平竞争、利润分享和市场退出等环节顺畅有序，利用法治化思维和方式构建起这五大关键环节的权利保障体系，对政府和企业在市场中的角色和功能进行定位和规范。铜陵市围绕这五大权利，从立法、执法、司法、守法角度建立起了一个立体化的法治保障体系，让铜陵市的法治化营商环境建设取得了长足的进步，有效促进了铜陵市的经济社会发展。但法治化营商环境的建设不是一蹴而就的，当前铜陵市的法治化营商环境还存在一些不足，还需进一步夯实法治化营商环境建设的基础，提升法治化营商环境水平。

关键词：法治化营商环境　市场准入权　自主经营权　公平竞争权　剩余索取权　市场退出权

① 本文系安徽高校人文社会科学研究项目“徽商精神复兴制度保障研究”(SK2020A0079)和安徽师范大学皖江学院人文社会科学研究项目“《安徽省实施〈优化营商环境条例〉办法》的适用机制研究”的阶段性研究成果。

② 王宇松，博士，安徽师范大学法学院副教授。应婷婷，硕士，安徽师范大学皖江学院经管系讲师。

一 引 言

营商环境是市场主体在准入、生产经营、竞争和退出等过程中所涉及的政务环境、市场环境、法治环境以及人文环境等有关外部因素和条件的总和。市场经济是以资本类财产为主导的一种经济形态，根据资本总公式G—W—G′的运行要求，市场经济要健康有序发展，至少要保持市场主体在准入环节、自主经营环节、公平竞争环节、利润分享环节和市场退出环节都顺畅有序，其中任何一个环节受挫，都将导致市场经济运行不畅，进而导致营商环境恶化。因此，需要给每个环节都配置适当权利，建立起相应法律制度，让其在法治的保障下，有序高效运行。优化法治化营商环境，就是优化保障市场主体这五个活动环节顺畅有效运行所需要的法治条件，实现企业全生命周期的法治保障。

近年来，铜陵市重视推行法治化营商环境建设，着力打造“全国审批事项最少、办事效率最高、投资环境最优、市场主体和人民群众获得感最强的城市”。为此，铜陵市不断优化和完善市场主体的市场准入权、自主经营权、公平竞争权、剩余索取权和市场退出权法治运行体系，在立法、执法、司法、守法等环节深耕细作，稳步推进营商环境保障的法治化水平。2020年，根据《优化营商环境条例》《国务院办公厅关于进一步优化营商环境更好服务市场主体的实施意见》《安徽省实施〈优化营商环境条例〉办法》等相关法律法规，结合实际，铜陵市制定了《铜陵市优化营商环境实施细则》，设总则、市场环境、政务环境、监管环境、创新环境、法治环境、附则共7章60条，对铜陵市营商环境工作做了较为全面的规范，并以法治的思维来推进该细则各个目标的实现，有力推进了铜陵市法治化营商环境的建设进程。

二 不断降低门槛和简化程序，完善市场准入权保障

市场准入权是人们享有将普通生活资料类财产转化为专门用于生产经

营类的资本性财产并进入相关市场的权利。该权利是资本得以启动的基本权利，也是市场经济得以启动的前提条件，保障该权利得以实现的主要有企业设立、负面清单等制度。多数欠发达国家难以从生产力低下的自然经济中走出，根本原因之一就是这些国家没有建立起市场准入权及保障其实现的相应法律制度体系。铜陵市近年来积极响应党中央号召，不断简化市场准入程序，提高市场准入效率，降低市场准入成本，有效保障了市场准入权的实现，进而促进了铜陵市经济社会的持续快速发展。

（一）完善法规体系

铜陵市在执行国家发展改革委、商务部发布的《市场准入负面清单（2020年版）》的基础上，进一步简化市场主体住所（经营场所）注册登记程序，降低创业成本、释放场地资源，根据《安徽省人民政府办公厅关于进一步深化商事制度改革促进经济持续健康发展的实施意见》，全面实施市场主体住所（经营场所）“申报承诺+清单管理制”登记模式改革，出台了《铜陵市市场主体住所（经营场所）登记负面清单》。2021年，又出台《优化营商环境改革举措四十条》，进一步完善了市场准入权保障的规则体系。

（二）改革准入办理方式

为有效降低准入门槛，简化准入程序，铜陵市对市场准入办理方式进行了一系列改革，以降低企业的准入成本。如早在2018年5月，铜陵市就开始启动“证照分离”改革试点，在安徽省率先启动“证照分离”改革试点工作，并对第一批106项涉企行政审批事项分类实施改革；稳步推进网上服务大厅建设，加强信息整合共享。坚持项目建设“平台之外无审批”。踏实推进“六个一”体系建设，即实现一窗受理、一网通办、一次采集、一套材料、一档管理、一日办结，建成企业设立全程电子化登记系统，从工商注册、税务登记、社保登记，到银行开户和公章刻制、准营许可等商事领域相关审批服务事项，都实现了信息共享和联动联办，将企业从之前的登记全面网上办，一跃跨到企业开办全程网上办，进而将企业开办时间由3个工作日转为1个工作日。截至2021年2月底，铜陵市通过全程网上办理，已可实现一日开办企业约7000余家。进一步巩固“多规合一”成果，提升“多规合一”成效。稳健推进“九证合一”；推广电子证照、电子印章、电子档案、电子云签应用，实施企业登记电子证照“以码代证”“证照联办”；全面实施告知承诺、容缺办理，发布告知承诺事项清单。这些市场准入方式的改革，让市场主体的准入权得到了切实的保障，可以在瞬息万变的市场环境下及时进入不同市场，调整经营范围，抓取商业机遇，实现市场对资源的有效配置。

（三）压缩准入办理时限

铜陵市一直在探索压缩准入办理时限，并通过不断改革准入办理方式来缩短办理时限，提高准入办理效率。早在2013年，铜陵市就要求39个审批部门都需成立审批责任小组，在保证许可科学公正的前提下，集中权限，只设组长一职，且是由部门“一把手”担任。这些审批责任小组都需进驻政务服务中心，行使联合审批的职能，有效压缩了审批时限。为进一步压缩审批时限，2017年，铜陵市率先在安徽省推行“九证合一”企业准入登记制度，将工商、质监、税务、社保、统计、检验检疫、商务、公安、公积金管理等九部门，分别核发《营业执照》《组织机构代码证》《税务登记证》《社保登记证》《统计登记证》《出入境检验检疫报检企业备案表》《对外贸易经营者备案登记表》《公章刻制备案》和《单位住房公积金登记证》，登记模式改为一次申请、一窗受理，由工商部门核发加载统一社会信用代码的《营业执照》。实行“一窗受理、一次提交，内部流转、同步审批”，全面提高登记服务效率，大幅压缩准入办理时限，极大便利了群众办事创业。通过这些准入许可办理的时限改革，行政许可事项平均审批时限比法定承诺时限缩减60%。企业设立0.5个工作日以内办结，不动产登记2个工作日以内办结。10千伏普通高压、低压电力用户平均接电时间分别压减至18个和5个工作日以内。用水用气报装无管线、有管线办结时间分别压减至2个和7个工作日以内。在市场经济环境下，时间就是金钱，市场准入时间的大幅压缩，让等量资本在相同的时间内进行更有效的运转，能够帮助企业创造更多的社会财富。

三　不断加强服务型政府能力建设，助力自主经营权实现

自主经营权是指商事主体（主要是企业家）在不违反国家法律的基础上，自主调配使用其企业的人力、物力和财力，自行组织生产经营的权利。充分行使自主经营权的积极结果就是企业家精神得以自由发挥，可以高效自主作出专业化经营决策，企业内的生产要素能够充分发挥其效能，但在此过程中，离不开政府提供的各种服务和便利。在现代化的社会化大生产背景下，国际竞争日益激烈，企业如果没有政府给予各方面的协助，自主经营权的有效实现越发显得困难重重，服务型政府的建设就显得更加迫切了。铜陵市政府顺应时代潮流和国家经济社会发展要求，不断加强法治思维下的服务型政府能力建设，取得了较好的成绩，推动政府运行模式由“管理与监督”向“服务与保障”转型，优化营商环境，有效助力企业自主经营权的实现。

（一）不断完善法规体系

2018年，铜陵市出台了《中共铜陵市委铜陵市人民政府关于大力促进民营经济高质量发展的若干意见》，为民营经济高质量发展保驾护航。2020年9月，铜陵市人民政府办公室印发《铜陵市优化营商环境实施细则（试行）》和《关于建立企业诉求闭环管理和全程响应机制的具体措施》，作为铜陵市优化营商环境的行动指南，并就这两个文件专场举行了特别的政策解读新闻发布会。为有效落实《关于建立企业诉求闭环管理和全程响应机制的具体措施》的具体要求，杜绝形式主义，2020年底，铜陵市“四送一服”办会同市政府督查室、市效能办共同制定了《关于企业诉求闭环管理和全程响应具体措施落实情况督查工作实施方案》。2021年6月，铜陵市郊区“四送一服”双千工程领导小组办公室又发布了《关于落实企业诉求闭环管理和全程响应具体措施中“说不”提级管理办法（征求意见稿）》，进一步将配套规定做细做实，从制度层面建立起企业反映问题受理、跟踪、督办、解决的闭环管理机制。2021年，铜陵市还制定了《关于进一步激发

民营企业创业热情成就企业家创意创新创造推进民营经济高质量发展的实施意见》，提出18条具体政策，从搭建平台、要素保障、主体培育、优化环境等方面协助民营企业自主经营权实现。此外，铜陵市政府还针对规范性文件进行效力审查，对已失效、不符合经济社会发展的规范性文件进行全面清理，不再将其作为行政管理的依据，有效解决了上下文件、新旧文件不一致，沉睡文件效力不定的问题，明晰了依法行政的制度依据。

为配合铜陵市的服务型政府建设，更加有效地以法治化思维优化营商环境，促进提升服务型政府能力建设，进而助力企业自主经营权实行，铜陵市中级人民法院先后出台了《“创优营商环境提升行动”实施方案》《精准服务民营经济发展方案和指导意见》，还会同铜陵市工商业联合会制定了《关于建立依法服务保障民营经济健康发展若干机制的意见》。2020年8月31日，铜陵市中院召开专门新闻发布会，发布《铜陵市中级人民法院加强企业产权和企业家权益司法保护优化营商环境实施细则》，持续优化司法服务保障功能。

（二）推动政府权力行使向服务转型

在行政执法方面，铜陵市政府在坚持“合法、公正、公开”的原则下，推行“服务—教育—整改—处罚”依次实施的四步工作法，逐步引导行政管理过程中政府权力的行使向服务的转变，突出政府服务功能，实现教育与处罚相结合，促进社会和谐。2011年，铜陵市人民政府办公室印发《铜陵市行政执法人员不良执法行为记分管理办法（试行）》，要求行政执法人员在行政执法活动中如不按“服务—教育—整改—处罚”四步工作法实施行政处罚的，每次将被扣6分，倒逼行政执法人员在执法过程中树牢服务意识，提高服务水平。

为有效贯彻落实《关于建立企业诉求闭环管理和全程响应机制的具体措施》，铜陵市采取了一系列切实可行的措施。首先，围绕该具体措施，由市委督查室、市“四送一服”办公室、市发改委、市招商服务中心联合开展企业诉求闭环管理和全程响应机制专项督查。围绕“问题收集渠道是否畅通、项目帮办代办是否到位、企业诉求解决是否彻底、包保联系机制是否落实”四个方面，各县区、经开区管委会和市直有关单位开展了全面自查。市委督查室会同有关单位开展季度抽查和实地督查，在全面了解各县区、各单位企业诉求解决情况和听取企业负责人意见建议基础上，精准施策为企业发展提供有效服务。其次，不断拓宽、增强监督渠道。2020年8月25日，铜陵市纪委监委面向全市聘请55名重点企业廉情信息员，如发现各部门或干部在招商引资、市场准入、行政审批、行政执法、市场监管、融资投资、减税降费中有不作为、慢作为、假作为等问题时，廉情信息员利用线上线下“双渠道”反馈机制，既可直接登录到市纪委监委“四风”随手拍企业服务“直通车”平台，上传反映上述问题，也可以书面、电话形式报市纪委监委。对于那些涉及企业诉求的典型问题，经市纪委监委统一编号，然后交由市民营经济促进局通过“四送一服”双千工程平台处理。市民营经济促进局需每月对进展情况进行梳理，再转报市纪委监委跟踪掌握，适时开展问题落实再监督工作，形成监督闭环。再次，不断优化企业诉求办理流程，结合省“四送一服”双千工程平台，建立起问题收集、整理、交办、督办、反馈和企业评价的诉求办理全流程机制。铜陵市制定出台“四送一服”双千工程第三方评估调查方案，通过电话回访与实地走访方式，对市所属企业问题诉求办理情况、重点项目建设情况、各类要素对接情况等进行评估，并以第三方评估为契机，不断改进工作方法，提升工作实效，真正让服务对象拥有营商环境好坏的评价权，打造“四最”营商环境。

在行政司法方面，为持续优化营商环境，保障企业自主经营权得以充分实现，铜陵市司法局出台法律服务民生工作措施，助力中小微企业发展。铜陵市司法局结合已成立的民营企业律师服务团，精选多名律师、公证员、司法鉴定人员组建法律服务团队，全力保障提供高效的法律服务。积极引导企业和劳动者通过“12348”公共法律服务热线平台和网络平台寻求法律服务。近年，受新冠疫情影响，各法律援助机构、公证处、司法鉴定机构及时出台涉及疫情防控文件、政策，以及法援、公证和司法鉴定办理事项指引。针对可能遇到的劳动用工、医疗社保、合同终止、违约、解除等法律方面的问题提供法律咨询解答，帮助中小微企业梳理法律风险点，制定风险防范化解方案，做好涉企案件的仲裁、代理工作，组织律师配合法院开展网上诉讼活动，协助困难企业申请减免诉讼费、仲裁费。组织企业、行业性专业性商会调解组织积极参与企业矛盾纠纷排查调处工作。重点做好因交通管制、防疫误工等引发的合同纠纷、劳资纠纷等，防止矛盾纠纷交织叠加、激化升级。充分发挥市、县区人民调解中心和司法所职能作用，及时受理并调解涉企矛盾纠纷。

近年来，铜陵市制定出台支持民营经济发展的系列政策文件，在扶持政策上持续发力，切实减轻企业负担，已取消、缓征税务发票工本费、绿化费等44项行政事业性收费。同时，创新融资服务体系，推进直接融资，促进间接融资。如2020年11月，铜陵市运用现代金融科技手段，加强大数据运用，搭建起网上金融服务大厅，与本地主要金融机构建立合作关系。针对企业发展需要，开发了“税融通”“科技贷”等51种优惠贷款产品线上申请服务，助力中小微企业解决“融资难、融资慢、融资贵”问题。铜陵市委、市政府结合实际出台了《关于大力促进民营经济高质量发展的若干意见》，以提升民营企业核心竞争力为主攻方向，精准实施一系列“组合拳”，在全省率先组建了民营经济促进局，推动各项政策落地落细落实，为民营经济发展清障护航，有效改善了铜陵市的法治化营商环境。

（三）加大司法对自主经营权的呵护力度

为加大通过司法保护来促进自主经营权实现，铜陵市中级人民法院在不断提高司法公信力的同时，将《铜陵市中级人民法院加强企业产权和企业家权益司法保护优化营商环境实施细则》真真切切落到实处。如近几年新冠疫情对经济社会生活影响较大，引发的一些问题，不利于企业经营活动的开展。在司法实践中，铜陵市中级人民法院结合实际情况，设身处地为企业考虑，在保证司法公正的前提下，积极服务企业生产经营，妥善处理涉疫情防控的各类纠纷，合理认定疫情导致的违约、赔偿等责任。对于因疫情防控期间停工停产导致企业经营困难而引发的单方解除合同、欠薪等劳动纠纷，加强与人社部门、劳动仲裁机构的沟通联络，引导企业与劳动者充分协商，以更适当方式稳定劳动关系。对涉及犯罪的民营企业家，主动告知其享有认罪认罚从宽的权利，释明认罪认罚的法律后果，充分保障民营企业家的合法权益。在执行方面，坚持善意、文明执行，依法灵活运用执行措施，对涉案企业正常运转的，原则上不冻结企业恢复生产、发放工资的资金账户。坚持“一事一议”和“一案一策”，对仍有发展潜力的，有生产经营能力和市场的企业，支持当事人之间沟通，引导他们达成和解，分期履行，修复企业信用，帮助企业走出困境。为进一步推动司法服务企业自主经营权，优化营商环境，铜陵市中级人民法院还积极开展“我为群众办实事”实践活动，深入开展“四送一服”走访，了解企业的司法需求，将服务企业的工作要求落实落细。

四　积极打造公平竞争环境，保障公平竞争权实现

公平竞争权是指经营者在参与市场竞争的过程中所享有的要求其他经营者及相关主体进行公平竞争，以保障和实现其合法竞争权益的权利。在公平竞争的过程中总是伴随着两种博弈，一是企业间为追求交换价值而带来的较量，二是企业追求交换价值和消费者追求使用价值而产生的冲突。因此必须由法律对企业的公平竞争权进行保护。我国当前的法律依据主要有《反垄断法》《反不正当竞争法》《消费者权益保护法》，通过规范不正当竞争行为、垄断行为以及侵害消费者权益的行为来维护企业与消费者的良性互动和各自的合法利益。根据资本总公式G—W—G′的运行要求，只有两种博弈都能有效公平进行，才能有效促进市场经济社会的健康稳健发展。铜陵市十分注重公平竞争市场秩序的维护，不断进行自我革命，努力营造公平竞争氛围，优化法治化营商环境。

（一）不断完善法规体系

在地方，对公平竞争权的侵害主要来自地方政府的各类行政垄断。为保障公平竞争权的有效实现，铜陵市政府主动进行自我革命，不断建立和完善防范行政垄断产生的制度体系，筑牢行政垄断可能产生的防火墙。2017年3月18日，安徽省政府印发了《关于在市场体系建设中建立公平竞

争审查制度的实施意见》（皖政〔2017〕36号），同年8月，铜陵市就出台了《铜陵市人民政府关于在市场体系建设中建立公平竞争审查制度的实施意见》，为公平审查划定出“18个不得”。针对公共资源交易领域里公平竞争权容易受到干扰和侵害，2019年，铜陵市公共资源交易监督管理局印发《铜陵市公共资源交易公平竞争监督检查办法》，同时废止《铜陵市公共资源交易项目备案管理暂行办法》《关于进一步提高交易文件编制及备案质量的通知》《关于修订部分公共资源交易项目备案资料目录的通知》。为进一步做实做细公平审查工作，2020年铜陵市出台了《铜陵市公平竞争审查工作联席会议制度》《铜陵市公平竞争审查制度实施细则》等文件，更加有效夯实了公平竞争审查工作的基础。为贯彻落实《国务院关于在市场体系建设中建立公平竞争审查制度的意见》和省市有关文件精神，铜陵市有些区也根据自身的情况，制定了更有针对性的规范性文件，如2020年，铜官区出台《关于在市场体系建设中建立公平竞争审查制度的实施意见》，为公平竞争权的实现提供了更加具体和可操作性的制度保障。

（二）着力消除不利公平竞争权实现的制度性障碍

为打造一个公平竞争的环境，保障公平竞争权的实现，铜陵市在认真落实公平审查制度时，不断进行制度、工作方式和流程创新，以切实消除各种不利于公平竞争权实现的制度性障碍，把好源头关。遵循“谁制定、谁审查”原则，铜陵市通过建立内部审查程序，完善工作机制，形成一套公平竞争审查的常态化机制，将公平竞争审查与合法性审查和合规性审查结合起来，一并纳入到市政府文件事前审查程序之中，明确了公平审查工作责任，让公平竞争审查制度得以平稳有效实施。对所有涉及市场主体经济活动的各类政策措施一律进行审查，有效防止滥用行政权力排除、限制市场竞争行为发生。遵循“谁制定，谁清理”原则，及时对正在起草的和现行有效的涉及市场主体经济活动的政策措施进行全面清理，根据是否有利于各类市场主体公平竞争权的保障，予以保留、废止、修改。如2020年，铜陵市的县区政府及市直部门就清理出仍然有效的政策措施188件。为进一步有效消除公平竞争权实现的各种制度性障碍，结合政策措施和规范性文件“存量清理”工作，铜陵市市场监管局还开展全市涉及公平竞争政策措施和规范性文件抽查工作。抽查工作严格依据《反垄断法》和《公平竞争审查制度实施细则》相关规定和标准，对抽查中发现的存疑政策措施和文件认真组织进行复查核查，经确认有排除、限制竞争的政策措施，按层级管辖原则上报或督促相关部门及时从相关公开平台撤下，并予以修改或废止。

（三）加大打击侵犯公平竞争权的违法行为

在完善法规体系，消除制度性障碍的同时，铜陵市也加大了对各种侵犯公平竞争权违法行为的打击力度。首先是行政部门加大了执法力度，对各种侵犯公平竞争权的违法行为给予有力打击。为更有效推进这项工作，铜陵市还开展了一些专项整治活动，如在全市开展打击侵犯公平竞争权违法行为的“双打”行动。2020年10月28日上午，铜陵市专门召开了2020年全市打击侵犯公平竞争权相关违法行为的工作会议，吴强副市长亲自参加会议。会议在对已取得的成绩进行肯定的同时，重点对下一步工作做了安排。其次，铜陵市司法部门也积极行动起来，对侵犯公平竞争权的相关违法行为进行及时、公正的判决，有力筑牢保障公平竞争权实现的最后一道防线。再次，铜陵市不断加大公平竞争的法治宣传。由法院的法官走进企业，以案为例，将相关法律知识送到企业的法治课堂上。如在2021年“3.15”来临之际，铜陵市铜官区人民法院铜陵经济技术开发区法庭的法官们，就以原告合肥卡旺卡品牌管理有限公司诉被告安徽卡旺卡餐饮服务有限公司不正当竞争案为例，介绍被告安徽卡旺卡餐饮服务有限公司如何擅自在企业名称中使用“卡旺卡”字样，如何导致消费者将被告及其提供的产品与原告的产品产生混淆，侵害了原告公平竞争权，进而违反《中华人民共和国反不正当竞争法》。这种通过讲述企业身边发生的真实案例的方式，来对企业普及公平竞争权保护的法律知识，既可以对企业负责人和员工们产生警示作用，也能让他们在轻松愉快的环境中学习和掌握相关法律法规知识，增强他们的公平竞争法治意识，为持久的公平竞争环境营造浓厚的氛围，打下坚实的基础。

五　稳步推进降费减税，确保剩余索取权实现

剩余索取权是指资本财产权的所有者在扣除各种经营费用后，对剩余利润进行索取的权利，是资本财产权得以实现的至关重要的一步。赋予资本类财产所有者这项权利，可防范政府对资本类财产所有者的财产权进行不正当侵害。对于资本财产权所有者权益的保护，一般是通过各种税费法律制度，以此防范税费过重，防止税费征收部门及其工作人员的不正当行为侵害资本类财产权所有者对其利润的实现。通过对税费征收理念和制度的不断优化，推进企业的剩余索取权保护愈加全面，可以有效改善我国整体营商环境，不断激活资本类财产所有者从事财富创造的激情和活力。铜陵市也采取多种方式减税降费，在有限的法律制度空间内为企业剩余索取权的实现积极创造条件，优化营商环境。

（一）完善法规体系

相比较市场准入权、自主经营权、公平竞争权，剩余索取权是对资本类财产权主体财产的直接处置，属于法律保留事项，一般情况下，留给地方政府的法规制定空间很小。在有限的权限范围内，铜陵市仍然尽量降低企业税费，保障企业的剩余索取权得以实现。2020年，铜陵市人社局、铜陵市财政局、国家税务总局铜陵市税务局联合印发了《关于阶段性减免企业社会保险费的通知》（铜人社秘〔2020〕38号），铜陵市医疗保障局、铜陵市财政局、铜陵市人社局、国家税务总局铜陵市税务局关于印发《铜陵市阶段性减征职工基本医疗保险费的实施方案》（铜医保办〔2020〕14号），帮助企业减税降费，降低企业运营成本。为帮助企业应对疫情，方便享受到疫情防控期间的各种政策优惠，铜陵市专门制作了《新冠肺炎疫情防控税费优惠政策指引汇编》。为进一步将国家和安徽省出台的一系列税收优惠政策在铜陵市能真正落地，2021年铜陵市制定的《优化营商环境改革举措四十条》，直接涉及剩余索取权保障的就有两条，一是要求“落实减税降费惠企政策。压减纳税缴费时间和纳税次数，持续推进减税降费政策直达快

享。提升纳税缴费事项办理便利度。推进发票电子化改革，促进办税提速增效降负。”二是要求“推行重大项目‘税务首席管家’制度。”这些文件的出台，都让企业的剩余索取权保护越加全面，有效激活资本类财产所有者从事财富创造的激情和活力。

（二）多措并举落实降费减税政策法规

为推动各类降费减税的政策能真正惠及企业，稳步推进铜陵市营商环境不断优化，铜陵市税务局建立了一系列创新措施。一是强化组织领导机制建设。铜陵市、县（区）两级税务局，都已建立起由主要负责人任组长的减税降费工作领导小组，下设办公室和专项工作组，主要有政策制定、征管核算、督察督办、服务宣传等专项工作组。领导小组内采取集中办公方式开展工作，让上情下达、下情上传、协同高效的信息联络渠道畅通无阻。为高效推进工作，领导小组还制定了减税降费重点工作任务清单，明确各项任务时间节点和责任部门，从而确保了各项工作得以有序开展。二是开展形式多样的培训辅导。为方便纳税人及时查阅和了解最新政策和申报操作，一方面，铜陵市税务局通过开办纳税人学堂、政策解读会等，对纳税人进行降费减税相关政策的专题辅导。另一方面，铜陵市税务局充分运用网站平台、网络新媒体、报纸、电台、办税服务厅显示屏等多种形式，拓宽减税降费政策宣传培训渠道。特别是通过微信、皖税通App等“非接触式”方式，不仅实现了政策的“点对点”推送，也有效配合了疫情防控工作。此外，还做好各种培训的统计台账，以防止出现交叉重复培训，增加纳税人负担。三是不断改进办税服务方式。如为方便中小微企业，指定了专门部门、安排专人负责中小微企业服务工作，负责集中受理和协调解决中小微企业涉税诉求。同时还在各办税服务厅设置小微企业优惠政策咨询服务岗，确保小微企业的涉税诉求有地方提、疑惑能有人解、事项会有人办。严格落实首问负责、限时办结、预约服务、延时服务、导税服务和“最多跑一次”等办税服务制度，让企业的剩余索取权真正落到实处。四是做好减税政策统计核算分析。遵照国家税务总局减税政策统计核算工作方案，铜陵市税务局建立了包括申报数据采集、审核校验、汇总上报、核算分析在内的统计核算分析体系，为及时准确全面反映减税降费成效奠定了坚实基础。

（三）系统强化督查考评压实责任

科学系统的考评和责任体系，是制度有效运行的根本保障。为让减税政策落到实处，铜陵市税务局将减税降费工作列入绩效考评之中，建立起系统化的工作督查机制。通过这一机制，将外部监督和内部监督有机结合起来，在主动配合外部监督同时，不断强化内部监督，压实责任。对有令不行、有禁不止、推诿扯皮、敷衍塞责的行为，不仅要依法依规追究当事人责任，还要追究相关领导责任，这种机制大幅降低了企业的各类税费，特别是减轻中小微企业和特色农业企业税费负担，有效保障了企业剩余索取权的实现，优化了法治化营商环境。

六　不断降低门槛简化程序，完善市场退出权保障

市场退出权是指企业由于各种原因享有从市场顺利退出的一种权利。该权利行使的表现情形大致可分为两种：一种是从某个领域或某个区域的市场退出，另一种企业的注销。良好的营商环境恰如一池活水，只有进退有序、良性循环，才能使各类市场主体“如鱼得水”、健康发展。根据资本运行公式G-W-G，在资本类财产运行过程中的任何一个环节受阻，都有可能导致资本整体运行不畅，乃至终止运行。一套完善的市场退出权保障制度，可以有效维持市场主体正常的新陈代谢，保持市场经济的动态平衡。在法治化思维下，不断降低市场主体的退出门槛，简化退出程序，方便企业退出权行使，既可优化社会资源配置为市场主体新的投资选择创造便利，拓展自由空间，也可在破产程序中有效保护各方主体正当权益的实现。铜陵市在保障市场退出权实现方面也是不懈努力，始终坚持法治化思维下，多管齐下，不断完善企业市场退出机制。

（一）完善法规体系

根据《国家工商总局关于全面推进企业简易注销登记改革的指导意见》和省工商局的要求，为完善市场主体退出机制，铜陵市也制定了一些配套的规范性文件，如《铜陵市个体工商户简易注销程序规定（试行）》。2021年安徽省市场监管局还下发了《关于铜陵市市场监督管理局“证照并销”改革试点的批复》，正式同意铜陵市市场监管局开展企业“证照并销”改革试点。为保障企业破产处理程序高效有序推进，2020年，铜陵市中级人民法院联合铜陵市税务局出台《关于优化企业破产处置中涉税问题处理的实施意见》，让企业破产处置涉税相关工作流程有规可依，缩短破产案件审理时间，加速“僵尸”企业出清，助力破产重整企业“轻装上阵”。2021年，铜陵市发布的《优化营商环境改革举措四十条》，其中就规定：“提升办理破产质效。完善繁简分流办案模式和随机分案制度。新收破产案件审判周期在省标准基础上再压缩10%。建立破产企业资产信息库和区域招商引资衔接机制。支持和推动破产管理人行业自律组织建设。”为企业破产合规、高效退出进一步提供制度支撑。

（二）积极推进企业简易注销登记改革

为顺应铜陵法治化营商环境建设的需要，早在2017年，铜陵市工商局就根据《国家工商总局关于全面推进企业简易注销登记改革的指导意见》和安徽省工商局要求，决定从当年的3月1日起，在铜陵市全市范围内全面实行企业简易注销登记改革，加速市场主体退出的便利化进程。2020年，经省市场监管局批复同意，个体工商户简易注销登记改革试点工作在铜陵市郊区迅速开展。在村、社区配合下，郊区市场监管局对辖区的个体工商户底数进行了全面摸排，在较短的时间内就对全区8180户个体户建立起分类管理机制，建立“异常”户工作台账。与此同时，对注销程序进行大幅简化，对注销流程进行持续优化，减少了申报文件，建立起一表制或互联网市场主体退出机制，实现个体工商户在办理简易注销时最多跑一次，乃至一次都不用跑。到2020年11月底，郊区个体工商户注销数额为732户，相比2019年同期的389户，增长达88.2%。

同样是在2020年，为进一步破解企业注销中的“难点”“堵点”问题，铜官山区专门出台了企业注销提升行动方案。依据该行动提升方案，该区推行企业注销“一网”服务，通过统一数据标准和共享数据项，优化工作流程，压减相关申请材料，实现市场监管、人力资源和社会保障、税务、公共服务中心等部门间注销信息共享共用，同时打通平台与银行间的信息共享通道，企业注销逐步实现“一网通办、全程网办”，从而逐步构建起日益高效便捷、公开透明、交易安全的市场退出环境，不断释放出市场活力和企业资源。

进入2021年，铜陵市进一步在全市开启“证照并销”改革试点。铜陵市市场监管局牢记为民服务宗旨，认真践行“我为群众办实事”要求，积极推动“最多跑一次”改革。针对企业在办理营业执照、许可证件注销过程中，因涉及不同部门需要跑许多次的问题，铜陵市市场监管局积极探索、认真执行“一套申报材料、一个窗口申报、一次审批”的工作机制，逐步形成营业执照和许可证同步注销、联审联办。在此基础上，进一步加大改革力度，达成企业营业执照、许可证注销“一窗办”“一天办”的工作机制。经过大胆创新，不断改革，铜陵市现已在有些领域基本实现了并销受理一套表、一窗收、一次办，有效解决了企业在营业执照办理、许可证件注销过程中多部门多次跑的难题。首批纳入“证照并销”许可事项涉及食品、药械、文旅、农业、商务等众多领域，共有24项许可事项。随着改革的进一步推进，市场主体的市场退出权无疑会得到更加有效全面的保护，进而能够释放更多的市场活力。

（三）不断完善破产案件审理

为有效保障市场主体的市场退出权实现，铜陵市各级法院也在不断完善破产案件的审理，在市场退出环节做好司法的保障功能，不断改善铜陵市的法治化营商环境。一是依法加快破产清算案件审理进度，以便加速盘活企业存量资产，减少社会资源的无效供给。二是不断简化破产重整方式，以最快最有效的方式促使企业重整成功，不断释放和激发企业新的活力。

三是不断优化执破衔接程序，让僵尸企业能够及时、顺畅进入破产程序，加速资产变现。四是不断优化府院联动，推动建立破产管理人制度、破产财产处置和破产费用保障制度，并得到不断完善。铜陵经开区法院还总结出了破产案件办理的“三字诀”工作法。一是规范“严”字协调统筹。该区法院成立了“僵尸企业”破产工作领导小组，建立起“包保负责、挂图作战”的工作机制，认真抓好债权债务处理、职工安置、有效资产盘活这“三个关键性环节”，不断加大破产清算依法追诉、依纪追责力度。二是紧扣“查”字列实情，该区法院积极与市中院、义安区、铜官区进行有效对接，协调推进破产裁定进度，从而确保了在年底前全部取得破产裁定书。三是夯实“准”字破产清算。通过完善清产核资、债权人申报债权、举行债权人大会等程序，及时精准地控制住破产企业“人、财、物”，并及时聘请相关专业机构协助进行资产重组和市场出清，加速推进“僵尸企业”处置工作。

七 结 语

“以人民为中心”的中国特色社会主义市场经济，资本既是一种生产要素，更是一种生产关系，它演化出了一个由个人、企业、国家合作创造财富的社会化大生产的再生产体系。在这一再生产体系中，企业是市场舞台的主角，但政府是市场舞台的搭建者和后勤服务的提供者，政府搭建的市场舞台越好，为市场舞台运行提供的后勤保障越到位，企业就越能充分发挥出自己的财富创造能力。反之，如果政府没有搭建起市场舞台，或者搭建好市场舞台后没有为舞台的后续运行提供持续有效的后勤保障，那么再优秀的企业也难以充分发挥其应有的财富创造能力。从法治化营商建设角度来看，政府需要在法治思维下来搭建这个市场舞台，并在法治思维下来为市场舞台的顺畅运行提供持续的后勤保障服务。按照资本类财产“G—W—G′”运行规律要求，完整的资本类财产运行流程，至少要经历“市场准入→自主经营→公平竞争→剩余索取→市场退出”五个环节，政府要搭建一个基本达标的企业财富创造的市场舞台，相应也就至少需要在上述五个环节上满足企业运行的需要，让企业在每个运行环节上都能顺畅无忧，便捷高效。从法治的角度来看，就需要政府在立法、执法、司法、守法多个维度为这五个环节提供立体化的法治保障，让这五个环节都能在法治体系搭建的环境下运行。

通过以上介绍我们可以发现，近些年来，铜陵市政府及其部门不论是有意识还是无意识为之，一直在围绕资本类财产运行的这五个关键环节进行不懈努力，从立法、执法、司法、守法多个维度持续夯实市场准入权、自主经营权、公平竞争权、剩余索取权和市场退出权的法治保障体系，初步搭建起企业正常运行需要的市场舞台，快速推进了铜陵市的法治化营商环境建设进程。2020年5月15日在上海举行的第二届（2020）长三角地区营商环境论坛发布的长三角地区营商环境发展水平评估报告，铜陵市在长三角城市营商环境评估排行中有幸位居第10位，荣获“营商环境十佳政务机构奖”，这一荣誉的获得实际上是相当不容易的。在该次评估报告中，总共涵盖了长三角136个样本地区，其中发达地级市多达27个，而安徽省属于长三角中经济社会发展相对落后的地区，而铜陵市仅仅只是安徽省一个规模不大的地级市，能够在那么多的发达地级市中脱颖而出，这足以说明铜陵市的法治化营商环境建设工作成效显著，既抓住了法治化营商环境建设工作的关键，也在实践推进中得到了卓有成效的贯彻实施。为此，铜陵市获得2020年全省法治政府建设示范项目命名。

法治化的营商环境建设从来都不可能是一蹴而就的，它需要遵循基本的制度变迁规律要求，会受到路径依赖规律的制约。经过多年的不懈努力，铜陵市虽然取得了卓越成就，但与我国沿海发达地区相比，与经济社会高质量发展的要求相比还存在较大的差距。在行政权力主导的制度体系和政商关系下，违背资本类财产运行规律和阻碍企业家精神发挥的行政干预或多或少地以各种形式存在。首先，铜陵市法治化营商环境建设存在立法保障方面的不足。尽管出台了一系列优化营商环境的举措，但往往是以政府文件的形式对当地营商环境建设提出要求，导致出台的许多规范性文件效力位阶较低，甚至还彼此之间发生效力冲突，实际解决问题的效果并不明显。其次，政府执法行为有待进一步规范完善。要建立良好的营商环境，既要遵循资本类财产运行规律和发挥企业家精神，同时还需要执法人员形成良好的法治化思维。鉴于地方政府出台的规范性文件存在一定的模糊之处，导致政府裁量权过大，在执法人员的法治化思维还没有真正养成时，容易滋生执法不公问题。在特定的环境中，甚至存在基层政府领导利用行政权力干预辖区企业经营，存在重处罚、轻规范的问题。最后，法治化营商环境的司法保障存在一定程度上的缺位。公正高效的司法是保障法治化营商环境建设最为重要的要素，对司法工作人员的法治化思维要求也更高。但法治化思维的养成从来都是一个润物细无声的过程，不太可能在短时间内养成，这也使得铜陵市的法治化营商环境建设还有很长的路要走。

参考文献

[德]沃尔夫冈·费肯杰.经济法(第一卷)[M].张世明,袁剑,梁君,等译.北京:中国民主法制出版社,2010.

[美]凡勃伦.企业论[M].蔡受百,译.北京:商务印书馆,2012.

[美]伊斯雷尔·柯兹纳.市场过程的含义:论现代奥地利学派经济学的发展[M].冯兴元,景朝亮,等译.北京:中国社会科学出版社,2012.

谢红星.营商法治环境评价的中国思路与体系——基于法治化视角[J].湖北社会科学,2019(3):138-147.

王宇松.市场主体的权利体系研究——以资本财产权为视角[J].学术论坛,2014(11):124-127.

王宇松.论重塑经济法权利体系对营商环境改善的影响——以资本财产权为视角[J].湖北社会科学,2020(2):115-124.

深化县级政府权责清单制度建设路径探析

——南陵县法治政府建设实践调研①

纪媛媛②

摘　要：　全面实行权责清单制度作为推进政府治理体系与治理能力现代化的重要举措，既是我国法治政府建设的重要任务，也是“十四五”规划提出的目标要求。南陵县在积极贯彻落实中央关于法治政府建设重要部署以及政府职责体系构建过程中，将法治理念融入权责清单制度建设中，确保权责清单制度稳步、高效推进，取得了积极成效。新发展阶段，深化政府权责清单制度建设，一是要科学界定政府间权责关系，形成权界清晰、分工合理、权责一致、运行高效、依法保障的政府机构职能体系；二是建立专门机构，多方参与主体密切配合，筑牢清单制度实施的广泛社会基础；三是进一步规范运行程序，实行清单动态管理，确保权责清单的权威性、时效性和准确性；四是加强权力制约，完善监督问责与考评制度，保障并促进权责清单制度的深入推进；五是注重权责清单标准化建设，增强行政权力运行制度化、程序化、规范化和高效化，提升权责清单制度建设水平。

关键词：　行政权力　权责清单制度建设　法治政府　南陵县

① 本文调研与资料收集中，得到南陵县人民政府办公室许方震主任、县编办王雪平主任的大力支持和帮助，在此向他们表示诚挚的谢意。

② 纪媛媛，安徽池州人，安徽师范大学法学院公共管理系讲师，安徽省政治学会理事、安徽省科学社会主义学会理事，芜湖市社会治理研究院研究员，研究方向为电子政务、法治政府建设、教育政策与法规。

一 引 言

权责清单制度是我国行政体制改革过程中的一项创新性制度安排，它以权力清单为起点，在中央政府的推动下迅速扩散，形成了以权力清单和责任清单为核心，具有一整套制定程序的制度化体系，是推进政府治理体系与治理能力现代化的核心要素。改革开放四十多年来的实践，正在促成政府机构与职责体系的重大转变。为深化"放管服"改革，打造法治政府和服务型政府，切实转变政府职能和提升政府治理能力，2014年安徽省开始推进权责清单制度建设工作。南陵县作为试点县，在省内率先启动权力清单和责任清单制度建设，历经7年的摸索、推进、完善和运行，建立了县级行政权力清单制度和责任清单制度，达到了预期目标要求，产生了良好的经济社会效应，政府权责清单制度在政府职责体系构建中的作用日益凸显。2020年，南陵县获得安徽省法治政府建设示范创建命名，与其推行权责清单制度的系列举措密不可分。2021年，我国进入新发展阶段，这是在全面建成小康社会、实现第一个百年奋斗目标之后，全面建设社会主义现代化国家、向第二个百年奋斗目标进军的发展阶段。面对"新"的发展任务、发展要求和发展环境，我国"十四五"规划明确提出全面实行政府权责清单制度，推动各级政府高效履职尽责，而政府权责清单制度的全面实行和高效履职尽责，必须深化政府权责清单制度建设，将依法治国及法治政府建设目标要求融入具体的实践过程，构建出科学有效的实行路径与推进机制。

（一）权责清单是法治政府建设的内在要求

政府权责清单制度建设，其目标是完善现代政府权责清单治理，使权力运行公开为民、法治规范、清单明晰、制度有效。中共中央、国务院印发《法治政府建设实施纲要（2015—2020年）》（以下简称2015年《纲要》）明确提出，为深入推进依法行政，加快建设法治政府，要大力推行权力清单、责任清单制度。这是党的十八届三中、四中全会部署的重要改革任务，是国家治理体系和治理能力现代化建设的重要举措，也是深化行政体制改革，建设法治政府、创新政府、廉洁政府的必然要求。习近平总书记2014年5月在参加河南省兰考县委常委班子专题民主生活会时指出："执政党对资源的支配权力很大，应该有一个权力清单，什么权能用，什么权不能用，什么是公权，什么是私权，要分开，不能公权私用"①。这是从我们党的执政实践总结得出的宝贵结论，也就是强调建设法治政府必须建立权责清单。因为权力清单和责任清单的颁布与施行，旨在要求政府部门必须树立"法定职责必须为、法无授权不可为"的法纪意识，用制度约束和规范政府实际用权行为，防止权力行使越位、缺位乃至错位，推动政府部门机构与职权、程序与责任规范化、透明化及法定化，进而防止公权私用。也就是说，建立权责清单是政府依法履行职责的内在要求和制度规定，是正确行使职权的重要依据和保障。

2015年，中共中央办公厅、国务院办公厅印发《关于推行地方各级政府工作部门权力清单制度的指导意见》指出，推行权力清单制度对于建设法治政府具有重要意义，要"积极推进责任清单工作"②。党的十九届四中全会提出，要完善政府职责体系、优化政府组织结构、健全充分发挥中央和地方两个积极性体制机制，构建从中央到地方权责清晰、运行顺畅、充满活力的工作体系。党的十九届五中全会再次强调，要加快转变政府职能，深化"放管服"改革，全面实行政府权责清单制度。2021年，中共中央、国务院印发《法治政府建设实施纲要（2021—2025年）》（以下简称2021年《纲要》），将"全面实行政府权责清单制度"作为法治政府建设的重要任务，这意味着在建设法治政府进程中推行权责清单制度正趋于常态化和机制化。权责清单制度可以有效助力法治政府建设，而法治政府建设也保障着权责清单制度的全面实行，二者的密切配合将对国家治理体系和治理能力现代化产生重要的推动作用。

---

① 习近平关于党风廉政建设和反腐败斗争论述摘编[M]. 北京：中国方正出版社，2015：129.

② 中共中央办公厅、国务院办公厅印发《关于推行地方各级政府工作部门权力清单制度的指导意见》[N]. 人民日报，2015-03-25(1).

（二）南陵县权责清单制度建设大致进程

党的十八大以来，特别是十八届三中、四中全会以来，南陵县高度重视并积极推进法治政府建设，在县委、县政府的周密组织和积极推动下，2014年就启动权责清单制度建设工作，在非行政许可审批清理基础上，最早稳步开展权力清单制度探索。县、镇两级认真落实主体责任，各相关职能部门强化指导和协作，及时与省市主管部门保持沟通对接，全县上下一心、全力推进，打开了清单制度建设工作的良好局面。

清单制度启动：2014年7月，南陵县政府发布《关于推行县级行政权力清单制度的实施意见》（南政〔2014〕28号），明确了权力清单制度工作的总体要求、清理对象、主要任务、清理事项、实施步骤、工作要求及职责分工等，成为南陵县推行清单工作的主要指导性文件。同时，又出台《南陵县三单管理暂行办法》（政办〔2014〕14号），规定了权力清单、负面清单、监管清单三类清单管理的工作机构及职责、内容及要求、监督管理等事项。2014年12月，县政府发布《关于建立县级政府责任清单制度的通知》（政办〔2014〕24号），确定了责任清单的范围、内容和要求等。

县级清单公布：2014年8月，南陵县召开推行行政权力清单制度动员部署会，全面部署推行县级行政权力清单制度工作；2014年12月，召开责任清单业务培训会，对责任清单工作进行再部署。经过半年多的自查自清、集中审核、专家论证、网上公示等环节，于2015年2月公布施行《县级政府权力清单和责任清单目录》（南政〔2015〕5号），首次列明县级政府权力清单、责任清单和监管清单事项，并要求严格执行和加强管理，进一步规范政府权力运行。

镇级清单公布：根据《安徽省人民政府办公厅关于建立乡镇政府权力清单和责任清单制度的通知》（皖政办明电〔2015〕14号）等文件要求，2015年7月，南陵县人民政府公布《镇政府权力清单和责任清单目录》（政办〔2015〕11号），自此南陵县开启了县、镇两级权责清单制度的建设之旅。

清单信息入库：2016年1月，南陵县人民政府发布《关于做好政府权力清单和责任清单信息入库工作的通知》（政办秘〔2016〕1号），要求各单位将县委编办审核通过并已发布的本单位权责清单内容录入到省统一的权力管理信息库，县委编办对各单位录入信息内容进行审核确认后，在安徽省电子政务服务大厅发布上线。

村级“小微权力”清单工作：2016年，南陵县委印发《关于深入推进全面从严治党的实施意见》（南发〔2016〕13号）和《关于加强村级“小微权力”监督制约的实施方案》（南发〔2016〕21号），要求强化村级“小微权力”监督制约，推动全面从严治党向基层延伸。根据文件精神，2016年底开始，南陵县各镇村开始加强“小微权力”监督制约工作，编制村级“小微权力”清单，制定“小微权力”运行流程，实行“小微权力”透明公开。从县级到镇级再到村级，南陵县的权责清单制度在快速推进过程中逐步走向细致深入。

清单动态调整：为规范政府权责事项，开展权责清单动态调整也是权责清单制度建设的重要环节。自2015年首次公布政府权力清单和责任清单目录之后，南陵县政府每年都会对清单进行动态调整和公布，截至2021年8月已公布了7本权责清单目录（每年1本）。2021年最新一次调整后，县级政府权责事项2913项，公共服务事项1000项，行政权力中介服务事项保留33项、取消38项、规范84项；镇政府公共服务事项196项①。

（三）权责清单制度建设的主要成效

南陵县自推行权责清单制度以来进行了有益探索，政府部门原来的随意设置审批事项、随意要求开具证明、随意设置办事流程、随意增加企业和群众负担等行为显著减少；与权责清单同步梳理的廉政风险点也取得了较好的成效，能够发现并堵上廉政风险漏洞，有效遏制了腐败现象；权责清单制度的建设、规范和调整以及后续对应的“互联网+政务服务”“互联网+监管”“减证便民”“最多跑一次”“一网一门一次”等工作的有序推进，取得了积极的成效，企业和群众办事程序更加简化、办事周期更加缩短，满意度也得到有效提升。

---

① 数据来源：南陵县人民政府关于公布南陵县县级政府权责清单及公共服务清单行政权力中介服务清单目录（2021年本）的通知（南政〔2021〕20号）。

可以说，权责清单制度的建立与推行，对南陵县进一步厘清政府与市场、政府与社会以及政府各层级、各部门之间的关系，完善决策科学、执行坚决、流程优化、监督有力的行政权力运行机制，构建权界清晰、分工合理、权责一致、运转高效、法治保障的政府职能体系发挥了重要作用，推动了全县经济社会的持续健康发展。2020年，南陵县实现地区生产总值281.4亿元，增长3.5%；城乡常住居民人均可支配收入32438元，增长7.1%；先后获得国家级现代农业示范区、全国休闲农业与乡村旅游示范县、国家园林县城等荣誉称号。

《法治政府建设实施纲要（2021—2025年）》明确提出，推进政府机构职能优化协同高效，必须全面实行政府权责清单制度，调整完善地方各级政府部门权责清单，加强标准化建设，实现同一事项的规范统一。这是新发展阶段对基层政府权责清单制度建设提出的新要求，也是法治政府建设的重要内容。如何达成这一建设目标，将县级法治政府建设推上一个新台阶，还需要深入开展权责清单制度建设的理论与实践探讨。本文以南陵县法治政府建设中的权责清单制度建设实践为研究对象，总结其基本做法与经验，从中探寻新发展阶段深化县级政府权责清单制度建设的有效路径及机制建设思路，以期为全面实行政府权责清单制度，推动法治政府建设向纵深发展提供助力。

二　明确任务要求，科学界定政府间权责关系

政府权责清单制度的建设，首先是要明确政府应该“做什么”和“怎么做”。在习近平法治思想的指引下，依据《法治政府建设实施纲要（2021—2025年）》和中央关于县级政府权责清单制度的实施意见，紧密结合地方实际，明确政府权责清单制度建设的任务要求，廓清政府与市场、社会之间的权责关系，以及政府各层级、各部门之间的权责关系，构建和完善权责清单制度的基本框架。

（一）依据法治政府建设目标，明确权责清单建设任务要求

一般来说，法治政府建设是由国家先进行顶层设计，确定某一时期所要达成的总体目标，再由此提出各项建设任务以及具体措施。《法治政府建设实施纲要（2015—2020年）》提出到2020年基本建成职能科学、权责法定、执法严明、公开公正、廉洁高效、守法诚信的法治政府，并为实现法治政府基本建成的总体目标，明确将“大力推行权责清单制度”纳入法治政府建设的任务要求。这既强调建立权责清单是法治政府建设的重要内容，是依法全面履行政府职能所必需的制度规范，也更加明确权责清单是实现法治政府建设总体目标的重要任务，必须高度重视。南陵县以极高的效率践行党中央、国务院的任务部署，2014年7月出台《关于推行县级行政权力清单制度的实施意见》（以下简称《实施意见》），同年12月发布《关于建立县级政府责任清单制度的通知》，为开展政府权责清单试点工作提供了基本依据，也奠定了制度基础。

2015年3月，中办国办印发《关于推行地方各级政府工作部门权力清单制度的指导意见》，在地方对权责清单工作进行有益探索并取得了积极成效的基础上，进一步强调通过建立权责清单制度，明确地方各级政府工作部门职责权限，大力推动简政放权，加快形成边界清晰、分工合理、权责一致、运转高效、依法保障的政府职能体系和科学有效的权力监督、制约、协调机制，全面推进依法行政。这为县级政府权责清单建设提供了政策指导和规范引领。南陵县结合清单试点工作的实际，与中央制定的总体工作目标保持高度一致，并依照《指导意见》的原则要求，明确清单工作“按照建设法治政府的要求”和“全面推进依法行政”的具体建设措施，保证权责清单工作有序稳步推进。

南陵县权责清单建设凸显了法治政府建设的目标要求，其权责清单工作的总体要求及其所坚持的职权法定、简政放权、便民高效、权责一致和公开透明五项原则，与法治政府建设的总目标高度契合，使该县权责清单工作在法治理念指引下顺利推进。2021年《纲要》明确提出“全面建设职能科学、权责法定、执法严明、公开公正、智能高效、廉洁诚信、人民满

意的法治政府”，与2015年《纲要》相比，强调从“基本建成”到“全面建设”，突出建设数字法治政府和提高人民满意度的要求。这表明我国法治政府建设进入全面推进阶段，对权责清单工作赋予更为丰富的目标内涵，为构建政府权责清单制度实行的基本框架、全面实行政府权责清单制度奠定了坚实基础。

（二）厘清职权边界，科学界定政府间权责关系

权责清单制度建立的初衷，就是要理顺政府间权责关系，用制度约束政府各部门依法履行职责，因此政府间权责关系的界定是否科学合理，直接影响到权责清单制度的实施效果。厘清职权边界，科学界定政府间权责关系，一是要厘清政府与市场、政府与社会之间的权责关系，二是要厘清政府纵向各层级、横向各部门之间的权责关系，南陵县政府权责清单制度建设对这两类关系的界定作出了明确要求。

为厘清政府与市场、政府与社会间的权责关系，南陵县坚持简政放权原则，能减则减、能转则转、该放则放、当并则并，加大向市场、社会放权力度，激发经济社会发展活力。一方面，建立负面清单制度，明确南陵县内禁止或者限制企业投资、外商投资、区域发展、环境保护四大领域的行业、项目等，清单以外则充分开放，企业只要按法定条件和法定程序注册登记、申请审批或备案即可开展投资经营的有关活动。另一方面，打造监管清单，列明政府职能部门制定或执行的各种审批后续监管措施，包括安全生产、餐饮服务、网吧管理等分级分类管理措施、黑名单管理措施、行政执法职权目录等。

为厘清政府各层级、各部门间的权责关系，南陵县坚持职权法定原则，严格按照法律、法规、规章、规定，梳理确定县镇两级政府及县政府各职能部门的权责清单，使各层级、各部门的职权范围明晰化。一方面，优化完善镇级权责清单，厘清县镇职责边界。公布《南陵县镇政府权责清单》，事项的责任主体是镇政府，县级职能部门承担配合责任；公布《南陵县镇配合事项职责边界清单》，事项的责任主体是县级职能部门，镇政府承担配合责任。要求县级职能部门和镇政府强化协调配合，联动解决清

单运行中出现的问题。另一方面，动态调整县政府各职能部门权责清单，厘清部门职责边界。适时公布县委统战部、发改委、教育局、民政局、司法局、财政局、农业农村局等所有职能部门的权责清单及其动态调整情况，并列出包含10种事项的县级部门共有的权责清单，要求各部门做到“法定职责必须为、法无授权不可为”，明晰了县级政府各职能部门之间的权责关系。

三　建立协调机构，多方参与主体密切配合

为有效实施清单制度，南陵县政府专门成立了推行行政权力清单制度工作领导小组，作为实施权责清单工作的领导和议事协调机构。县政府各相关部门也都有明确的职责分工，齐心协力共同推进清单工作开展。

从改革的实践来看，权力清单制度基本是按照“清权—减权—确权—晒权—制权”五大功能运行的。“清权”是指全面厘清各部门行政权力事项；“减权”是指对那些缺乏法律依据、不合时宜等不符合审核标准的权力事项进行删减，使权力尽可能精简；“确权”是指将经过审核和调整优化后的权力事项确定化，形成最终的权力清单；“晒权”是指将确认好的权力清单向社会公开，实现权力运行的透明化；“制权”是指通过设定规则，对清单中的权力运行进行监督制约，保证其高效性、廉洁性和服务性。这五大功能对应着不同的实施主体，各个主体分别承担不同的任务，彼此之间也有密切配合。与之相对应的，南陵县权力清单制度的功能、任务与实施主体，见表1。在地方政府清单制度的实施过程中，较为普遍地存在缺少外部力量参与的问题，例如人大、政协、专家、民众的缺席等，容易让清单制度改革沦为政府“自导自演”的一场“自我革命”，使清单制度的实施效果大打折扣。为了避免这样的被动局面，南陵县有意识地将外部的建议、审查、监督和评价等引入清单制度建设过程中。

表1　南陵县权力清单制度的功能、任务与实施主体简表

功能	主要任务	牵头单位	实施主体
清权	对县级各部门的现有行政权力进行全面清理，厘清权力名称、法律依据、行使部门等	县权清办	县政府各部门
减权	对各项行政权力分门别类进行精简： 对无法律法规依据或原法律法规依据被废止的行政权力，一律取消； 对有法律法规依据、但不符合全面深化改革要求的行政权力以及日常管理中很少行使、责任不明的行政权力，予以冻结； 对内容相近的行政权力，予以合并； 对多部门共同行使的同一行政权力，明确一个行使主体	县权清办	县委编办 县政府办 县法制办 县监察局 县行政服务中心 县财政局 县发改委
确权	对确定的各项行政权力，明确行使部门，统一编码，形成部门权力清单； 科学编制各项行政权力的运行流程； 对权力清单进行合法性审查； 形成新的清单并拟定管理办法	县权清办	县委编办 县政府办 县法制办 县行政服务中心
晒权	将各单位行政权力清单、运行流程图在网上公示，广泛听取意见； 将经审核确认的行政权力清单、权力运行流程等，通过政务服务中心、政府门户网站等予以公开； 将相关项目纳入信息化系统管理，实现权力规范透明运行	县权清办	县委编办 县政府办 县法制办 县行政服务中心
制权	对权力运行进行全程、实时监控，强化权力制约监督； 对各部门行政权力行使进行绩效评估	县权清办	县委编办 县政府办 县法制办 县监察局 县行政服务中心

资料来源：根据南陵县政府权责清单相关文件材料整理。

一是与省市主管部门保持沟通对接。在清单编制环节征求省市主管部门意见；在清单审核环节各单位与市直主管部门对接，开展行政权力事项的比对工作。特别在权力下放过程中，当上级政府将权力下放到下级政府时，如果下级政府能力不足或准备不充分，承接部门在人力、资金和技术保障上缺少配套措施，则难以达到权力下放的目的。因此，清单制度的推行十分需要上下级政府的协调和配合。

二是听取人大、政协的意见。清单的梳理涉及行政权力的变更，因此很有必要推动权力机关的介入进行合法性审查，也需要政协进行民主监督①。南陵县在编制清单过程中，多次征求县人大代表、政协委员的意见，对重点单位进行集中审辩，综合相关情况后再反馈给各单位。

三是征求法制专家意见。为进一步保障权责清单的合法性，南陵县专门聘请了政府合作法律顾问的律师事务所若干名律师加入权责清单梳理审核小组，从专业角度对清单制度建设提供专业法律支持。

四是吸收广大民众的意见。清单制度的运行若缺乏第三方参与监督和评价的渠道，特别是一些社会影响较大的行政权力事项未能征求民众意见，会严重损害权责清单的合理性和有效性。鉴于此，南陵县在正式公布前，会将各单位行政权力清单、运行流程图通过县政府门户网站进行公示，广泛征求社会各界和人民群众的意见，并且畅通了联络监督反馈机制。

南陵县政府引入外部力量参与清单制度建设的尝试是值得肯定的，但目前在清单征集意见的过程中，更多的以各部门、相关专家、人大和政协的反馈意见为主，群众的反馈意见相对较少，而且反馈内容更多集中于清单后期运行过程中，如办事时限、操作流程、收费、证明材料等方面。如何进一步推动普通民众对清单制度工作全过程深度参与，是今后一个时期需要着重解决的问题。

四　进一步规范运行程序，实行清单动态管理

政府权责清单制度建设的成效，最终还要取决于行政权力的实际运行效果。一些地方政府在清单的编制与发布过程投入了大量的精力，却忽视

① 郑曙村. 地方政府权力清单制的实践探索与优化思路[J]. 齐鲁学刊，2020(4)：113.

了对权力运行程序的管控，使得清单制度的实施效果偏离了初衷。运行程序是否规范，决定了权责清单制度的运行是否稳定和有效。为进一步提高权责清单实际成效，必须结合权责清单运行实际，对清单制度运行流程做进一步设计和完善，明确各环节的主体、目标、标准、时限、监督方式和追责情形等；同时要实行清单动态管理机制，制定清单动态调整办法，根据法律法规和政府机构职能的变化情况，适时调整清单以适应最新形势。

（一）明确流程，严格执行清单制度运行程序

为确保权责清单制度取得实效，南陵县在始终按照法治思维和法治方式开展清单制度建设，严格依法推进、依规操作，通过"清权厘权—减权简权—明确行使权力责任—优化权力运行流程—依法公开权力清单—实行权力规范透明运行—强化权力制约监督—严格责任追究"一系列程序，将清单制度运行的每一个环节紧密衔接起来。南陵县县级政府权责清单具有刚性约束力，县级部门不得擅自变更权力，不得变相行使已取消的权力事项，切实做到"政府权力进清单、清单之外无权力"；要严格执行"法定职责必须为、法无授权不可为"，按照行使权力所要承担的责任，落实责任主体，严格责任追究，防止权力行使中的越位、缺位、错位行为，推进机构、职能、权限、程序、责任法定化[①]。在明确完整流程的基础上，采取一系列措施严格执行设定好的清单制度运行程序。

（二）与时俱进，持续完善清单动态管理机制

除严格执行运行程序外，地方政府还必须对清单工作建立动态管理机制并使之规范化。建立规范的权力清单制度动态管理机制，不仅因为权力清单依法而制，在内容上要与法律法规的立改废释保持一致，还因清单内容在一定程度上要与经济社会发展需要和民众利益诉求相契合，要根据技术发展成果作相应改进[②]。

---

① 参见《南陵县人民政府关于推行县级行政权力清单制度的实施意见》(南政〔2014〕28号)。

② 王杰，刘伟忠．县级政府权力清单制度的深层运行逻辑：结构—功能主义视角[J]．党政研究，2020(1)：110.

为确保权责清单的权威性、时效性和准确性，必须坚持对权责清单实行动态管理。根据法律、法规的颁布、修订、废止以及部门职能变化，及时调整完善清单，并将调整情况及时上网公布。该县委机构编制委员会于2021年3月印发《南陵县权责清单动态调整管理办法》（南编〔2021〕2号），规定全县权责清单实行即时动态调整与年度集中调整相结合的调整机制。一是对清单动态调整的权限和程序作了明确详细的规定，二是对清单调整情况的公布作了要求，三是开辟了社会投诉和建议的渠道，四是规定了违反该办法的处理方式。

南陵县坚持职权法定原则，加大行政权力清理调整力度，要求严把新设行政权力入口关，不得变相增加行政权力事项；可取消下放的权力事项，应及时取消下放并做好指导监管工作；虽有法定依据但不符合全面深化改革要求和经济社会发展需要的、调整对象消失和长期不发生管理行为的，应及时提出取消或调整建议；取消的权力事项，要坚决停止实施，不得以任何形式变相保留。南陵县对清单动态调整环节的高度重视和坚决行动，有效规避了调整过程中隐含的法治风险。对于地方政府而言，建立并不断完善科学规范的权责清单动态调整机制，都是确保行政权力合法、合理的必要前提，也是确保行政权力依法运行的关键举措。

五　加强权力制约，完善监督问责与考评制度

权责清单制度是对政府权力运行流程进行再造的系统工程，需要一系列配套的制度机制作为支撑，才能促进行政权力运行制度化、规范化和高效化。然而，一些地方政府只重视清单的编制与公布环节，忽视了清单相关制度体系的配套建设，导致清单制度的推行达不到预期效果。我国法治政府建设要求“健全行政权力制约和监督体系，促进行政权力规范透明运行”。清单制度的建立本身就是对行政权力的一种制约，而清单制度本身如果失去了约束，导致权力乱作为或不作为，其制约行政权力的功用也会随之化为泡影。南陵县为加强和完善对清单工作及其所包含的权力运行的制约，打造集监督、问责与考评为一体的制度体系。

（一）建立内外互补的监督制度

我国的行政权力监督既包括内部监督，也包括外部监督，二者相互配合、缺一不可。内部监督是指行政机关对自身的监督，包括行政监察机关和审计机关的监督；外部监督则是指权力机关、司法机关、政党、公民、社会组织和新闻媒体等各种社会力量的监督。只有建立内外互补的清单运行监督制度，才能保障清单制度的实施效果。

在内部监督上，南陵县本着用权必受监督的要求，对权力运行进行全程、实时监控。县委编办、监察局、法制办、政务中心建立了规范权力运行的长效监管机制，实行信息通报制度和工作督查制度，严格按照时间节点推进各项工作，确保权责清单制度落地见效。县委编办在2015年机构改革中，专门设立了内设机构“政府权力运行督导组”，负责对清单工作的指导、管理和监督，对政府权力运行情况进行督导；2019年机构改革后，单独设置了内设机构“机构编制监督监察室”，将清单工作纳入机构编制监督检查的范畴，并定期和不定期开展监督检查。2021年县镇两级清单公布后，县委编办牵头组织县政府办、县数据资源管理局、县司法局业务骨干，对各部门和各镇清单的公布、落实情况等进行监督检查。同时，针对督查发现的问题，及时做好沟通总结和答复整改，切实推动清单高效运行。

在外部监督上，南陵县坚持公开透明原则，一是在清单编制的“三审三回”过程中，多次听取行政相对人和社会各界的意见建议；二是将经过审核确认的行政权力清单、权力运行过程和结果，通过政务服务中心、政府门户网站等予以公开，主动接受社会监督；三是大力推进行政权力网上运行，明确办理时限，公开办理过程，及时反馈办理结果，促使显性权力规范化、隐性权利公开化，为群众监督提供便利和依据；四是畅通投诉举报渠道，向社会公布全县统一的监督电话、窗口投诉地址、信函投诉地址、网络投诉网址和方式（包括电子邮件、微博）等信息，公民、法人或其他组织可以就权责清单管理提出意见、建议或者进行投诉、举报①。

---

① 参见《南陵县人民政府办公室关于印发南陵县三单管理暂行办法的通知》(政办〔2014〕14号)。

在村级“小微权力清单制度”的制约监督方面，南陵县各镇村的举措颇具亮点。以工山镇为例，各村在优化民主监督运作方式上，都建立了村务监督委员会，形成村级“小微权力清单制度”和“监督责任清单”，定期公示党务、村务、财务，将各项工作分项目分类别列入监督内容。为了深化村级“小微权力”制约监督机制，南陵县从四个方面完善了监督体系：一是强化党内监督，选优配强村级党组织纪检委员，探索建立责任片区、交叉互检等机制；二是强化民主监督，加强村务监督委员会的组织建设，强化对村务决策、执行、公开的监督；三是强化社会监督，发动群众参与对村级事务的监督，积极受理群众举报；四是强化协同监督，民政、财政、农业等部门不定期对具体业务的监督、培训和指导。

（二）实施明确规范的问责制度

我国法治政府建设要求“坚持有权必有责、有责要担当、失责必追究”，“使党和人民赋予的权力始终用来为人民谋幸福”[①]。健全权责清单责任制是清单制度有效实施的必要保障，政府在实施权责清单制度过程中若出现不合理、不合法问题，就应当被问责，而其所应承担的具体责任和追责程序都应更加明确和细化，从而使责任追究更具可操作性。南陵县权责清单工作一直坚持“权责一致”原则，根据不同类型行政权力的职责和任务，落实责任主体，规范职责权限，明确相应责任，建立起与行政权力相对应的责任体系，违规或不当行使权力都要依法依规承担相应责任。为强化对行政不作为、乱作为的问责，南陵县依照与行使权力相对应的责任体系要求，对权力行使情况进行检查和评估，对权力行使中的越位、缺位、错位现象，按相关规定分别作出责令书面检查、通报批评、行政效能告诫及问责处理。此外，要求各相关部门不仅要各司其职，还要通力协作，共同推进权责清单制度建设工作顺利开展，对工作不力的，要追究单位主要负责同志的责任。

在小微权力清单制度的责任体系方面，南陵县采取了更为细致的工作

① 中共中央、国务院印发《法治政府建设实施纲要（2021—2025年）》[N].人民日报，2021-08-12(1).

举措。一是明确各镇党委主体责任，将责任分解落实到具体部门和人员，并制定问责办法；二是明确村“两委”直接责任，按照议事规则认真履职，发挥好村务公开栏作用；三是明确相关部门管理责任，严格审核把关各村上报公开内容和数据；四是明确纪委监督责任，积极做好监督执纪问责工作。

（三）完善科学有效的考评制度

建立科学有效的考评制度，是对权责清单制度实施成效进行评价与纠偏的必要举措。南陵县政府注重对权责清单中涉及的权力事项的考核，特别是针对村级“小微权力”运行建立了完善的考核体系：一是将镇和县直相关部门推进村级“小微权力”监督制约新机制工作，纳入党风廉政建设和反腐败工作检查考核；二是加强对村级的考核，将考核结果作为评定村干部工作绩效的重要依据；三是加强对村纪检委员的考核，制定村级纪检委员考核办法，细化考核指标，注重对村级纪检委员履职情况和效果的考核。值得注意的是，南陵县现有的考评制度主要是针对清单中的权力运行和各部门履职情况，尚未建立起专门针对清单制度运行的考评机制，既无法衡量政府各部门权责清单制度运行的实际成效，也难以发现问题、纠正偏差、对清单制度进行持续改善。

目前，我国县级政府普遍缺乏权责清单制度运行的考评机制，然而不可否认的是，清单制度的考核评估作为清单运行的事后监督，可以倒逼政府各部门认真履行职责，是整个清单制度链条中不可或缺的最后一环。因此，必须尽快建立并完善权责清单制度运行考评机制：一要确定评价指标和考评办法，建立用于考评各部门清单制度运行成效的指标体系，包括一级指标、二级指标和具体事项指标等，将清单中的权责事项与指标体系相对应，形成具有可操作性的考评办法。二要借助现代技术搜集和分析清单运行中的原始数据。清单运行实效只有“靠数据说话”才最具说服力，可以将传统的调研、问卷方法与现代的大数据技术相结合，全面搜集各部门清单制度运行过程中的各类原始数据，通过对数据的检验和分析，形成量化的评估材料。三要引入外部评价，构建完整的考评机制。一个完整的考评机制应包括指标体系、考评办法、数据采集和激励机制，要广泛采纳社会组织、企业和公民个人的评价意见，也要根据考评结果对政府各部门及公务员建立评优、提拔的激励机制，从而保证县级政府权责清单制度实行的有效性。

六 统一梳理口径，加强权责清单标准化建设

为进一步发挥权责清单制度在推动政府部门全面高效履职尽责，实现权责清单制度管理再完善、基础再夯实、水平再提升，需要进一步加强权责清单标准化建设，助力基层法治政府建设及治理能力与水平的提升。目前，我国各地政府已基本建立起权责清单制度，但由于标准不一、水平参差不齐，仍需进一步调整完善，因此清单制度将从因地制宜、各自摸索的1.0时代迈入有统一指导、统一标准、统一规范的2.0时代。《法治政府建设实施纲要（2021—2025年）》特别提出权责清单要“加强标准化建设，实现同一事项的规范统一”，这既是地方各级政府权责清单调整完善的迫切需要，也是法治政府建设的必然要求。权责清单制度作为一次全新的制度改革，并没有先例可循，也没有明确的操作标准和技术规范，因此地方政府通常都是“摸着石头过河”，导致各地清单在实施依据、分类标准、编制格式等方面存在不规范、不统一的乱象，使清单的合理性、权威性受损。在全省尚未公布统一指导目录之前，南陵县的做法是由各部门结合工作实际、法律法规规章，参照外地做法经验来着手清单编制。前期要求对清单事项进行全面梳理，很多县级自定审批、非行政权力事项如公共服务等事项也被列入清单，准确性、规范性和科学性不足。后期随着非行政许可事项的清理、规范性文件的清理以及全省多轮审核指导，形成了固定的工作举措和指导目录，清单工作逐渐科学合理、规范完善。结合已有的经验和新的目标任务要求，县级政府权责清单制度的标准化建设应从以下几方面开展。

（一）清单编制依据标准化

作为清单来源的编制依据，不仅限定了权责清单的范围、内容和形式，

更直接决定其法律效力和实施效果。清单编制只是对行政权力和责任事项的梳理，并非创设新的权力和责任，因此各地各部门的清单编制依据在法律位阶、规范效力上应科学合理且保持一致。在强调“简政放权”和“清单之外无权力”的背景下，如果不对清单编制依据进行统一规范，就会存在一定的法治风险。

将职权法定原则视为清理行政权力时的首要原则，也就是行政主体的行政权力必须有法律的明确授权，不能自行设定。具体来说，清单编制依据包括法律、行政法规、地方性法规、部门规章和地方政府规章。各单位按照“谁行使、谁清理”的原则，对照行政审批等10类事项，对现有行政权力进行全面梳理，逐条逐项分类登记，以清单列举。清理过程中，如果法律对于行政权力的设定依据有严格规定的，按照法律的规定执行；如果法律对于行政权力的设定依据没有严格规定的，就默认要有规章以上的职权依据。依据的法律法规规章和规范性文件要准确，法规文件名称要写全称，并注明第几条第几款。规范性文件一般指县级以上政府制定实施的规范性文件，部门“红头文件”原则上不作为设定权力事项的依据。对填报规范性文件或“三定”方案依据的，要追溯是否有上位法依据。如果有上位法依据的，同时填报上位法依据①。

南陵县对于权责清单编制依据的规定，遵循了我国“法律-法规-规章—规范性文件”的权重顺序，使得纳入清单的权责事项均有法可依、有据可循。没有统一的编制依据标准，就无法实现依法“理权”，因此各地政府权责清单的编制依据应确定规范且统一的标准，降低权力事项实施依据的杂乱性和模糊性，从而减少相应的法治风险。

（二）清单事项分类标准化

关于清单中行政权力类型如何划分，目前并没有明确的法律法规依据，但《关于推行地方各级政府工作部门权力清单制度的指导意见》中提出“可参照行政许可、行政处罚、行政强制、行政征收、行政给付、行政检

① 参见《南陵县人民政府关于推行县级行政权力清单制度的实施意见》(南政〔2014〕28号)。

查、行政确认、行政奖励、行政裁决和其他类别的分类方式，结合本地实际，制定统一规范的分类标准”。目前我国超过半数的省份是按照这一文件对行政权力进行10种类型的划分，少数省份超过了10类，最少的是8类。由于各地政府对权责清单类型的认识存在偏差，造成了清单事项类别划分的混乱现象，影响了清单制度的统一性和权威性。为权责清单中事项类型的划分设置统一标准，是保障清单合法有效的前提。

南陵县是在参照省级政府指导文件的基础上，结合当地实际，将行政权力划分为与国家指导意见类似的10种类型，不同之处主要在于舍去“行政检查”一项，增加了“行政规划”一项。行政规划的作用确实是不可取代的，它是行政过程中的重要一环，也是行政管理最基本的一个职能，在现代行政中扮演着越来越重要的角色。但行政规划是对未来目标的设定，本身具有流动性的特征，几乎难以找到行为法的依据，规划裁量的空间极为广泛①，所以行政规划权力一旦有膨胀的趋势，就极易对公民权益造成损害。如何尽量避免或减少纠纷、侵权、滥权和腐败？这需要更多法律制度和理论研究成果的支持。

在权责清单事项类型的划分中，县级政府的惯例做法是把“其他权力”作为兜底条款，但实际上各地县级政府的“其他权力”一项所包含的具体内容却不尽相同。有的地方政府“其他权力”包括行政处罚中的一部分、撤销一类行政许可决定的权力、注销一些类型许可的权力、一些类型的行政审核；有的地方政府“其他权力”则包括主动和依申请公开信息的权力、动漫企业认定的权力、对一些产权交易的监管权力等②。各地政府权责清单中“其他权力”这一类型内容各异、杂乱无章，无形中增加了地方政府在权力行使过程中的自由裁量权，给权力“乱作为”埋下隐患。因此，在充分考虑各地差异的基础上，仍有必要对“其他权力”所包含的事项进行统一规范。

---

① 莫于川，郭庆珠.我国行政法学界关于行政规划的理论研究现状分析[J].南都学坛：南阳师范学院人文社会科学学报，2007(1)：84-89.

② 孙彩红.权力清单制定与实施的逻辑分析与发展路径[J].中国行政管理，2020(4)：90.

（三）清单结构内容标准化

除了划分事项类型以外，权责清单的结构如何安排、内容如何表述，也直接影响到权责事项的清晰厘定和有效运行。政府权责清单结构要素的标准化可以尝试通过统一事项名称、事项编码、权责类别、设定依据、实施主体、追责程序、监督方式等来实现①。在核心概念的界定、关键名称的表述、梳理口径的规范等方面，也应有严格细致的标准。

南陵县政府权责清单目录主要包括权力类型、事项名称、实施依据、责任事项、追责情形、运行流程图以及廉政风险点等，内容十分全面详实。为使各部门各类权力事项梳理更加准确合理，《实施意见》要求所有的权力名称表述应简洁、清晰、准确、规范，尽可能避免使用“管理”“组织”“推进”“会同”等含义相对模糊的词语，考虑得十分细致。

此外，南陵县对于每一种权力类型都说明了其内涵、外延、名称规范和梳理口径。例如，对于“行政审批”中的“非行政许可审批”这一类型，首先解释其概念内涵——“非行政许可审批是指行政主体实施的除法律、法规和国务院决定等确定的行政许可之外的审批行为”；接着划定其概念外延——“既有属于政府内部管理事务的事项，还有以非行政许可审批名义变相设定的面向公民、法人或其他组织的行政许可事项”；然后对权力名称进行规范——“非行政许可审批的名称应与我县公布保留的非行政许可审批目录中的名称一致。如工伤定点医疗机构认定、行政事业性收费许可证核发、归侨侨眷身份认定、大气环境影响评价使用的气象资料审查等”；最后统一其梳理口径——按照《国务院关于清理国务院部门非行政许可审批事项的通知》（国发〔2014〕16号）有关清理并逐步取消非行政许可审批事项的要求，对面向公民、法人或其他组织的非行政许可审批事项原则上予以取消，确需保留的要通过法定程序调整为行政许可，其余一律废止。针对权责清单结构内容制定严格细致的规范，有力约束了各部门梳理清单时可能出现的乱象。

---

① 邱实. 新时代地方政府权责清单制度的实行路径[N]. 中国社会科学报，2021-02-24(8).

（四）清单审核确认标准化

县级政府在权责清单编制程序上，通常都是由政府各部门先自行梳理清单，然后交由县权清办或编办、政府办及法制办审核，经上级政府主管部门确认无误后，才得以正式公布。那么，审核过程如何开展？审核依据是什么？如何对权责事项进行确认？如果这些问题没有统一明确的答案，导致清单发布前的最后把关环节出现松动，则自始以来严格执行的清单编制工作很有可能前功尽弃。在南陵县，政府各部门初次梳理报送的清单事项需要经过“三审三回”才能最终得以确认。为规范清单审核过程，该县把“职权法定”和“简政放权”作为清理的核心原则和根本指针，以法律、法规和规章为依据，制定了职权取消、职权转移、职权冻结和职权整合四类审核确认标准。依据这些标准，对各部门报送的事项进行审核，该取消的取消、该转移的转移、该冻结的冻结，该整合的整合，经市政府推进职能转变协调小组办公室审核确认，才最终形成规范后的权力清单和责任清单。作为权责清单编制的最后一环，清单审核确认的主体、依据和程序都应有严格的规范，才能保证其一贯的合法性。

七 结 语

南陵县权责清单制度工作的积极探索和取得的成效，为县级政府权责清单制度建设的实行路径提供了有益的参考。在面对新发展阶段的目标任务和发展环境，我国“十四五”规划明确提出，坚持法定职责必须为、法无授权不可为，着力实现政府职能深刻转变，全面实行政府权责清单制度，推动各级政府高效履职尽责，调整完善地方各级政府部门权责清单，而实现这一目标要求，必须深化政府权责清单制度建设，将党和国家的指导思想融入权责清单制度建设的实践中，既要国家层面的宏观规划与指导，也需要积极探索基层政府的建设经验与相互借鉴，使政府权责清单制度建立在科学有效的路径之上。为此，笔者认为需要进一步明晰权责清单制度建设任务要求，科学界定好政府与市场社会、上下级政府之间、政府各职能部门之间的权责关系；建立实施权责清单制度的专门机构，使政府、人大、政协、专家、企业、公众和社会组织等多方参与主体密切配合，齐心协力推动清单制度的实行；制定并严格执行清单制度运行程序，持续规范和完善清单动态管理机制，确保权责清单的权威性、时效性和准确性；加强对权力运行的制约，建立并完善内外互补的监督制度、明确规范的问责制度、科学有效的考评制度，使相关配套制度协调推进，共同保障并促进权责清单制度的深入推进；重视并加强权责清单标准化建设，使清单的编制依据、事项分类、结构内容和审核确认等均具有统一标准，促进行政权力运行制度化、程序化、规范化和高效化，不断提升权责清单建设水平。同时，还应着手探索清单工作的全面数字化和公众满意度的提升，齐心协力、履职尽责，循着科学而有效的路径，将我国政府权责清单制度建设推上一个新的台阶，为构建职责明确、依法行政的法治政府奠基铺路。

参考文献

中共中央、国务院印发《法治政府建设实施纲要(2021—2025年)》[N].人民日报,2021-08-12(1).

中共中央、国务院印发《法治政府建设实施纲要(2015—2020年)》[N].人民日报,2015-12-28(1).

中共中央办公厅、国务院办公厅.关于推行地方各级政府工作部门权力清单制度的指导意见[N].人民日报,2015-03-25(1).

加快政务服务标准化体系建设 提升公共服务供给质量

——以滁州市示范创建为例[①]

陈敬亭[②]

摘　要： 政务服务标准化体系建设是推进法治政府建设和不断优化公共服务供给质量的重要内容，是提升政府治理制度化、规范化、程序化水平的必然要求。滁州市在推进政务服务标准化体系建设实践中，谋深做实政务服务标准化体系建设战略规划，细化量化政务服务标准化体系建设规范标准，持续激发政务服务标准化体系建设内生动力，使全市政务服务标准化体系建设取得了显著成效。在面对高质量发展对政务服务标准化体系建设提出的新要求和当前服务标准化体系建设中存在的不足，需要着力增进政务服务标准化建设的顶层设计与基层探索之间的有效互动，确立相关部门或专门机构负责统筹政务服务标准化体系建设，进一步提升政务服务标准的可操作性，激发政府机关公职人员对服务标准化体系建设的动力。

关键词： 政务服务　标准化体系建设　公共服务　滁州市

① 本文撰写得到中共滁州市委党校李志忠副教授和滁州市数据资源管理局的支持，为我们提供了调研材料，在此表示诚挚的谢意。

② 陈敬亭，博士，安徽师范大学法学院副教授，硕士生导师，研究方向：行政管理、法治政府和政府治理。

2021年10月，中共中央、国务院印发《国家标准化发展纲要》指出，标准是经济活动和社会发展的技术支撑，是国家基础性制度的重要方面。政务服务标准是确保政府治理活动有序开展，不断提升公共服务供给水平的技术支撑，政务服务标准化体系建设是国家标准化工作的重要组成部分。加强政务服务标准化体系建设，稳步提升政府治理的制度化、规范化、程序化水平，不断优化公共服务供给质量，是提高国家治理能力和改善国家治理效能的内在要求和重要保障。改革开放以来，特别是党的十八大以来，党中央、国务院高度重视标准化工作，政务服务标准化体系建设在国家标准化工作中的重要性日渐凸显。概括来说“政务服务标准化可以理解为将标准化的原理和方法运用到政务服务领域，通过政务服务标准体系的制定、发布和实施，以达到政务服务过程程序化、服务手段规范化、服务质量最优化，获得最佳的服务秩序和社会效益。”①

党的十八届三中全会提出，“政府要加强发展战略、规划、政策、标准等制定和实施，加强市场活动监管，加强各类公共服务提供”。近年来，伴随国家“简政放权、放管结合、优化服务”改革的逐步深入，我国政务服务标准化体系建设工作取得了长足的进步，为政府治理能力的提升和政府治理绩效的改善奠定了坚实的技术基础。但同时，由于我国政务服务标准化体系建设工作起步相对较晚，各级地方政府尤其是基层政府的政务服务标准化体系建设工作尚存在很多短板，因此我国地方政府政务服务标准化体系建设工作任重而道远。滁州市在法治政府建设过程中，通过谋深做实政务服务标准化体系建设战略规划、细化量化政务服务标准化体系建设规范标准、持续激发政务服务标准化体系建设内生动力等举措，全市政务服务标准化建设工作取得了显著成效，滁州市政务服务标准化体系建设也由此获得2020年安徽省法治政府建设示范项目命名。本文以滁州市政务服务标准化体系建设示范项目创建为例，在对新时代加强政务服务标准化体系建设工作的重要意义和滁州市政务服务标准化体系建设实践探索进行分析的基础上，对当前我国地方政府政务服务标准化体系建设中存在的问题及

① 储东巍.政务服务标准化建设研究现状梳理[J].中国质量与标准导报，2020(3)：33-38.

其优化路径进行探究，以期更好地推动我国政务服务标准化体系建设水平的提升和国家治理效能的提高。

一　政务服务标准化是新时代法治政府建设的必然要求

“政务服务是政府部门及其所属机构面向公民、企业、社会组织以及其他政府部门和机构提供的行政性、支持性、公益性服务”①，各级政府和政府部门及其所属机构所提供的政务服务的类型、水平和质量，不仅是影响国民经济和社会发展水平以及国家治理效能的重要因素，而且也会深刻地影响到民众对于政府的满意度和政府的公信力。2015年3月，国务院制定的《深化标准化工作改革方案》指出，从我国经济社会发展日益增长的需求来看，现行标准体系和标准化管理体制已不能适应社会主义市场经济发展的需要，甚至在一定程度上影响了经济社会发展。为此，需要进一步深化国家标准化工作改革，进而为国民经济和社会发展提供坚实的技术保障。政务服务标准化是国家标准化工作的重要内容，是提升政务服务水平和质量的重要举措。政务服务标准化是指将标准化的理念、原则和方法引入到政务服务供给工作中来，通过编制统一的政务服务标准来解决政务服务供给中存在的标准、格式、规则、程序等不统一的问题，以此来有效提升行政运行的效能。

政务服务标准化是政府标准化建设的一项重要内容，也是推进政府治理现代化的必然要求。实行政务服务标准化，旨在实现政府对国家、社会各项事务治理的制度化、规范化、程序化，从而把中国特色社会主义各方面的制度优势转化为治理国家的效能。②2021年，中共中央、国务院印发《法治政府建设实施纲要（2021—2025年）》强调，法治政府建设是全面依法治国的重点任务和主体工程，是推进国家治理体系和治理能力现代化的重要支撑。要健全依法行政制度体系，加快推进政府治理规范化、程序化和法治化。而政府治理规范化、程序化和法治化水平的提升，既需要中央

① 魏礼群.推进政务服务标准化 提升政府治理现代化水平[J].行政管理改革，2015(12)：13-17.

② 魏礼群.实行政务服务标准化 推进政府治理现代化[J].东岳论丛，2015(12)：5-8.

政府和各级地方政府不断强化依法行政的意识，稳步提升各级政府机关领导干部和机关工作人员运用法治思维和法治方式解决实际问题的能力，也需要中央政府和各级地方政府在政务服务标准化建设上下足功夫，通过政务服务标准化体系建设为政府治理的规范化、程序化和法治化水平的有效提升提供坚实的标准保障。

（一）提升政府治理规范化水平的必然要求

政府治理是政府治理主体在特定的治理理念的指导下，依据一定的治理规范来实施特定的治理行为，以完成特定治理任务和实现特定治理目标的过程。如何有效地规范和制约行政权力的运行过程，是确保政府治理目标顺利实现和政府治理效能不断提升的关键。“任何国家，法治的重心都是制约和控制行政权力，防止其滥用和异化。我国依法治国、依法治权的核心也是针对行政权力及其行使”[①]。在注重运用法治这一保障行政权力规范有序运行的利器的同时，为政府公共服务供给制定统一的标准，也是规范政府行政权力运行、提升政府治理规范化水平的重要手段。我国的政府治理从本质上来说就是行使行政权的政府为人民提供优质高效的公共服务的过程，依法依规行使手中的行政权力，是各级政府机关和政府部门在日常工作中必须遵守的行为准则。改革开放以来，特别是党的十八大以来，我国各级政府和政府部门依法依规行使行政权力的意识和水平不断提升，政府治理的规范化水平也随之不断提高。但是，政府治理中的一些领域和部分环节缺乏统一的认定标准和行为规范的问题还不同程度地存在，政务服务标准的碎片化问题制约了行政运行效能的提高，政府治理的规范化水平仍有待提升。政府服务标准化在不改变各级政府和政府部门所拥有的行政权限的前提下，使得原本缺乏统一标准的各自为政的行政行为得以按照统一的标准来实施，各级政府和政府部门不依法依规行使行政权力的空间被大大压缩，政府治理的规范化水平也得以有效提升。

① 张文显.建设中国特色社会主义法治体系[J].法学研究，2014(6)：13-19.

（二）提升政府治理程序化水平的必然要求

以人民的真实需求为出发点，通过不断优化行政运行权力流程来提升公共服务供给的水平和质量，是践行以人民为中心的发展思想、建设人民满意的服务型政府的内在要求和重要保障。由于受到层级节制和条块分割的科层式行政管理体制的影响，不同层级的政府和政府部门以及一定区域内的不同地区的政府，在政府治理流程的设置上通常存在一定的差异，各级政府和政府部门各自为政的情况不同程度的存在，致使不同层级的政府之间、不同地区的政府之间和同一地区的不同政府部门之间在决策和行为上极易出现不一致的情况，制约了政府治理整体效能的提升。政务服务标准化工作的加快推进，有助于有效化解不同层级的政府之间、不同地区的政府之间和同一地区政府内部的不同部门之间在决策和行为程序上存在的不协调、不一致等政府治理难题，推动跨层级、跨地区和跨部门的行政事务能够得到及时有效的解决，政府治理的程序化水平也必将随之得到有效的提升。

（三）提升政府治理法治化水平的必然要求

不断提升政府依法行政水平、建设法治政府是依法治国的重要组成部分。正如习近平总书记指出的，推进全面依法治国，法治政府建设是重点任务和主体工程，“要用法治给行政权力定规矩、划界限，规范行政决策程序，健全政府守信践诺机制，提高依法行政水平”[①]。依法治国方略提出以来，我国各级政府机关领导干部和机关工作人员的法治意识和法治思维得到较为明显的提升，各级政府机关领导干部和工作人员运用法治方式和法治手段化解社会矛盾、解决人民群众反映强烈的社会问题的能力得到明显的增强。但同时我们也要注意到，我国政府治理中仍不同程度地存在着政府机关领导干部和工作人员漠视法律法规、滥用行政权力等问题，政府治理的法治化水平与建成社会主义法治国家的目标要求之间尚有较大的距离。

① 习近平.坚定不移走中国特色社会主义法治道路 为全面建设社会主义现代化国家提供有力法治保障[J].求是，2021(5)：4-15.

依据法律法规的要求来制定统一的政务服务标准，用统一政务服务标准提高为社会和公众服务能力的同时，规范和约束各级政府机关领导干部和工作人员的行政行为，有助于更好地规范、约束和监督行政权的行使过程，不断提升政府治理的法治化水平。

二 滁州市政务服务标准化体系建设实践探索

政务服务标准化体系建设是法治政府建设的一项重要内容。深入推进政务服务标准化体系建设工作，有助于进一步强化政府机关领导干部和工作人员依法行政的意识，不断提升法治政府建设的水平和质量。滁州市委、市政府认真贯彻落实习近平法治思想，把实施政务服务标准化体系建设作为全面深化“放管服”改革、提升全市营商环境法治化水平的一项重要战略性举措，全市的政务服务标准化体系建设取得了显著成效。2018年9月，滁州市以95.5分通过了国家市场监管总局组织的社会管理和公共服务综合标准化终期验收。近年来，滁州市先后获得国家级政务服务标准化单位、全国“百优”政务大厅、“中国‘互联网+政务服务’创新奖”“2019年中国政府信息化管理创新奖”“全国数字政务建设先进单位”、2020年政府信息化管理创新奖、2020年度智慧政府奖、“全省政务服务系统最佳服务大厅”等荣誉，滁州市政务服务标准化体系建设2020年获省法治政府建设示范项目命名。滁州市之所以能够取得这些优异成绩，与其在政务服务标准化体系建设实践中积极谋深做实政务服务标准化体系建设顶层规划、不断细化量化政务服务标准化体系建设规范标准和注重持续激发政务服务标准化体系建设内生动力密切相关。

（一）积极谋深做实政务服务标准化体系建设战略规划

政务服务标准化体系建设工作是法治政府建设实践中一项复杂的系统性工程。各级政府和政府部门在国家有关政务服务标准化体系建设顶层设计的指导下，结合本地区本部门的工作实际提前制定相应的目标规划，这是做好本地区和本部门政务服务标准化体系建设工作的内在要求和重要保障。近年来，滁州市委、市政府紧紧围绕加快建设法治政府的战略目标，把实施政务服务标准化体系建设作为进一步规范优化政务服务工作的重要抓手，连续2年将深入推进国家级政务服务标准化试点工作列入市委年度改革重点任务。通过召开全市政务服务标准化体系建设工作动员大会、邀请国家和省标准化专家开展多场次的授课辅导、赴浙江大学等高校开展专题培训等措施，强化各区县、乡镇政府机关领导干部和机关工作人员推动政务服务标准化体系建设工作的意识。为确保全市政务服务标准化体系建设工作顺利推进，专门成立了政务服务标准化体系建设工作领导小组，统筹全市推进政务服务标准化的制（修）订、宣传、贯彻和实施工作。同时，市政府还专门制定了实施政务服务标准化体系建设工作方案，赴基层社区、生产企业、窗口一线开展调研活动20余次，收集汇总各类意见建议65条，为制定切实可行的标准打下了坚实的基础。另外，各区县在市政府统一领导下积极开展标准化建设规划。早在2016年，明光市成立标准化建设领导小组，编制标准化建设工作计划——《明光市政务服务中心公共服务综合标准化建设工作计划》，并成功申报为国家标准委第三批社会管理和公共服务标准化试点项目，成为安徽省唯一一家县级政务服务中心的获批单位。通过高标杆、高标准、高定位来推动各项“创国标”工作，落实工作规范，提升标准化服务水准，使政务服务中心工作人员责任明确，服务质量、服务水平和服务效能得到显著提升。

（二）不断细化量化政务服务标准化体系建设规范标准

政务服务标准化体系建设的目标不单单是要为每项政务服务制定一个标准，还要确保这些标准在实践中具有可操作性，以此来有效规范政务服务运行流程，提升群众对政务服务的满意度。针对既有政务服务标准化体系建设工作中存在的政务服务标准不统一、标准中的部分具体条款因过于粗放而难以操作等问题，滁州市通过制定政务服务标准体系、制定企业开办“零成本”标准、明确工程建设“全网办”标准和编制不动产登记“综合办”标准等措施，不断细化量化政务服务标准化体系建设规范标准，使得全市已经编制的政务服务标准能够在法治政府建设中切实发挥作用。

一是制定政务服务标准化体系。近年来，滁州市以“恪守标准、合法规范、廉洁高效、务实创新”为建设方针，先后发布了《市县（区）、乡（镇）、村（社区）政务服务体系建设指南》《行政审批事项办事指南编写规范》两个地方标准。同时，在减环节、减材料、减时间上做文章，共制修订标准726项，其中借鉴引用国标、地标108项，制定和修订各类基础标准7项、服务提供标准495项、服务保障标准116项，充分体现出滁州市“互联网+政务服务”的发展成果。

二是制定企业开办“零成本”标准。滁州市依托“皖事通办”平台，推进企业开办“一窗受理、一网通办、一次采集、一套材料、一档管理、一日办结”，实现企业设立登记、公章刻制、申领发票和税控设备、员工参保登记、住房公积金缴存登记、银行预约开户等事项“一网填报、合并申请、一次办理”，将企业开办时间压缩至1个工作日，新设立企业实现五枚印章和税务Ukey全免费、零成本。目前，31项法人事项可在长三角区域的41个城市实现“一网通办”和跨省通办。

三是明确工程建设“全网办”标准。滁州市大力推进工程建设行政审批制度改革，实现政府投资项目房屋建筑类、政府投资项目线性工程类、一般社会投资类、工业类、带方案出让社会投资类等五类项目“全覆盖”，立项用地规划许可阶段、工程建设规划许可阶段、施工许可阶段和竣工验收“全流程”，一套审批管理系统按照横向到边、纵向到底“全平台”。通过“减、放、并、转、调”等措施，审批事项压缩至55个以内，审批时间压缩至75个工作日以内。

四是编制不动产登记“综合办”标准。滁州市依托“皖事通办”政务服务平台开发建设了滁州市不动产登记网上办事大厅，实现了身份统一认证、电子证照和电子云签统一调用，公安、民政、市场监管、银保监会等数据资源统一共享。通过将房产交易、契税缴纳、不动产登记整合为并联式“联办窗口”，申请人只需前往一个窗口提供一份材料，即可完成不动产转移登记和水电气网过户手续。

（三）注重持续激发政务服务标准化体系建设内生动力

政务服务标准化体系建设工作较为繁杂，有效激发政府机关领导干部和机关工作人员开展政务服务标准化体系建设工作的内生动力，是确保该项工作顺利推进并取得实效的内在要求。滁州市通过坚持标准制度执行、一体化推进和注重改革实效等措施，使得全市政府机关领导干部和工作人员开展政务服务标准化体系建设工作的内生动力被充分激发出来，为政务服务标准化体系建设工作的顺利推进提供了坚实的保障。

一是坚持标准制度执行。滁州市通过编印政务服务标准化手册，将窗口服务要素、服务行为规范、首问负责制、一次性告知制度、缺席（超时）默认等制度纳入审批服务规范制度，让标准行为成为职业习惯。所有窗口工作人员统一服装、统一胸牌、统一桌卡、统一标识，将服务礼仪规范、文明服务用语（忌语）应用于日常窗口服务，展示窗口形象。同时，建立窗口主任管理规范、窗口工作人员管理规范、目标绩效考核规范和红旗窗口评选规范，实行日巡查、周通报、月反馈制度，确保窗口接待、服务礼仪、服务流程等全程有标可依、按标执行。

二是坚持一体化推进。近年来，滁州市印发了《政务服务乡镇为民服务中心建设与服务规范》和《政务服务村级综合服务中心建设与服务规范》，统筹推进县（市、区）政务服务标准化发展。目前，明光市已通过国家级政务服务标准化试点，其他县（市、区）正在稳步推进。全市114个乡镇（街道）全部建成为民服务中心，1233个行政村（社区）建立综合服务中心或为民服务代理点，形成以市中心为龙头、县中心为纽带、乡镇中心及村代理点为补充的综合服务体系，使基层广大群众申报和办理有关事务更加便捷，乡镇、村和社区为民服务的能力得到明显提升。

三是注重改革实效。滁州市通过大幅压减办事环节、材料、时间，着力降低办事成本。经过改革，全市11.6万政务服务事项，平均审批环节从2.86个减少到2.15个，压缩了24.8%；直接取消或者实施证明事项告知承诺制事项5903项，提交材料减少63.23%；审批服务效率从4.2天减少到2.56天，压缩了39%。滁州市在2020年全省营商环境政务服务指标考核中位居全省第1名。①

三　高质量发展对政务服务标准化体系建设的新要求

党的十八大以来，国务院实施了“简政放权、放管结合、优化服务”改革，这是一项有助于处理好政府与市场关系、政府与社会关系的重大改革举措。在优化政务服务方面，通过打造全国政务服务“一张网”，在更大范围内实现“一网通办”、异地可办以及在水、电、气、暖等公用事业中大力推行App（应用程序）办事等改革举措，居民、企业、社会组织等主体办理单一政务服务的时间大幅缩短，行政运行效能在行政运行流程得以不断优化的基础上稳步提升，政务服务标准化体系建设取得了一定的成效，人民对政府的满意度也随之逐渐提高。但在推进的进程中仍存在一些问题，如有关政务服务标准化的顶层设计与基层探索之间的有效互动不足；政务服务标准化体系建设工作缺乏有效的统筹，缺乏统一的负责推动政务服务标准化体系建设工作的领导机构；已制定的部分政务服务标准存在标准内容不够细致、标准条款可操作性不强；部分层级政府的领导干部和公务人员推动政务服务标准化体系建设工作的动力不足等问题，影响了政务服务标准化体系建设工作的更好更快有序推进。

现在，中国特色社会主义进入新的发展阶段，我国社会主要矛盾已经从人民日益增长的物质文化需要同落后的社会生产之间的矛盾转化为人民日益增长的美好生活需要和不平衡不充分的发展之间的矛盾，中国经济也由高速增长阶段转向高质量发展阶段。新时代和高质量发展对政务服务标准化体系建设提出了新要求，加快政务服务标准化体系建设、不断提升政务服务水平和质量，是实现经济社会高质量发展目标的内在要求和重要保障。滁州市在法治政府建设过程中，采取积极举措，政务服务标准化体系建设工作积累的成功经验，为化解当前我国政府特别是基层政府在政务服务标准化工作上所面临的困境、不断提升我国政务服务标准化体系建设的

① 参见《2021年滁州市法治政治建设示范项目创建自评报告》。

水平和基层政府的法治政府建设质量提供了有益的借鉴。面对实现经济社会高质量发展的任务和服务标准化体系存在的问题，笔者认为可以在以下几个方面进一步开展探索，加快政务服务标准化体系建设。

（一）增进顶层设计与基层探索之间的有效互动

政务服务标准化体系建设工作是一项复杂的系统性工程。《国家标准化发展纲要》指出，要“围绕幼有所育、学有所教、劳有所得、病有所医、老有所养、住有所居、弱有所扶等方面，实施基本公共服务标准体系建设工程，重点健全和推广全国统一的社会保险经办服务、劳动用工指导和就业创业服务、社会工作、养老服务、儿童福利、残疾人服务、社会救助、殡葬公共服务以及公共教育、公共文化体育、住房保障等领域技术标准，使发展成果更多更公平惠及全体人民”①。政务服务标准化体系建设工作的顺利推进，既需要中央政府出台有关政务服务标准化体系建设的顶层设计，也需要各级地方政府尤其是基层政府结合本地区或部门的工作实际，在政务服务标准化体系建设上进行积极的探索和大胆的实践，政务服务标准化体系建设的顶层设计与基层探索之间的有效互动是提升政务服务标准化体系建设工作水平和质量的内在要求和重要保障。近些年来，党中央和国务院陆续出台了一系列旨在提升政务服务标准化体系建设工作水平的顶层设计，浙江、江苏、广东、安徽、上海、北京等省市的基层政府在政务服务标准化体系建设工作中也开展了积极的探索和大胆的实践，并取得了一定的成效。为了有效增进政务服务标准化体系建设的顶层设计与基层探索之间的互动，中央政府和省级政府可以对地级市和区县两级政府在政务服务标准化体系建设工作方面探索出的成功经验进行及时的总结提炼，并将其用于健全和完善政务服务标准化体系建设的顶层设计。对于基层政府在政务服务标准化体系建设实践中所探索出的较为科学合理有效的政务服务标准，可将其在全国、全省或全市范围内推广使用，并将其作为特定区域内的通行标准。同时，基层政府在制定本行政区域内的政务服务标准时，要

① 中共中央、国务院印发《国家标准化发展纲要》[N].人民日报，2021-10-11(1).

严格遵照中央政府的顶层设计和省级政府的相关标准，不得自行编制与中央政府和省级政府的规定、标准和流程不一致的政务服务标准，最大限度减少不同层级政府之间政务服务标准不统一问题的出现。

（二）确立相关部门负责统筹政务服务标准化体系建设

一级政府通常由一定数量的政府部门组成，各政府部门分别承担不同的行政管理职责，为居民、企业、社会组织等主体提供不同类型的政务服务。相应地，在政务服务标准的制定上也呈现出由各政府部门主导的特征，不同政府部门的政务服务标准在部分规定上存在不一致甚至是冲突的问题时有发生，政务服务领域标准体系不够合理以及内容交叉重复矛盾的问题不同程度的存在[①]。而这些问题的出现，与前我国政务服务标准化体系建设工作缺乏有效的统筹密切相关。目前，我国地级市和区县两级政府基本都设立了政务服务中心，绝大部分政务服务事项都在政务服务中心办理。为此，可以考虑由各级政府设立的政务服务中心负责统筹相应层级政府的政务服务标准化体系建设工作，负责出台政务服务标准制定的相关规定，明确各部门编制政务服务标准的权限和程序，建立政务服务标准编制部门协调机制，尽可能避免不同部门之间在政务服务标准的编制和实施上出现不协调的问题，确保政务服务标准化体系建设工作有序推进。

（三）进一步提高政务服务标准的可操作性

“政务服务标准体系内容广泛，包括设施标准化、资源配置标准化、事项标准化、流程标准化、品质标准化、监督评价标准化等。”[②]政务服务标准化是化解各层级、各地区政府和政府内部各部门在政务服务的供给标准上各自为政难题、确保行政运行效能不断提升的重要举措。《国家标准化发展纲要》指出，要“推动行政管理和社会治理标准化建设，探索开展行政管理标准建设和应用试点，重点推进行政审批、政务服务、政务公开、财政支出、智慧监管、法庭科学、审判执行、法律服务、公共资源交易等标

---

① 徐剑，徐丰华，陈丽君．政务服务标准化现状及路径优化分析[J].中国标准化，2020(7)：110-113.

② 储东巍．政务服务标准化建设研究现状梳理[J].中国质量与标准导报，2020(3)：33-38.

准制定与推广”。近些年来，我国各级政府在推动政务服务标准化体系建设上投入了很大的精力，制定了一定数量的政务服务标准，为政务服务制度化和规范化水平的提升奠定了有力的支撑。然而当前我国很多地方政府制定的政务服务标准存在内容过于粗放、部分条款可操作性不强等问题，部分已生效的政务服务标准在政府治理实践中并未发挥出应有的功效。对此，一是各级政府要编制出台在本行政区域内适用的政务服务标准化体系建设工作指南，作为下级政府和政府部门制定政务服务标准的指导性规范。滁州市在政务服务标准化体系建设工作中就出台了《市县（区）、乡（镇）、村（社区）政务服务体系建设指南》，各县、区和县级市以及乡镇和社区所提供的政务服务标准的编制都以该指南为依据，各县区和乡镇不受任何规范和约束自行编制政务服务标准的问题也随之得到有效化解。二是要尽可能细化政务服务标准的内容，不断提升政务服务标准的可操作性，适时地将较为成熟的政务服务标准上升为地方标准。滁州市于2018年编制出台的《市县（区）、乡（镇）、村（社区）政务服务体系建设指南》，被安徽省质量技术监督局认定为安徽地方标准，该标准编号为DB 34/T 3229—2018，由安徽省质量技术监督局于2018年10月20日发布，并于2018年11月20日开始正式实施。另一个由滁州市政务服务中心牵头编制的政务服务标准——《行政审批事项办事指南编写规范》，也被安徽省质量技术监督局认定为地方标准，编号为DB 34/T 3228—2018，于2018年10月20日发布，并于2018年11月20日开始正式实施。

（四）注重激发机关领导干部和工作人员的内在动力

政府职能是政府在一定时期内所承担的职责和所应发挥的功能，不同层级的政府所承担的职能存在一定的差异性。与主要侧重于经济调节和市场监管等职能的中央政府和省级政府不同，县区政府和乡镇政府职能的重心在于社会管理和公共服务两个方面。因此，政务服务标准化体系建设工作的重点在基层政府，区县和乡镇两级政府及其工作人员在推进政务服务标准化工作上的主动性、积极性和创造性，直接影响到一个地区政务服务标准化工作的效能。当前我国很多地区政务服务标准化工作之所以难以有效地推进，与这些地方政府的领导干部和工作人员缺乏推动政务服务标准化的内在动力有着密切的关联。对此，一是要将政务服务标准制定的数量和质量纳入上级政府对下级政府进行综合考核的重要指标，并不断提升政务服务标准制定情况在综合评分中所占的权重，对于综合考核排名靠后的或者政务服务制定工作落后的政府机关及其负责人进行通报批评，对于综合排名靠前的政府或政府部门给予一定的物质奖励，并将制定的部分政务服务标准在一定行政区域内推广使用。二是将政务服务标准化工作的水平和质量作为地方政府领导干部提拔和政府机关工作人员职级晋升的重要参考标准，最大限度地激发政府机关领导干部和机关工作人员从事政务服务标准化体系建设工作的内在动力。

四 结 论

政府治理是治理艺术与治理技术的有机统一。政务服务的标准化在推进政府治理体系和治理能力现代化中发挥着基础性、引领性作用。新时代推动高质量发展、全面建设社会主义现代化国家进程中，迫切需要进一步加强政务服务标准化工作。随着我国“简政放权、放管结合、优化服务”改革的深入推进，政务服务标准化体系建设工作在国务院《深化标准化工作改革方案》的指导下取得了长足的进步，为行政运行流程的优化和行政运行效能的改进奠定了坚实的基础，政府治理的法治化水平显著提升。但同时，我国政务服务标准化体系建设工作也面临有关政务服务标准化的顶层设计与基层探索之间的有效互动不足，部分层级政府的政务服务标准化工作缺乏有效的统筹，各级政府制定的部分政务服务标准存在内容不够细致、可操作性不强，以及部分层级政府的领导干部和机关工作人员推动政务服务标准化体系建设工作的内生动力不足等现实问题，政务服务标准化体系建设与《国家标准化发展纲要》所提出的目标要求之间还有差距。滁州市作为国家级政务服务标准化单位，通过采取谋深做实政务服务标准化体系建设战略规划、细化量化政务服务标准化体系建设规范标准、持续激发政务服务标准化体系建设内生动力等措施，政务服务标准化体系建设工作走在了全省前列，其在政务服务标准化体系建设上的实践探索，为化解当前我国政务服务标准化体系建设工作面临的诸多现实困境，不断提升我国政务服务标准化体系建设工作效能提供了有益的借鉴。当前，中国特色社会主义已经进入新时代，实现经济社会高质量发展的目标对政务服务标准化体系建设工作提出了新的更高的要求，以《国家标准化发展纲要》为指导，增进政务服务标准化的顶层设计与基层探索之间的有效互动，由相关部门或设立专门机构来负责统筹政务服务标准化体系建设工作，通过细化和量化已有政务服务标准来提升政务服务标准的可操作性，注重激发政府机关领导干部和机关工作人员从事政务服务标准化体系建设工作的内生动力，提升政府公共服务供给质量，是当前及今后很长一段时间内我国政务服务标准化体系建设工作的重点任务。

参考文献

中共中央、国务院印发《国家标准化发展纲要》[N].人民日报，2021-10-11(1).

储东巍.政务服务标准化建设研究现状梳理[J].中国质量与标准导报，2020(3)：33-38.

魏礼群.推进政务服务标准化 提升政府治理现代化水平[J].行政管理改革，2015(12)：13-17.

魏礼群.实行政务服务标准化 推进政府治理现代化[J].东岳论丛，2015(12)：5-8.

张文显.建设中国特色社会主义法治体系[J].法学研究，2014(6)：13-19.

徐剑，徐丰华，陈丽君.政务服务标准化现状及路径优化分析[J].中国标准化，2020(7)：110-113.

苏忠林，翁彬，王亚飞."互联网+政务服务"标准化建设优化路径[J].学习与实践，2019(4)：21-25.

刘松.我国政务服务标准化建设现状及对策[J].中国标准导报，2015(11)：42-44.

法治引领生态环境保护的绩溪实践与重要启示

陈　鹏[①]

摘　要：　党的十八大以来，以习近平同志为核心的党中央高度重视生态文明建设和生态环境保护工作，法治引领生态文明建设和生态环境保护成为习近平法治思想中生态文明法治思想的重要内容。宣城市绩溪县作为首批"国家生态文明建设示范县"和安徽省法治政府建设示范县，通过依法建立健全生态环境保护领导责任体系、依法加强对生态环境保护有关行政规范性文件的监督管理、依法强化对政府机关领导干部和工作人员生态环境保护的考核和责任追究力度、依法严格落实领导干部自然资源资产离任审计制度和生态环境损害责任终身追究制度，不断提升党政机关领导干部和工作人员运用法治思维和法治手段来化解生态环境保护难题的能力，促进县域生态环境保护取得了丰硕成果，积累了较为丰富的治理经验。探讨绩溪县法治引领生态环境保护的积极实践，总结法治引领生态环境保护的成功经验，不仅有利于促进新发展阶段生态环境高质量发展，也有助于更好地推动基层法治政府建设水平和质量的提升。

关键词：　法治引领　生态环境保护　生态文明建设　法治政府　绩溪县

---

① 陈鹏，管理学博士，安徽师范大学法学院副教授，硕士生导师，公共管理系主任，安徽省科学社会主义学会常务理事，芜湖市社会治理研究院研究员，主要研究方向：法治政府和政府治理。

生态环境是关系党的使命宗旨的重大政治问题，也是关系民生的重大社会问题。我们党历来高度重视生态环境保护，把节约资源和保护环境确立为基本国策，把可持续发展确立为国家战略。特别是党的十八大以来，以习近平同志为核心的党中央高度重视生态环境保护和生态文明建设，并将生态文明建设提高到与物质文明建设和精神文明建设同等重要的高度，推动我国的生态环境保护取得快速发展和长足的进步。但由于我国生态环境保护起步相对较晚，重视经济增长、忽视生态环境保护的惯性思维在很多地区领导干部的头脑中依旧强势，生态环境保护仍旧面临许多的难题。如何在实现经济社会快速发展目标的同时，统筹好经济社会发展和生态环境保护二者之间的关系，不断提升生态环境保护的水平和质量是当前我国国家治理的重要议题。2018年5月，习近平总书记在全国生态环境保护大会上讲话时指出，“保护生态环境必须依靠制度、依靠法治，我国生态环境保护中存在的突出问题大多同体制不健全、制度不严格、法治不严密、执行不到位、惩处不得力有关。要加快制度创新”，“用最严格制度最严密法治保护生态环境”[①]。宣城市绩溪县近年来认真贯彻落实中央关于生态环境保护决策部署，全面依法履行政府生态环境保护职能，注重运用法治思维和法治手段来化解生态环境保护中遇到的各种难题，在法治引领生态环境保护上取得积极成效，积累了较为丰富的治理经验。经过多年的努力，成为首批“国家生态文明建设示范县”，获得国家森林城市、中国寿带（鸟）之乡、中国天然氧吧、中国最美县域、省级水生态文明城市、全省美丽乡村建设先进县等荣誉称号，空气质量排名连续多年位居安徽省前列。2020年成为安徽省法治政府建设示范县。探讨并总结绩溪县坚持用法治引领生态环境保护的实践和经验，不仅有助于促进我国新发展阶段生态环境高质量发展，进一步推进生态文明建设，也有助于更好地提升基层法治政府建设水平和质量。

---

① 习近平．习近平谈治国理政（第三卷）[M].北京：外文出版社，2020：363.

一　绩溪县坚持法治引领生态环境保护的积极实践

“中国经过四十多年的不懈努力，生态环境保护法治建设取得了巨大的成就。但是，生态系统脆弱、环境容量有限，污染严重、资源枯竭、生态风险和健康风险加大的生态环境状况没有根本好转；加之独特的地理环境和自然资源条件加剧了地区间经济社会的不充分不平衡发展，形成了东部‘生态环境压力巨大’、西部‘生态系统非常脆弱’的具体国情。面对新发展阶段，‘体制不健全、制度不严格、法治不严密、执行不到位、惩处不得力’等问题成为对生态文明建设的最大制约。”①绩溪属宣城市辖县，位于皖南山区，拥有良好的生态环境。党的十八大以来，绩溪县委县政府高度重视生态环境保护工作，在强化生态环境保护制度建设的同时，坚持用法治思维和法治手段来化解生态环境保护中遇到的各种难题，统筹协调好经济社会发展和生态环境保护之间的关系，全县生态环境保护工作取得了显著成效。而这些成绩的取得，与绩溪县认真学习和贯彻习近平总书记关于生态文明思想和生态环境保护的重要论述、坚持用法治引领政府积极履行生态环境保护职能密不可分。

（一）依法建立生态环境保护领导责任体系

“人与自然是生命共同体。生态环境没有替代品，用之不觉，失之难存”②。因此，做好生态环境保护工作、加强生态环境保护，不仅是保护好当前人类的生存和发展所依赖的自然界的内在要求和重要保障，而且也关系到未来人类的命运。习近平总书记强调，“生态环境安全是国家安全的重要组成部分，是经济社会持续健康发展的重要保障。……要把生态环境风险纳入常态化管理，系统构建全过程、多层级生态环境风险防范体系”③。保护生态环境就是保护生产力，改善生态环境就是发展生产力，决不以牺

① 吕忠梅.习近平法治思想的生态文明法治理论[J].中国法学，2021(1)：48-64.

② 习近平.习近平谈治国理政（第三卷）[M].北京：外文出版社，2020：360.

③ 习近平.习近平谈治国理政（第三卷）[M].北京：外文出版社，2020：370.

牲环境为代价换取一时的经济增长。党的十八大以来，为了有效解决各级地方政府一味追求经济增长速度而在生态环境保护方面的意识较为淡薄等不利于生态环境保护的难题，中央政府对地方政府绩效考核指标体系进行了一定程度的调整和变革，生态环境保护等指标在地方政府绩效考核指标体系中的权重不断提升。但是，与经济增长指标相比，生态环境保护指标在当前我国地方政府绩效考核指标体系中的比重相对较低，地方政府特别是那些地区国内生产总值规模偏小地区的地方政府仍然面临着较大的经济增长压力。伴随地方政府绩效考核指标体系改革步伐的不断加快，这些地区政府领导干部和机关工作人员的生态环境保护意识也随之不断提升，但现实的经济增长的压力使得这些地区的生态环境保护工作难以顺利推进。

近些年来，伴随生态环境保护工作重要性的日渐凸显，我国有关生态环境保护方面的立法工作正在快速推进，依法明确和强化各级政府机关在生态环境保护方面的职责，建立健全生态环境保护领导责任体系，是做好生态环境保护工作的基本前提和重要保障。作为首批国家生态文明建设示范县，绩溪县依法建立和健全了生态环境保护和生态文明建设领导责任体系，以此来保障全县生态环境保护和生态文明建设工作的有序推进。为了构建县级生态文明和环境保护委员会制度体系，绩溪县先后制定了《生态文明与环境保护委员会议事规则》和《生态文明与环境保护委员会成员单位环境保护工作职责》，设立了工作机构，明确了议事决策工作制度，要求各成员单位必须做到“管行业必须管环保、管发展必须管环保、管生产必须管环保”，推动县乡两级政府和县政府有关职能部门在生态环境保护和生态文明建设方面的职责得到进一步明确，从而为全县生态环境保护和生态文明建设工作的有序推进提供了坚实的法治保障。

（二）依法建立行政规范加强对生态环境保护的监督管理

行政规范性文件是各级政府和政府部门进行决策和实施具体行政行为的重要依据。对政府制发的行政规范性文件进行必要的监督和管理，做好行政规范性文件的定期清理工作，确保行政规范性文件符合法律法规，是法治政府建设的重要内容之一。2015年12月，中共中央、国务院印发的

《法治政府建设实施纲要（2015—2020年）》强调，要完善规范性文件制定程序，落实合法性审查、集体讨论决定等制度，实行制定机关对规范性文件统一登记、统一编号、统一印发制度。近些年来，绩溪县政府在生态环境保护工作中，高度重视对县政府制定的有关生态环境保护方面的行政规范性文件的监督和管理工作。为此，绩溪县政府在认真贯彻落实《宣城市行政规范性文件制定和监督管理办法》的同时，印发了《绩溪县行政规范性文件后评估办法》《绩溪县行政规范性文件后评估办法》，对行政规范性文件合法性审查制度和公平竞争审查制度进行了落实，明确了行政规范性文件的审核范围、主体、程序、内容、责任，确保行政规范性文件应审尽审。对于未经合法性审查或者合法性审查不通过的行政规范性文件，不得提交集体讨论。同时，绩溪县政府还建立了行政规范性文件定期或不定期清理制度。2020年，绩溪县政府根据法律法规变更和政策调整等情况，及时对野生动物保护等与生态环境保护相关的行政规范性文件进行了清理和规范，为依法开展生态环境保护工作奠定了坚实的基础。

（三）依法强化对机关领导干部和工作人员生态环境保护的考核与责任追究力度

生态环境保护是功在当代、利在千秋的伟大事业。习近平总书记强调："在整个发展过程中，我们都要坚持节约优先、保护优先、自然恢复为主的方针，不能只讲索取不讲投入，不能只讲发展不讲保护，不能只讲利用不讲修复，要像保护眼睛一样保护生态环境，像对待生命一样对待生态环境，……让自然生态美景永驻人间，还自然以宁静、和谐、美丽。"[①]生态环境保护工作的开展，离不开各级政府和政府部门积极有效的作为。但是，由于地方政府和政府部门在一定程度上是理性的经济人，地区利益和部门利益往往会影响地方政府决策的动机和政府部门行为的逻辑，进而给生态环境保护工作带来不利影响。因此，推进生态环境保护工作，既需要通过依法建立健全生态环境保护领导责任体系来明确各级地方政府和政府部门

---

① 习近平.习近平谈治国理政(第三卷)[M].北京:外文出版社,2020:361.

以及政府领导干部和工作人员的责任，也需要依法强化对政府机关领导干部和工作人员生态环境保护的考核和责任追究的力度。近些年来，绩溪县政府针对生态环境保护工作中存在的一些突出问题，依法强化对政府机关领导干部和工作人员生态环境保护的考核和责任追究力度，建立了生态环境保护综合行政执法机制，公安、检察、审判机关信息共享，案情通报、案件移送制度，全县党政机关领导干部和工作人员在生态环境保护方面的责任意识得到了显著的提升。“制度的生命力在于执行，关键在真抓，靠的是严管。……对任何地方、任何时候、任何人，凡是需要追责的，必须一追到底，决不能让制度规定成为‘没有牙齿的老虎’”[①]。为了能够将生态环境保护制度落到实处，绩溪县实施了生态环保激励和约束机制，把生态环境保护的各项要求细化为领导班子和机关干部的政绩考核内容，建立起干部积分制管理的考核激励奖惩工作机制，包括生态文明建设目标评价考核制度和责任追究制度、林长制、环境保护“党政同责”和“一岗双责”等制度。与此同时，加大对生态环境违法案件查处，近三年来，绩溪县生态环境保护工作始终保持高压态势，累计查处生态环保违法案件79件，移送公安机关14件，全县生态环境保护的法治化水平也随之得到显著的提高。

（四）依法严格落实领导干部自然资源资产离任审计制度和生态环境损害责任终身追究制度

习近平总书记指出：“人与自然是生命共同体。……当人类合理利用、友好保护自然时，自然的回报常常是慷慨的；当人类无序开发、粗暴掠夺自然时，自然的惩罚必然是无情的。人类对大自然的伤害最终会伤及人类自身，这是无法抗拒的规律”[②]。领导干部自然资源资产离任审计制度是指在领导干部任期结束或者调离某一地区后，由政府审计机关对其任期内某一地区的自然资源和资产的使用、变动、收益等情况进行审计，并依据审计结果对领导干部进行某种类型的奖惩的政府内部审计制度。在生态环境保护方面，领导干部自然资源资产离任审计制度和生态环境损害责任终身

① 习近平.习近平谈治国理政(第三卷)[M].北京:外文出版社,2020:364.
② 习近平.习近平谈治国理政(第三卷)[M].北京:外文出版社,2020:360.

追究制度是两项重要的制度设计。近年来，绩溪县全面落实“用最严格制度最严密法治保护生态环境”的思想，建立实施“政府主导、强力强责”的生态环境保护长效机制，以生态环保“一票否决”的鲜明工作导向，形成了县乡两级政府和相关职能部门齐抓共管生态环保的强大合力，确保生态环境保护常态化、长效化、法治化，进而为全县生态环境保护工作始终位居全省前列奠定了坚实的基础。同时，绩溪县认真落实环保“党政同责、一岗双责”制度，严格执行中央、省委和市委生态环境损害责任追究办法，建立了生态环境损害责任追究工作机制，严厉查处环保违法行为，通过层层传导环保工作压力，确保生态环保各项举措落地见效。

（五）不断提升党政机关领导干部和工作人员运用法治思维和法治手段来化解生态环境保护难题的能力

习近平总书记指出，“绿水青山既是自然财富、生态财富，又是社会财富、经济财富。保护生态环境就是保护自然价值和增值自然资本”[①]。生态环境保护是一项复杂的系统性工程，各级党政机关领导干部和机关工作人员在生态环境保护工作中要认真承担起各自的职责。坚持法治引领是做好生态环境保护工作的重要抓手，特别是要注意抓好领导干部这一关键少数。党的十八届四中全会强调，各级领导干部在推进依法治国方面肩负着重要职责，全面依法治国，必须要抓住领导干部这个“关键少数”。因此，不断强化党政机关领导干部和机关工作人员在生态环境保护工作中的法治思维和法治意识，有效提升各级党政机关领导干部和工作人员运用法治思维和法律解决生态环境保护难题的能力，是坚持用法治引领生态环境保护工作的内在要求和重要保障。在生态环境保护工作中，绩溪县将政府机关领导干部和政府机关工作人员学法用法工作制度化，不断提升政府机关领导干部和工作人员的法治意识和依法行政能力。绩溪县政府坚持和完善党委（党组）中心组学法、副科级以上领导干部法治讲座、政府常务会前学法以及干部任前法律考试制度，促进领导干部和公务员学法用法工作制度化、

---

① 习近平．习近平谈治国理政（第三卷）[M]．北京：外文出版社，2020：361．

常态化，全县政府领导干部和机关工作人员的法治意识和依法行政能力得到较为明显的提升。

近年来，绩溪县通过完善企业环保信用评价制度，加强排污许可管理，通过市场化手段和激励措施全面推进排污企业安装使用在线监测监控设备。目前，全县已完成全行业排污单位排污许可证核发工作，58家排污单位获得排污许可证，以源头减污引领了企业“抱团治污”的良好局面。在县政府的正确领导下，经过全县人民群众共同努力，2019年全县环境空气质量优良率达92.5%，PM10平均浓度47.8微克/立方米，PM2.5平均浓度22.9微克/立方米，三项指标均列全市第一、全省名列前茅。新管国控断面、白沙河等3处市控断面及翚溪水库饮用水源水质均达标向优。在突出抓好巩固中央生态环境保护督察及“回头看”、省生态环保督察反馈问题整改的成果基础上，完成了新一轮全县生态环境问题大排查、“两江”上游企业排污口集中排查、尾矿库污染治理排查整改，环境质量不断得到改善提升。

（六）依法推动形成绿色发展方式和生活方式为实现高质量发展目标奠定坚实基础

中共中央、国务院于2018年6月16日发布《关于全面加强生态环境保护坚决打好污染防治攻坚战的意见》，强调良好生态环境是实现中华民族永续发展的内在要求，是增进民生福祉的优先领域。要推动形成绿色发展方式和生活方式，坚持节约优先，加强源头管控，转变发展方式，培育壮大新兴产业，推动传统产业智能化、清洁化改造，加快发展节能环保产业，全面节约能源资源，协同推动经济高质量发展和生态环境高水平保护。党的十八大以来，绩溪县政府在做好生态环境保护日常工作的同时，注重依法推动传统生产方式和生活方式向绿色低碳环保的发展方式和生活方式转变，通过聚焦聚力“高质量、竞争力、现代化”要求，坚定不移走“绿水青山就是金山银山”的康庄大道、阳光大道、金光大道，以绿色发展为主要特色，以擦亮“全国生态文明建设示范县”金字招牌、争创“全国‘两山’实践创新基地”为抓手，依法扎实推进河长制湖长制，坚持污染减排和生态扩容两手发力，紧盯重点区域、重点污染物、重点时段、重点领域，坚决打赢蓝天保卫战“升级版”，清洁能源、战略性新兴产业、高性能新型材料、机械制造、健康食品医药等产业逐渐成为绩溪县的主导产业。

二 绩溪县法治引领生态环境保护实践的成功经验

习近平总书记指出，“人类社会发展的事实证明，依法治理是最可靠、最稳定的治理”①。全面依法治理，“建设法治政府是全面依法治国的关键环节，是实现国家治理体系和治理能力现代化的必然要求”②。近些年来，绩溪县政府通过依法建立健全生态文明建设和生态环境保护领导责任体系，依法加强对与生态环境保护有关的行政规范性文件的监督管理，依法强化对政府机关领导干部和工作人员生态环境保护考核和责任追究力度，依法严格落实领导干部自然资源资产离任审计制度和生态环境损害责任终身追究制度，不断提升党政机关领导干部和工作人员运用法治思维和法治手段来化解生态环境保护难题的能力，生态环境保护工作取得了丰硕成果，在法治引领生态环境保护上积累较为丰富的治理经验。绩溪县坚持法治引领生态环境保护的实践充分表明，坚持和加强党的领导是法治政府建设顺利推进的根本保障，强化制度约束是提高行政决策法治化水平的关键，强化对行政执法过程和结果的监管是提高行政执法规范化水平的重要手段，做好行政监督工作是提高政府全面履行政府职能的重要保障，不断提升政府机关工作人员的法治意识和依法行政能力是法治政府建设的关键环节。

（一）加强党的领导是法治政府建设顺利推进的根本保障

“全面推进依法治国是一个系统工程，是国家治理领域一场广泛而深刻的革命，必须加强党对法治工作的组织领导。……要把全面推进依法治国的工作重点放在基层，发挥基层党组织在全面推进依法治国中的战斗堡垒

① 习近平.在庆祝澳门回归祖国十五周年大会暨澳门特别行政区第四届政府就职典礼上的讲话[N].人民日报，2014-12-21(1).

② 马怀德.新时代法治政府建设的意义与要求[J].中国高校社会科学，2018(5)：4-18.

作用。”[①]作为依法治国的重要组成部分，法治政府建设也是一项复杂的系统性工程，包括行政决策的法治化、行政执行的法治化、行政监督的法治化、行政争议化解的法治化，以及行政人员的法治思维、法治意识和依法行政能力的提升等诸多环节。法治政府建设任务的有效推进和法治政府建设目标的顺利实现，需要一个强有力的领导力量来推动，而坚持和加强党的领导是法治政府建设工程得以顺利推进的根本保障。

首先，法治政府建设需要以党中央出台的有关法治政府建设的顶层设计为根本遵循。法治政府建设是一项宏大的系统性工程，需要在中共中央和国务院的指导下有计划、按步骤的推进。1997年，我国将依法治国确立为治国方略。1999年，国务院首次提出依法行政的概念，要求各级政府和政府部门全面推进依法行政工作。2004年3月，建设法治政府被明确为新一届政府的施政目标。党的十八大以来，特别是党的十八届四中全会通过的《中共中央关于全面推进依法治国若干重大问题的决定》，明确提出了法治政府建设的基本要求，即加快建设职能科学、权责法定、执法严明、公开公正、廉洁高效、守法诚信的法治政府。党的十九大指出，要建设法治政府，推进依法行政，严格规范公正文明执法。2015年和2021年，中共中央、国务院分别印发了《法治政府建设实施纲要（2015—2020年）》《法治政府建设实施纲要（2021—2025年）》。这些重大决定的出台，不仅明确了我国法治政府建设的时间表，也指明了法治政府建设的路线图，法治政府建设的总体方案也由此得以确立，进而为各级政府的法治政府建设工作明确了方向和重点，有利于法治政府建设工程在全国范围内顺利推进。

其次，各级政府的法治政府建设工作需要在上级党委和同级党委的领导下扎实推进。党中央和国务院有关法治政府建设的顶层设计，虽然为各级政府的法治政府建设工作明确了时间表和路线图，但是由于法治政府建设的顶层设计比较宏观和抽象，各级政府在法治政府建设的过程中，还需要在上级党委和同级党委的领导下，将党中央和国务院有关法治政府建设的顶层设计与本地区的经济社会发展形势、政府依法行政的状况、政府机

① 习近平.加快建设社会主义法治国家[J].求是，2015(1)：3-8.

关工作人员的法治思维和依法行政能力等具体实际进行紧密结合，科学制定和有序实施本地区法治政府建设方案，以此来提升本地区法治政府建设的水平和质量。例如，绩溪县在法治政府建设过程中，坚持和加强党对法治政府建设工作的领导，成立了绩溪县委全面依法治县委员会，将绩溪县委和县政府的主要负责同志作为推进法治政府建设的第一责任人，统一领导全县的法治政府建设工作。为了确保全县法治政府建设工作能够顺利推进，绩溪县先后出台了《中共绩溪县委全面依法治县委员会2020年工作要点》《党政主要负责人履行推进法治建设第一责任人职责规定工作要求落实指引任务分解表》，落实政府主要负责人推进法治建设第一责任人的职责，并先后召开了法治政府建设示范创建动员会、推进会、培训会，以此来加快推进法治政府建设进程。与此同时，绩溪县委多次研究部署相关工作，听取“七五”普法验收、行政规范性文件后评估、重大行政决策风险评估办法等情况的汇报，将法治政府建设纳入年终目标管理综合考核内容，扎实推进依法行政工作向纵深发展。

（二）强化制度约束是提高行政决策法治化水平的关键

行政决策是行政管理过程的起点，在整个行政管理过程中发挥着十分重要的作用。行政决策的水平和质量，直接影响到行政执行的效果，进而对人民群众的获得感、幸福感和安全感产生重要的影响。在行政决策过程中，各级行政决策机关要切实发扬民主，充分发挥好专家在行政决策中的重要作用，严格依据法定权限和法定程序来决策，不断提升行政决策的科学化、民主化和法治化水平。但是，在行政决策的实际中，很多领导干部不注重发扬民主，喜欢搞“一言堂”，完全凭自己的主观臆断和个人喜好来选择决策方案、重大行政决策未经过专家论证、合法性审查和社会稳定风险评估就提交集体讨论、违反法定权限和法定程序来决策等问题时有发生，致使行政决策的水平和质量难以得到有效地保障。而消除行政决策过程中上述问题的重要路径之一便是要强化对行政决策过程的制度约束，规范行政决策权限的行使，确保行政决策依法定程序来做出，不断提高行政决策的法治化水平。绩溪县在法治政府建设的实践中，非常重视行政决策方面的制度建设工作，注重用制度来强化对行政决策各项流程的约束，以此来确保行政决策的法治化和科学化水平。为了更好地提高行政决策的水平和质量，各级政府在推动法治政府建设过程中，首先应该制定《行政决策程序规定》《重大行政决策程序规定》《重大行政决策公众参与办法》《重大行政决策专家论证程序规定》《重大行政决策风险评估办法》《重大行政决策合法性审查办法》《行政决策效果评估办法》等制度。其次要将上述规定和办法认真落实到每一项行政决策，尤其是重大行政决策的全过程中，确保行政决策能够严格依据法定程序来展开，确保重大行政决策能够依据公众参与、专家论证、风险评估、合法性审查、集体讨论决定的程序来作出，不断提高行政决策的科学化、民主化和法治化水平。

（三）强化监管是提高行政执法规范化水平的重要手段

行政执法是行政管理的重要环节，也是法治政府建设的重要内容。行政执法过程是否规范有序、行政执法机关的工作人员是否具有较完备的法治思维和法治意识，以及行政执法人员运用法律解决实际问题能力的高低等因素，会对行政执法的水平和效果产生重要而深刻的影响。在当前我国法治政府建设的实际过程中，不同程度地存在着行政执法者的法治意识和法治思维较为淡漠、行政执法程序不太规范等问题，部分行政执法机关和行政执法人员的依法行政能力还有待提升，对于行政执法的监管主要侧重于事后监管。对此，需要强化对行政执法过程和行政执法结果的监管力度，加强对行政执法者的法治思维和法治意识的培训力度，不断提高行政执法者的执法能力，改善行政执法绩效。绩溪县通过科学设置行政执法机构、强化对行政执法过程和结果的监管，推动全县行政执法的规范化水平不断提升。强化对行政执法过程的监管，有助于及时发现并制止行政执法者在行政执法过程中的违法违规行为，将违法违规执法者给行政相对人造成的损失降低到最低限度，不断提升行政执法者的依法执法和规范执法意识。强化对行政执法结果的监管，建立和实施行政执法责任终身追究机制，有助于明确行政执法者的主体责任，强化行政执法者的责任意识，有效降低由行政执法结果不适当所引发的行政复议和行政诉讼的数量。

（四）做好行政监督是提高全面履行职能能力的重要保障

“法治的目的就在于把公共权力装进笼子，接受有效监督，从而保障公民的基本权利和自由。”[①]作为行使行政权的主体，各级政府机关及其职能部门承担着一定的政府职能。确保政府职能得到规范有序高效的运行，是法治政府建设的重要内容。政府职能是否能够得到履行以及政府职能履行的情况如何，与不同层级的政府履行政府职能的能力有着密切的关联。政府履行职能能力的强弱，除了与各级政府所拥有的行政权限的大小、所掌握的行政资源的多寡有着密切的联系外，也与各级政府行政权力的运行过程是否规范、有序、高效紧密相关。各级政府机关及其职能部门在规范行使行政权力上的意识与动机的强弱，会对行政权力运行的过程和结果产生非常重要的影响，进而影响到政府职能的履行情况。绩溪县政府在法治政府建设过程中，积极推动政务公开工作，主动利用多种渠道公开政务信息，及时发布重要政策的解读信息并认真回应社会关切，自觉接受党内监督、人大监督、民主监督、司法监督和社会监督，政府履行职能的能力得到有效的提升，全县人民群众对政府的满意度不断提升。绩溪县法治政府建设的实践充分表明，做好行政监督工作，规范行政权力的运行流程，是提高政府履行职能能力和水平的重要保障。改革开放以来，特别是党的十八大以来，我国行政监督工作的力度不断加大，行政内部监督和行政外部监督相互作用、共同推进，行政监督水平取得了较为显著的进步。随着2018年国家监察委员会的成立，党和国家监督体系发生了重大变革，为规范包括国家行政机关在内的各级各类国家机关权力的运行提供了重要的保障。但同时也要注意到，现阶段我国行政监督工作仍需要进一步强化，行政监督尚面临内部行政监督和外部行政监督之间缺乏有效的互动、审计监督的作用有待加强、审计监督的独立性不足等问题，强化行政监督以提高政府全面履职能力和水平的任务仍较为繁重。

① 郑方辉，尚虎平. 中国法治政府建设进程中的政府绩效评价[J]. 中国社会科学，2016(1)：117-139.

（五）提升机关工作人员的法治意识和依法行政能力是关键环节

法治“不但是指政府要维护和执行法律与秩序，而且政府本身也要服从法律规则，它本身不能漠视法律或为自己的需要而重新制定法律”①。在我国长达两千多年的封建社会统治时期，人治一直居于主导地位，法律成为统治者或统治阶层统治和控制百姓的手段，国民的法治文化、法治思维和法治意识较为淡薄。习近平总书记指出：“法治和人治问题是人类政治文明史上的一个基本问题，也是各国在实现现代化过程中必须面对和解决的一个重大问题。综观世界近现代史，凡是顺利实现现代化的国家，没有一个不是较好解决了法治和人治问题的。相反，一些国家虽然也一度实现快速发展，但并没有顺利迈进现代化的门槛，而是陷入这样或那样的‘陷阱’，出现经济社会发展停滞甚至倒退的局面。后一种情况很大程度上与法治不彰有关。”②

在当前我国推进法治政府建设的过程中，法治政府建设所面临的难题和所需要完成的工作任务虽有很多，但如何提高全体国民尤其是各级领导干部和政府机关工作人员的法治思维，不断提升各级领导干部和政府机关工作人员运用法律解决实际问题的能力是法治政府建设工作的重中之重。绩溪县在法治政府建设的过程中，将政府机关领导干部和工作人员学法用法工作制度化，不断提升政府领导干部和工作人员的法治意识和依法行政能力。同时，在选人用人和人员考核标准上突出法治素养导向，坚持“谁执法谁普法”的基本原则，深入开展法制宣传工作，大力推进法治文化广场建设，全面增强政府机关领导干部、政府工作人员和广大人民群众的法治思维和法治意识。绩溪县政府在强化政府领导干部和工作人员的法治思维和法治意识以及宣传法治文化上的努力实践，充分表明强化政府机关领导干部和工作人员的法治思维并提升其依法行政能力，是推动政府依法治理的关键环节。党的十八大以来，各级党委、政府和司法机关不断加大法治文化宣传工作的力度，各级党政机关领导干部和机关工作人员的法治思

① [英]戴维·M. 沃克.牛津法律大辞典[M].李双元，译.北京：法律出版社，2003：990-991.

② 中共中央文献研究室.习近平关于全面依法治国论述摘编[M].北京：中央文献出版社，2015：84.

维和法治意识有了较为显著的提升，运用法律解决实际问题的能力也不断增强，但与法治政府建设的目标要求还有一定的差距。目前，中国特色社会主义已经进入到新时代，社会主要矛盾也随之发生了深刻的变化，法治这一有效的国家治理手段在化解社会矛盾和提升国家治理能力等方面的重要性不断凸显，各级党政机关领导干部和机关工作人员的法治思维和法治意识仍需要进一步强化，运用法律解决实际问题的能力尚有待进一步提升。

三　提升基层法治政府建设水平的路径：基于绩溪县法治引领生态环境保护经验的思考

自1997年依法治国这一基本治国方略提出以后，各级政府和政府部门依法开展行政决策和实施行政行为的意识不断增强，行政决策和行政行为的法治化水平逐步提升。2021年8月，中共中央、国务院印发《法治政府建设实施纲要（2021—2025年）》强调，法治政府建设是全面依法治国的重点任务和主体工程，是推进国家治理体系和治理能力现代化的重要支撑。党的十八大以来，各级政府和政府部门在党中央、国务院有关法治政府建设顶层设计的指导下，依据法治政府建设的时间表和路线图扎实推进法治政府建设工作，法治政府建设取得了阶段性成效。不过，由于我国法治政府建设工作起步相对较晚，法治文化的培育和发展工作相对滞后，专业法治人才相对较为缺乏，致使我国法治政府建设特别是基层法治政府建设仍面临较多的问题，法治政府建设的任务依然较为繁重。具体来说，我国基层法治政府建设面临的问题主要表现在以下五个方面：一是基层党组织对基层法治政府建设的领导有待强化；二是基层政府依法全面履行职能的能力有待提升；三是基层行政执法机构设置需要优化，乡镇层级的行政执法力量较为薄弱，综合行政执法效能不高；四是基层政府领导干部和工作人员的法治思维有待强化；五是基层政府和行政执法人员的依法行政能力还需要提升。基于对绩溪县法治引领生态环境保护实践和经验的思考，以下从五个方面分析在新时代提升基层法治政府建设水平和质量的有效路径。

（一）强化基层党组织对基层法治政府建设工作的领导

坚持中国共产党的领导是中国特色社会主义最本质的特征。2014年10月，习近平总书记就《中共中央关于全面推进依法治国若干重大问题的决定》起草情况向党的十八届四中全会作说明时指出，各级政府必须坚持在党的领导下、在法治轨道上开展工作，加快建设职能科学、权责法定、执法严明、公开公正、廉洁高效、守法诚信的法治政府。党的十八大以来，中央层面有关法治政府建设的顶层设计逐步完善，党中央对全国法治政府建设工作的领导不断强化，为我国法治政府建设工作的顺利推进奠定了坚实的基础。但与此同时，基层党组织对基层法治政府建设工作的领导尚有待强化。为此，一是要在县级党委领导下，以中央层面有关法治政府建设的顶层设计为指导，认真建立、健全和完善县级党委领导法治政府建设工作的制度和机制，明确基层法治政府建设工作的方向、目标、任务和阶段性工作重点。二是要成立并强化县级党委全面依法治县（区、市）委员会在基层法治政府建设工作中的领导地位，由依法治县（区、市）委员会统一领导基层的法治政府建设工作，负责编制和监督执行基层法治政府建设实施纲要和年度工作计划，听取基层法治政府建设进展情况的汇报，做好基层法治政府建设的年度考核工作。三是要明确县级党委主要负责同志在基层法治政府建设中的领导责任，将其与县级政府的主要负责同志一起作为基层法治政府建设工作的第一责任人，以此来提升县级党委在基层法治政府建设工作中的领导地位和统筹协调能力，确保基层法治政府建设工作的有序推进。

（二）提升基层政府依法全面履行政府职能的能力

政府职能是指政府在一定时期内所要承担的管理职责及其在国民经济和社会发展中所应发挥的功能。政府职能是在不同层级的政府之间划分行政管理权限和设置政府机构的主要依据。纵向上不同层级的政府所承担的职能既有一些共同之处，也存在一定的差异。从政府所承担职能的总体情况来看，我国政府承担的职能主要表现在经济调节、市场监管、公共服务、社会管理和生态环境保护等五个方面。其中，市场监管、公共服务、社会管理和生态环境保护是基层政府应承担的四项主要职能。因此，依法全面履行好市场监管、公共服务、社会管理和生态环境保护四项职能，是基层法治政府建设工作的重要内容，也是检验和评价基层法治政府建设成效的重要标准。党的十八届四中全会通过的《中共中央关于全面推进依法治国若干重大问题的决定》强调，要“完善行政组织和行政程序法律制度，推进机构、职能、权限、程序、责任法定化”①。针对当前我国基层法治政府建设中存在的基层政府依法全面履行政府职能的能力有待提升的实际状况，需要着力做好以下几方面工作：一是要建立、健全和完善基层政府及其职能部门权责清单制度和公共服务清单动态调整机制。要依据本地区经济社会发展的变化情况和实际需要，对县级政府及其职能部门和乡镇政府的权力和责任清单以及基层政府所承担的公共服务清单进行动态的调整，规范并公布行政处罚和行政强制事项，确保基层政府及其职能部门能够依法履行职能。二是要深入推进和扎实做好“简政放权、优化服务、加强管理”改革工作，不断优化营商环境。三是要强化市场监管力度，不断提升市场监管水平，有效维护公平公正的市场交易秩序。四是要做好生态环境保护工作，通过加大与毗邻地方政府在生态环境保护方面的协作力度，切实提升生态环境保护职能的履行能力。

（三）优化基层行政执法机构设置和人员配备

习近平总书记在《关于〈中共中央关于全面推进依法治国若干重大问题的决定〉的说明》中指出，“政府是执法主体，对执法领域存在的有法不依、执法不严、违法不究甚至以权压法、权钱交易、徇私枉法等突出问题，老百姓深恶痛绝，必须下大气力解决。”规范行政执法过程、充实行政执法力量、提高行政执法效能是做好行政执法工作的根本要求，也是法治政府建设的重要任务。在当前我国基层法治政府建设的实践中，不同程度地存在着基层执法机构设置不尽合理、乡镇行政执法力量薄弱和综合行政执法

① 中共中央关于全面推进依法治国若干重大问题的决定[M].北京：人民出版社，2014：15.

效能难以有效发挥等问题，在一定程度上影响和制约了基层法治政府建设水平和质量的提升。为此，需要从以下四个方面来加大基层行政执法机构改革的力度，有效提升基层行政执法的效率和效能：一是要优化基层行政执法机构设置。基层行政执法机构如何设置，是影响基层行政执法效率和效能的重要因素。要改变完全按照行业或部门设置行政执法机构的做法，依据基层政府所承担的职能来设立综合性的行政执法机构，减少基层行政执法机构的数量，充实每个基层行政执法机构的执法力量。二是要加强乡镇行政执法队伍建设。乡镇一级的行政执法任务较重，但是长期以来乡镇政府不仅缺乏必要的行政执法权限，也缺乏有效的行政执法力量，致使乡镇层级的行政执法效能较低。在基层法治政府建设中，需要推动行政执法重心下移，在乡镇层级建立综合行政执法机构，加大乡镇层级行政执法人员队伍建设。三是要提升基层综合行政执法效能。基层行政执法工作任务繁重，基层行政执法效率和效能的提升有赖于各行政执法机构的密切协作和有效配合，要推动建立基层行政执法机构联合执法机制，不断提升基层综合行政执法效能。四是要加大对基层行政执法人员的考核力度，不断提升基层行政执法人员的综合素质。基层行政执法人员直面广大人民群众，他们的执法意识、执法素养和执法能力，不仅会对基层法治政府建设的成效产生重要影响，更会深刻影响到人民群众对基层政府的满意度和基层政府的公信力。为此，要从提高基层行政执法人员选拔录用标准、适当加大基层行政执法人员执法资格考试难度和强化对基层行政执法人员的考核力度等方面来不断提升基层行政执法人员的综合素养，以更好地提升基层行政执法效能。

（四）增强基层政府领导干部和工作人员的法治意识和依法行政能力

基层法治政府建设是整个国家法治政府建设的重要组成部分，基层法治政府建设水平和质量的提升，其出发点和最终的落脚点应该放在提高基层政府领导干部和基层工作人员的法治意识和依法行政能力上。基层法治政府建设方案需要由基层政府的领导干部和基层工作人员去实施，基层政府职能需要由基层政府的领导干部和基层工作人员来履行，基层治理中的各种难题和社会矛盾需要基层政府的领导干部和基层工作人员依法去化解，不提高基层政府领导干部和基层工作人员的法治意识和依法行政能力，基层法治政府建设的任务是难以有效完成的。对此，一是要通过理论培训和自我学习相结合的方式，不断强化基层政府领导干部和基层工作人员的法治思维和法治意识，将依法行政、依法办事作为基层政府领导干部和工作人员最基本的工作理念，将严格、规范、公正、文明执法作为基层行政执法人员最基本的执法理念。二是要通过行政执行能力提升培训和自我学习相结合的方式，不断强化基层政府领导干部和基层工作人员在依法行政方面的知识和能力储备，以此来不断提升基层政府领导干部和基层工作人员依法行政的能力。

四 结 论

绩溪县作为首批“国家生态文明建设示范县”，在习近平法治思想和生态文明思想指引下，高度重视生态环境保护工作，通过依法建立生态环境保护领导责任体系，依法加强对生态环境保护有关行政规范性文件的监督管理，依法强化对政府机关领导干部和工作人员生态环境保护考核和责任追究力度，依法严格落实领导干部自然资源资产离任审计制度和生态环境损害责任终身追究制度，不断提升党政机关领导干部和工作人员运用法治思维和法治手段来化解生态环境保护难题的能力，生态环境保护和生态文明建设取得了丰硕成果，在法治引领生态环境保护和生态文明建设上积累较为丰富的治理经验。

当前，我国进入新发展阶段，深入贯彻新发展理念，加快构建新发展格局，推动高质量发展，创造高品质生活，都对生态环境保护和加强生态文明建设、加快推动绿色低碳发展提出了新的要求，也是对基层法治政府完善生态环境保护职能提出了更高的责任。2021年4月，习近平总书记在主持中共中央政治局第二十九次集体学习时强调，“十四五”时期，我国生态文明建设进入了以降碳为重点战略方向、推动减污降碳协同增效、促进经济社会发展全面绿色转型、实现生态环境质量改善由量变到质变的关键时期。要深入推进生态文明体制改革，强化绿色发展的法律和政策保障，这是对新发展阶段生态文明建设提出的新要求。如何用法治引领基层政府更好地肩负起生态环境保护和生态文明建设新的责任担当，加快推动绿色低碳发展，成为法治政府建设面临的新课题。《法治政府建设实施纲要（2021—2025年）》指出，到2025年，政府行为要全面纳入法治轨道。基层法治政府建设的水平和质量，不仅会对基层治理体系和治理能力现代化的进程产生重要的影响，而且还直接关系到我国生态文明建设以降碳为重点战略方向，生态环境质量改善由量变到质变关键时期目标任务的实现。绩溪县在法治引领生态环境保护方面的积极实践和成功经验，为我国基层法治政府建设和新发展阶段实现生态环境高质量发展与生态文明建设，切实推进“三线一单”（生态保护红线、环境质量底线、资源利用上线和生态环境准入清单）落地实施走深走实，提供了有益的借鉴。

参考文献

习近平关于社会主义生态文明建设论述摘编[M].北京：中央文献出版社，2017.

习近平.在庆祝澳门回归祖国十五周年大会暨澳门特别行政区第四届政府就职典礼上的讲话[N].人民日报，2014-12-21(1).

中共中央关于全面推进依法治国若干重大问题的决定[M].北京：人民出版社，2014.

中国共产党第十八届中央委员会第四次全体会议文件汇编[J].北京：人民出版社，2014.

吕忠梅.习近平法治思想的生态文明法治理论[J].中国法学，2021(1)：48—64.

郑方辉，尚虎平.中国法治政府建设进程中的政府绩效评价[J].中国社会科学，2016(1)：117—139.

健全依法行政制度体系 推进政府治理规范化程序化法治化

——以蚌埠市示范创建为例

朱启友　陈　朋　宗　文[①]

摘　要： 依法制定行政法规、规章和行政规范性文件，着力实现政府立法质量和效率并重并进，加快推进政府治理规范化程序化法治化，是法治政府运行的可靠保障，也是地方法治政府建设的重要任务。蚌埠市在法治政府建设示范创建实践中，围绕依法行政制度体系建设目标任务，不断健全地方政府制度建设机制，针对实际需要以“小切口”形式推进政府立法，提高立法公众参与度，保证立法科学民主透明；强化行政规范性文件制定监督管理，行政制度体系建设取得重要进展和积极成效；在推进政府治理规范化程序化法治化的同时，着力服务市域改革开放和经济社会发展。面对新发展阶段，作为设区的市政府应守正创新，抓重点问题和重点环节，完善立法工作机制，增强政府立法与人大立法的协同性；突出地方实际和特色，制定实用管用的行政法规和规章；用全过程人民民主理念，广泛凝聚立法共识；加强行政规范性文件制定监督管理机制建设，构建起系统完备、科学规范、运行有效的依法行政制度体系。

关键词： 法治政府建设　依法行政制度体系　地方性法规　行政规范性文件

---

① 朱启友，博士，安徽师范大学法学院副教授，硕士生导师，安徽省政治学会常务理事、安徽省科学社会主义学会常务理事，芜湖市社会治理研究院研究员，主要研究方向：政治学理论、基层社会治理。陈朋，安徽师范大学法学院2020级政治学理论硕士研究生。宗文，安徽师范大学法学院教授。

一 引 言

当前，我国已经开启全面建设社会主义现代化国家、向第二个百年奋斗目标进军的新征程，肩负着新的重大使命。不论是推进国家治理体系和治理能力现代化，还是适应人民日益增长的美好生活需要，都对法治政府建设提出了新的更高要求。设区的市政府最直接面向社会公众，构成国家政权与社会民众之间的实质性纽带，是党和国家方针政策部署的实施者和推动者。因此，设区的市政府法治建设的成效，不仅影响该行政区域内经济社会发展和社会治理，也直接关乎人民群众对法治政府建设的获得感、满意度。重视和加强市级法治政府建设，开展法治政府的实践探讨，着力解决制约或影响法治政府建设中的突出问题，健全依法行政制度体系，推进政府治理规范化程序化法治化和治理能力现代化，有着极为重要的现实意义。

依法行政是各级政府活动的基本准则，也是法治政府建设最重要最基本的要求。因而，依法制定行政法规、规章和规范性文件，提高制定法规、规章和规范性文件质量，构建系统完备、科学规范、运行有效的依法行政制度体系，是法治政府运行的可靠保障。2015年中共中央、国务院印发的《法治政府建设实施纲要（2015—2020年）》和2021年印发的《法治政府建设实施纲要（2021—2025年）》，都将健全依法行政制度体系，加快推进政府治理规范化程序化法治化，列为法治政府建设的主要任务之一，提出明确依法行政制度体系建设的任务目标。近年来，蚌埠市认真贯彻落实中央关于法治政府建设部署要求，以习近平法治思想为指导，全面落实习近平总书记对安徽作出的系列重要讲话指示批示精神，更强力度纵深推进法治政府建设，制定法治政府建设实施方案，积极探索具有蚌埠特色的法治政府建设模式和路径，强化法治政府建设的整体推动、协同发展，特别是在健全依法行政制度体系，加快推进政府治理规范化程序化法治化方面，多措并举，取得显著成效。2020年蚌埠获得首批省级法治政府建设示范市命名。本文主要围绕蚌埠市法治政府建设示范创建个案，着重分析市政府健全依法行政制度体系推进政府治理的成功做法与积极实践，结合高质量发展阶段对进一步完善依法行政制度体系的新要求作出理论思考与对策探讨。

二 紧密结合蚌埠实际 推动完善依法行政制度体系

蚌埠市在法治政府建设实践中，依据法治政府建设实施纲要，高度重视依法行政制度建设，结合本市实际，多措并举，为完善政府立法体制机制，通过制定地方性法规规章、提高政府立法公众参与度、加强行政规范性文件制定监督管理以及规章和规范性文件动态清理等措施，积极探索和稳步推进。

（一）重视健全地方政府制度建设机制

“坚持科学立法、民主立法、依法立法，着力实现政府立法质量和效率并重并进，增强针对性、及时性、系统性、可操作性，努力使政府治理各方面制度更加健全、更加完善”①。这是法治政府建设实施纲要对健全依法行政制度体系提出的总体目标任务，也是推进地方政府依法行政制度体系日益完善的目标要求。认真贯彻实施并努力达到这一目标要求，最重要的是着力加强政府依法行政制度建设，完善政府规章制度工作机制。蚌埠市在法治政府建设实践中从多方面加强依法行政制度与机制建设。

一是坚持党对地方政府法规规章、行政规范性文件制定工作的领导。党的十九大明确提出，必须把党的领导贯彻落实到依法治国全过程和各方面。地方政府法规规章和行政规范性文件的制定是法治政府建设的重要内容，是依法治国的内在要求。坚持党对地方政府法规规章或行政规范性文件制定工作的领导，就是有力有序有效地把党的路线方针和决策部署贯彻落实到政府的各项法规规章和行政规范性文件制定中，成为促进地方经济、文化、社会、生态文明建设等方面的行政规章，科学规范行政行为，保证政令上下贯通、执行有力，促进协同配合，形成工作合力，依法保障各项

① 中共中央、国务院印发《法治政府建设实施纲要（2021—2025年）》[N].人民日报，2021-08-12(1).

改革任务顺利实施。因此，坚持党对地方政府法规规章或行政规范性文件制定工作的领导，制定、修改过程中遇有重大问题及时向同级党委请示报告，是推进依法行政、建设法治政府的必然要求，是做好地方政府制度建设的根本保证。蚌埠市在政府法规规章、行政规范性文件制定工作中始终把坚持党的领导放在重要位置，自觉把习近平总书记全面依法治国新理念新思想新战略作为各项规章、行政规范性文件制定的指导思想和根本遵循，确保党的领导在政府立法和行政规范性文件制定工作中得到全面落实，有效保证市政府立法决策与市委重大决策部署相衔接，体现党委在市政府立法决策工作中总揽全局、协调各方的领导核心作用。近些年来，蚌埠市委多次主持召开市委全面依法治市委员会会议和市委全面依法治市委员会专题会议，审议通过全面依法治市一系列制度性文件，将市委贯彻党的路线方针政策落实到市政府行政法规政策制定中，保证各项法规政策制定的正确方向，确保政令上下贯通、执行有力，推进各项改革任务顺利实施。在大力推进新一轮深化“放管服”改革过程中，为制定优化营商环境实施办法，市委主要领导提出要把打造法治化营商环境作为推进法治政府建设的重要手段，努力打造成惠民利企的政策“高地”、成本“洼地”、环境“宝地”。市政府为进一步优化营商环境多次主持召开市政府常务会议，要求持续优化提升法治化营商环境，推动各项工作在法治轨道上稳步前行。2020年初，在全省率先制定出台《蚌埠市优化营商环境实施办法（试行）》，结合本市实际情况，有针对性提出具体措施，在便利企业开办注销、便利工程项目审批、优化政务服务等11个方面进行优化提升和改革创新，推动打造“审批事项最少、办事效率最高、投资环境最优、市场主体和群众获得感最强”的“四最”营商环境。

二是完善行政法规规章制定和重大行政决策程序。所谓规章制定程序，是指制度形成和制定的基本步骤。有了规范和完善的政府法规规章制定步骤，就能促进行政立法的程序化、科学化、民主化，保证规章质量和提高规章制定的效率，推进依法行政制度体系的完善。蚌埠市为保证行政法规规章制定质量和效率，并体现全面深化改革精神，科学规范行政行为，促进政府职能向宏观调控、市场监管、社会管理、公共服务、环境保护等方面转变。依据《立法法》和国务院《规章制定程序条例》等法律法规，蚌埠市结合实际，于2016年11月出台《蚌埠市人民政府规章制定程序规定》，共有七章36条，明确规章制定应遵循的程序和原则，在城乡建设与管理、环境保护、历史文化保护等方面，就执行法律、法规的规定或实施具体行政管理事项等作出明确规定。该规定突出地方特色，具有针对性和可操作性，从而使原先规章制定活动中存在的项目来源渠道单一、立项及起草的调研论证缺乏深度、工作程序不规范等问题得到有效解决，立法项目政府统一征集、统一确定、统一组织实施的工作机制进一步完善。根据国务院《重大行政决策程序暂行条例》、省政府《安徽省重大行政决策程序规定》等有关法律法规规定，2021年出台了适用于蚌埠市行政区域内县级以上人民政府重大行政决策作出和调整程序规定——《蚌埠市重大行政决策程序规定》，进一步明确制定重大行政决策事项的范围，规定了作出和调整重大行政决策应当严格履行法定程序和原则，细化重大行政决策机制工作流程，为提高决策质量和效率，推进决策科学化、民主化、法治化，作出法治化保障。

三是建立立法咨询和重大行政决策专家论证机制。建立立法咨询和专家论证机制，是保证立法科学性、提升立法质量和提高行政决策水平的重要举措。地方政府在管理经济和社会事务中，对经济社会发展有重大影响、涉及重大公共利益或者社会公众切身利益、重大民生等行政决策事项中的专业性和技术性问题，组织相关领域专家或者机构进行论证，并提出论证意见，就是坚持开门立法、民主立法，增强立法科学性的体现，进一步提高行政决策水平。这就是在决策前期根据决策需要，组织专家对重大行政决策方案的整体或者部分进行论证，或委托具备相关资质的第三方专业研究、咨询、评估等机构开展重大行政决策论证，这是当代地方政府普遍采用的方式。蚌埠市在聘请专家参与地方立法方面进行积极的探索和实践，建立立法咨询专家库，邀请高校、民主党派、人民团体、市律师协会等组织推荐30名专家学者参与立法工作。经过多年不懈努力，逐步形成智库专家、立法工作者、基层立法联系点相结合的立法起草工作模式。线上线下多方渠道征集社会各界意见，政府规章公众意见采纳情况集中反馈率100%。

2019年，共召开立法座谈会、论证会26次，通过《蚌埠日报》和门户网站等向社会各界公开征求意见建议8件次，期限均不少于30日。2017年出台《蚌埠市爱国卫生工作管理办法》《蚌埠市烟花爆竹燃放管理规定》《蚌埠市行政程序规定》等三部政府规章，专家学者均全程参与调研论证。为规范市政府重大行政决策专家论证工作，进一步提高行政决策水平，2020年正式出台《蚌埠市重大行政决策专家论证办法》《蚌埠市重大决策咨询论证专家库管理办法》《蚌埠市行政规范性文件专家协助审查工作规定》，要求相关规章或重大行政决策出台前要通过咨询和专家论证，或公开征求意见、召开座谈会、举行听证会、问卷调查、实地走访等方式，广泛听取各方意见，多方吸纳社会意见。同时，还建立重大行政决策合法性审查制度，严把决策事项上位法依据是否充分、是否按程序公开征求意见、是否经过专家论证、是否经过风险评估等决策关口，对不符合程序要求、内容违反上位法规定或存在较大风险的予以修正，或将材料退回承办单位或建议暂缓决策，从而保证立法科学性，提升立法质量和行政决策水平。

四是开展规章立法后评估，提高政府立法质量。立法后评估是指规章立法制定机关在规章立法实施后，结合社会发展实际，按照评估标准和程序，对规章的立法质量、实施效果、存在问题等进行跟踪调查和分析评价。这是完善地方政府立法工作机制的重要环节和加强法治政府建设的重要内容，也是检验立法质量的必要手段和提高规章质量的有效途径，为规章“立、改、废、释”提供实践依据，是和谐法治实现立法、执法、守法的价值所在。蚌埠市依据《中华人民共和国立法法》《规章制定程序条例》，2020年制定《蚌埠市政府规章立法后评估办法》，对规范开展市政府规章立法后评估工作的目的、评估范围、评估的组织、评估实施机关、评估标准、评估程序、评估报告等方面均作出明确规定，为准确掌握市政府规章实施效果，提高政府立法质量提供了制度依据，也是健全依法行政制度体制机制重要组成部分。同年7月，蚌埠市开展《蚌埠市河湖长制规定》立法后评估，成为一个样本。据《蚌埠市河湖长制规定》立法后评估报告显示，2018年12月市政府常务会议审议通过《蚌埠市河湖长制规定》正式施行以来，实施效果如何，需要通过评估来检验。根据评估小组数据资料搜集、开展调查问卷、召开座谈会、举办专家咨询会等必须环节和论证意见分析，认为《规定》施行以来，蚌埠市全面深入推进河长、湖长制工作有了更有力的支持，各级河湖长及河长办紧紧围绕“河畅、水清、岸绿、景美”河湖管理目标，加快落实“四个到位”和推进“六大任务”，认真贯彻《规定》中的各项工作要求，取得了较好的社会效果。评估结论为：可以继续实施，并针对目前在实际操作中存在问题提出了建议。实践证明，地方性制度规章后评估是完善立法工作机制不可或缺的重要环节，只有对立法规章进行跟踪调查和论证分析、评价，提出完善的意见和建议，才能保障立法行政机关不断改进和完善立法工作，推进地方法治政府建设的高质量发展，进而提升地方政府治理能力和水平。

（二）用“小切口”方式推进地方性法规规章制定

建立健全地方政府制度建设工作机制，完善行政立法和重大行政决策机制，是推动政府依法行政制度建设的重要基础和前提，而紧密结合本地区发展需求和实际，突出地方特色，突出针对性、适用性、可操作性，推进“小快灵”“小切口”制度建设探索实践极为重要，是近年来地方政府健全依法行政制度体系的有效做法，也是完善地方立法工作机制和提高立法工作精细化精准化的要求。习近平总书记2020年11月在中央全面依法治国工作会议上强调，“地方立法要有地方特色，需要几条就定几条，能用三五条解决问题就不要搞‘鸿篇巨制’”，从地方实际出发，解决突出问题[①]。2021年3月，全国人民代表大会常务委员会工作报告明确提出，必须丰富立法形式，“针对实际需要以‘小切口’形式推进立法”。这是习近平总书记和全国人大常委会工作报告对地方立法与法规建设工作提出的明确要求，是地方法治政府建设必须坚持的重要原则，也是检验地方性法规制度建设水平的重要指标。

我国高度重视并强调地方政府要结合实际针对问题立法，注重从“小切口”入手，一方面，是因为在现实社会中关注某一领域、聚焦具体问题，

---

① 习近平.坚定不移走中国特色社会主义法治道路，为全面建设社会主义现代化国家提供有力法治保障[J].求是，2021(5)：4-15.

在提供精准化制度方案的同时，能促使法规规章制定走向更为细分、专业的维度，拓展法规制度体系的广度和深度，形成地方特色。另一方面，随着我国社会生活的不断变迁，一些创新性立法难以在短期内产出，“小切口”形式的立法则能重点先行、单维突破、化繁为简，将条件成熟或最为迫切的议题纳入优先、加速立法规章之列，从而有效缓解制度供应与现实需求之间的矛盾。正因如此，结合本地实际针对问题立法，坚持问题导向，力求务实管用，有几条就制定几条，“不抵触、有特色、可操作”，是地方行政立法的基本遵循，坚持这个基本遵循就能增强地方立法和规章制定的针对性和实效性。

近些年来，蚌埠市在习近平法治思想指导下，聚焦实践问题和立法需求，围绕深化改革且涉及提升广大群众获得感、幸福感、安全感方面问题，从“小切口”入手，制定对于解决地方治理体系和治理能力现代化急需，特别是直接关系居民生活、文明城市建设领域的地方性法规，依法开展法规草案和政府规章的组织起草、审查工作，尤其在关注群众生活，回应百姓呼声方面，是蚌埠市法规建设工作的重点。例如，随着城市快速发展，为维护市容环境和社会公共秩序，规范养犬行为，加强养犬管理，保障公民的身体健康和生命安全，2016年，蚌埠市就拟定关于养犬管理暂行办法并向社会公开征求意见，2017年12月，市政府常务会议审议通过《蚌埠市养犬管理暂行办法》，初步建立起对犬只的规范化管理机制。由于暂行办法强制力不够、执法效率较低等问题，2019年，在《蚌埠市养犬管理暂行办法》实施两年后，经过认真评估论证、反复调研、修改完善，经市政府常务会议认真研究，向市人大常委会提交了《蚌埠市养犬管理条例（草案）》，同年8月，市人大常委会会议审议通过将此项立法由政府规章上升为人大立法，经省人大常委会批准，成为在限制范围、管理手段上更加严格，对违法行为处罚力度进一步加大的地方性法规，有效加强了养犬管理。同样，针对群众反映强烈、社会关注多的住宅物业管理问题，直接影响到居民获得感和幸福感，蚌埠市为了规范住宅物业管理活动，提升物业服务水平，维护业主、物业使用人和物业服务人员的合法权益，营造良好的居住和工作环境，市政府将《蚌埠市住宅物业管理办法（征求意见稿）》通过市司法局网站全文公布，广泛征求社会公众意见。2020年12月，市政府常务会议审议通过《蚌埠市住宅物业管理办法》。这是蚌埠市第一部物业管理规章，受到了广大市民的广泛关注，不仅破解了过去因相关部门、物业服务企业、业主之间权利义务不够明确，物业服务水平和质量无法满足小区居民多样化要求等原因造成的物业管理纠纷和矛盾，而且体现了经济社会高质量发展对法规建设的新要求，切实提升了居民获得感和幸福感。

不仅如此，蚌埠市为解决城市建设与管理中一些长远性的问题，着力加快改善城市环境保护、历史文化保护方面的行政法规规章制定。如为推进全市范围内生态环境保护工作，2019年，蚌埠市制定了《蚌埠市实施〈中华人民共和国大气污染防治法〉办法》《蚌埠市禁止生产销售和使用一次性不可降解塑料制品规定》，出台了《蚌埠市生活垃圾管理条例》。再如，针对城市管理、文明城市创建的需要，2017—2018年，蚌埠市组织起草制定了《蚌埠市城市管理条例》《蚌埠市城市管理执法条例》和《蚌埠市非物质文化遗产条例》。另外，2019年完成《蚌埠市文明行为促进条例》起草审查工作，2020年4月蚌埠市人大常委会会议通过，成为蚌埠市第一部关于精神文明建设的地方性法规。该《条例》的实施标志着全市文明行为促进工作进入法治化、规范化的新阶段，是实现全国文明城市"两连冠"的重要法治保障。2019年12月至2020年1月，蚌埠市政府常务会议分别讨论通过《蚌埠市地下管线管理办法》和《蚌埠市快递设施管理办法》两部政府规章制定，历经三年完成《蚌埠市电梯安全管理条例》的调研论证工作，2020年10月，蚌埠市人大常委会会议通过该项立法①。自2016年1月至2021年5月，蚌埠市已制定出台地方性法规12部，其中程序性规定1部，实体法规11部，市政府规章11部。

总之，在行政法规立法和规章制定工作上，蚌埠市围绕法治建设目标任务，服务发展大局，针对问题，解决问题；在行政法规规章内容上，贴近本市实际、贴近现实生活、贴近群众需求；在行政法规规章选题及框架结构上，小切口、短而精，形式服从内容。突出针对性、适用性，推进

① 参见蚌埠市人民政府关于2019年度法治政府建设工作情况的报告。

“小快灵”“小切口”立法探索，解决城市发展中群众迫切需要解决的问题，满足人民对美好生活新期待必备的地方性法规规章制度，体现了政府坚持以人民至上原则，为民众工作和生活提供更多便利条件的责任担当，也突显了蚌埠地方特色，切实提升了政府依法行政制度建设和城市依法管理的质量和效率。

（三）提高公众参与度，保证立法规章科学民主透明

依据地方发展需要和治理实际，突出地方特色、突出针对性和适用性，开展地方政府规章制定是依法行政的内在要求，而提高立法规章精细化精准化水平，必须向社会公开征求意见，提高公众参与度，这是我国社会主义国家性质所决定，也是完善地方政府制度建设机制的内在逻辑。我国《立法法》明确规定，立法“应当体现人民的意志，发挥社会主义民主，保障人民通过多种途径参与立法活动”。国务院关于《规章规定程序》《全面推进依法行政实施纲要》等也指出，要扩大政府立法工作的公众参与程度，保证人民群众的意见得到充分表达、合理诉求和合法利益得到充分体现。《法治政府建设实施纲要（2015—2020年）》和《法治政府建设实施纲要（2021—2025年）》均强调提高政府立法公众参与度，拓宽立法公众参与渠道，完善立法听证、民意调查机制。这些规定和要求是人民意志的充分体现，也是规范政府在法规规章制定过程中的行为，促使各种利益主体有序、有效地参与，充分吸收方方面面的公众意见，保障政府法规规章制定的科学性、民主性和合法性，是健全依法行政制度体系的重要内容和原则。

多年来，蚌埠市为保障政府规章制度制定科学民主透明，提高公众参与度的重要方法就是开展基层调研，倾听基层声音和合理诉求，规章或行政规范性文件起草后及时公开向社会征求意见和建议，并将采纳情况整理形成说明向社会各界反馈。如在制定电梯安全管理办法过程中公众广泛参与和听取社会公众的意见是一个代表性实例。据统计，蚌埠市共有登记在册电梯1.8万余台，且每年以近20%的速度增加，随之而来的是电梯悬停、使用不当等安全问题的上升。为规范电梯安全管理，预防电梯事故，2019年5月，蚌埠市市场监督管理局组织开展了《蚌埠市电梯安全管理条例（草

案）》起草工作，就强化电梯维保单位质量安全责任、开展老旧住宅加装电梯、应急救援等群众关心的热点问题，拟定了相关规定后在全市范围征求意见。2019年市政府召开常务会议研究审议《蚌埠市电梯安全管理条例（草案）》，专门邀请电梯维保单位和物业企业作为利益相关方代表列席会议，听取他们的意见建议，充分体现了政府推进立法公开民主的决心。2020年8月31日，市领导主持召开协商座谈会，就草案修改稿广泛征求各民主党派市委、市工商联和市知联会的意见和建议。同年10月市人大常委会会议审定通过，12月由省人大常委会批准，前后经历了三年多时间，经过多轮调研论证，充分吸收了社会各方的意见建议，解决了诸多的难点堵点问题，取得了较好的立法成果。同样，蚌埠市在《蚌埠市养犬管理条例》制定过程中广泛向社会各界征求意见和建议。2016年《蚌埠市养犬管理暂行办法》起草后在市政府法制办网站全文公布暂行办法草案，先后共收到意见、建议227份，具体意见和建议55条，其中12条被吸收采纳，3条被部分采纳，1条采取其他方式处理，并全部进行情况说明。

为广泛征求和听取社会各界的意见和建议，保障公众知情权、参与权、表达权、监督权，促进民主决策、科学决策，召开听证会也是提高公众参与度的又一重要形式。2020年8月，在召开《蚌埠市禁止生产销售和使用一次性不可降解塑料制品规定（征求意见稿）》听证会上，市场监督管理局直接邀请食品相关行业协会代表、市人大代表、市政协委员、监管部门代表、专家学者代表、法律工作者代表，以及由全生物降解塑料企业、非全生物降解塑料企业、市场开办者、商场超市经营者、外卖平台和快递公司、消费者等报名参加的代表共15人，让社会公众充分讨论和发表对使用一次性不可降解塑料制品规定的意见和建议。同年9月，蚌埠市司法局组织召开《蚌埠市禁止生产销售和使用一次性不可降解塑料制品规定（草案）》专家咨询论证会，邀请1位市场监管部门专家、2位市立法咨询员和起草单位有关负责同志参会。市司法局认真听取和研究专家提出的意见，对《规定（草案）》进一步修改完善。正是高度重视通过各界代表参与的听证会和专家论证会等形式，广泛吸收他们的意见和建议，2020年12月，市政府常委会议审议通过《蚌埠市禁止、限制一次性不可降解塑料制品规定》，成为安徽省首个制定禁塑规定的城市。该规定为严格监管执法，加大打击力度，推动禁塑工作落到实处，治理塑料污染，保护和改善生态环境，推进生态文明建设，发挥了重要的法规效用。

蚌埠市在完善依法行政制度体系建设中，运用多种形式拓宽公众参与渠道，充分采纳各方面的意见建议，提高了法规规章的社会认同感，也保障了地方性法规规章有效执行。

（四）加强行政规范性文件制定监督管理

行政规范性文件，是行政执法活动的重要依据，赋予行政权力有效行使的范围。具体而言，行政规范性文件是指除国务院的行政法规、决定、命令以及部门规章和地方政府规章外，由行政机关或者经法律、法规授权的具有管理公共事务职能的组织依照法定权限、程序制定并公开发布，涉及公民、法人和其他组织权利义务，具有普遍约束力，在一定期限内反复适用的公文。制发公文是政府机关依法履行职能的重要方式，在实施行政管理的过程中，行政规范性文件数量最多，使用范围最广，是政府行政机关尤其是地方政府行使管理职权和加强社会公共事务管理的重要形式。也就是说，行政机关制发行政规范性文件是其履行对社会公共事务管理职能的需要，不仅直接关系群众切身利益，也事关政府形象。因而，加强行政规范性文件制定监督管理，就成为完善依法行政制度体系，加快推进政府治理规范化、程序化和法治化的内在要求。

加强行政规范性文件制定监督管理，最重要的是完善规范性文件制定程序，落实合法性审查，这是推进依法行政建设法治政府的重要抓手。近年来蚌埠市从实际出发，严格规范行政规范性文件制发程序。为进一步优化重大事项合法性审查流程，提高合法性审查工作效率，2017年印发《蚌埠市人民政府规范性文件和重大事项合法性审查程序规定》《关于进一步推进重大事项合法性审查全覆盖工作的实施意见》，加强对合法性审查工作的指导。蚌埠市出台全省首个行政机关合法性审查地方标准《行政机关重大事项合法性审查规范》，作为行政机关开展合法性审查工作标准遵循；印发《重大行政决策合法性审查提前介入实施办法》，做到合法性审查同决策前期工作并联进行，由一个环节延伸到服务行政决策全过程，有效解决审查时间与决策效率冲突问题。

建立合法性审查分类分级处理制度，缩短审查时间，所有文件和材料通过电子公文“网来网转”，审查效率明显提高。制定出台《蚌埠市行政规范性文件专家协助审查工作规定》《蚌埠市重大行政决策、规范性文件实施后评估办法》等文件，充分发挥相关部门、科研机构的有关专家、政府法律顾问以及公职律师的协助审查作用。对涉及公民、法人和其他组织权利义务的规范性文件，均纳入合法性审查范围，市政府决策事项未经审查不上会，审查不通过不作决策，严格要求各单位承办事项报请市政府研究前，一律进行合法性审查，做到应审尽审。可以说，蚌埠市政府通过规范审查内容、细化审查标准、创新审查方式，推动规范性文件制定和审查工作取得突出成效。2019年，蚌埠市共审查县区和市政府各部门规范性文件56件，对三县四区和15个市级部门行政规范性文件报送备案工作进行重点抽查，确保规范性文件内容合法合规。2020年，共审查县区政府及市政府部门报备的规范性文件61件，涵盖营商环境、民生保障等重要领域。为确保规范文件内容合法合规，提高文件质量，积极强化规范性文件备案审查机制，2020年以来，全市共审查各类事项210件，审查率100%。为增强审查质效，蚌埠市印发《蚌埠市人民政府办公室关于加强行政规范性文件制定和监督管理工作的通知》，加强对各县区、市直部门行政规范性文件合法性审核及备案审查工作的监督指导。2017年，蚌埠市政府向省政府和市人大常委会报备市政府规章3件，报备市政府规范性文件57件。2019年，共向省政府、市人大报备市政府规范性文件18件，市政府规章2件。2020年，全年向省政府和市人大常委会报备市政府规范性文件18件。定期在网站公布报备目录，报备率、及时率、规范率均达100%。[①]按照“有件必备、有备必审、有错必纠”的原则，定期组织全市行政规范性文件集中审查，建立闭环管理工作机制，充分发挥绩效考评的“指挥棒”作用。

开展行政规范性文件动态清理工作。制发行政规范性文件，必须根据

① 数据来源于蚌埠市人民政府2017年度、2019年度、2020年度法治政府建设工作情况的报告。

上位法的动态变化或上级政府要求，及时对不适应全面深化改革和经济社会发展要求的地方政府规章或行政规范性文件进行清理。开展行政规范性文件动态清理，不仅是贯彻落实简政放权、放管结合、优化服务的重要举措，也是提高规范性文件质量的重要手段。蚌埠市依据相关法规文件制定了关于开展规章、规范性文件清理工作规范，清理重点包括与现行法律、法规规章相抵触，特别是针对不利于环境保护和营造法治化营商环境的规章或文件。根据《蚌埠市人民政府办公室关于开展规章、规范性文件清理工作的通知》，2017年，全面完成新中国成立以来规范性文件清理工作。组织编印《蚌埠市人民政府规范性文件汇编（1949—2016）》，收录市政府现行有效规范性文件367件。2019年，清理了自2013年以来全市开展“放管服”改革涉及规范性文件，废止规范性文件12件，修改规范性文件2件。全面完成现行有效规章、规范性文件清理工作，废止规范性文件41件，宣布失效规范性文件40件。动态调整市政府规范性文件目录和文本内容，至2020年初全市共有现行有效的市政府规章8件、规范性文件389件①。与此同时，在清理过程中建立规范性文件动态管理平台，根据市政府规范性文件制定、修改、废止等情况，及时进行调整，实现规范性文件目录和文本动态化、信息化管理，定期向社会公布清理结果，激发市场活力和社会创造力，增强了政府有效管理能力，进一步优化了依法行政制度体系。

三　抓好重点环节，进一步完善依法行政制度体系

蚌埠市在依法行政制度体系建设中取得重要进展和积极成效，极大地推动了法治政府建设进程，促进政府治理规范化程序化法治化，有力服务本区域经济社会高质量发展。面对新发展阶段，作为设区的市如何持续守正创新，实现“政府立法质量和效率并重并进，增强针对性、及时性、系统性、可操作性，努力使政府治理各方面制度更加健全、更加完善”的目标任务，需要围绕重点问题，抓好重点环节，包括增强政府立法与人大立

① 数据来源于蚌埠市人民政府2017年度、2019年度、2020年度法治政府建设工作情况的报告。

法的协同、突出地方立法实际和针对性、提高社会公众参与度和行政规范性文件有效管理等方面的深入研究与积极探索，构建起系统完备、科学规范、运行有效的依法行政制度体系。

（一）增强政府立法与人大立法的协同性

根据法律、行政法规和本省的地方性法规，设区的市人民政府可以制定地方政府规章，规定设区的市人民代表大会及其常务委员会根据本市的具体情况和实际需要，在不同宪法、法律、行政法规和本省、自治区的地方性法规相抵触的前提下，可以依照法律规定制定地方性法规。这是法律框架内规定设区的市政府和人大在地方性法规规章制定中的权限和职责，市政府和人大依据法律规定的权限和职责，坚持围绕中心、服务大局，结合实际制定出有针对性、适用性、可操作性的地方性法规和政府规章。如何有效地将政府和人大职能结合起来，形成综合发挥地方性法规、政府规章和政府规范性文件作用的立法协同工作机制，显得尤为重要，成为依法行政制度建设中极为重要的实践问题。

增强政府立法和人大立法的协同性，可以从多方面开展和推进。首先，要增强制定行政法规和规章立项的协同。从《立法法》关于设区的市级地方立法权限事项来看，城乡建设与管理、环境保护、历史文化保护都属于具体行政管理事项，对于这些事项，既可以制定地方政府规章，也可以制定地方性法规。《立法法》规定，应当制定地方性法规但条件尚不成熟的，因行政管理迫切需要，可以先制定地方政府规章。规章实施满两年需要继续实施规章所规定的行政措施的，应当提请本级人民代表大会或者其常务委员会制定地方性法规。从这两项规定可以看出，设区的市的地方性法规与同级政府规章所规范的具体事项都属于具体行政管理事项，也都是设区的市政府和市人大行政立法权限范围，如就某一具体行政管理事项是制定地方性法规还是政府规章，需要根据行政管理事项实际需要和立法条件具备情况，在政府和人大充分沟通协调后，确立或制定立项计划，开展立项申请和公开征集项目建议进行评估论证，从而使人大与政府的立法规划和计划相互衔接，避免两者之间的脱节，有效地将政府和人大职能整合起来，促进形成综合发挥地方性法规、政府规章和政府规范性文件作用的立法协同工作机制。

其次，要增强立法调研、专家论证等起草阶段的协同。根据法律规定，地方性法规和行政规章的起草，是制定地方性法规和行政规章的“规定动作”。起草法规，是对法规的调整范围、涉及的主要矛盾和解决措施、权利义务关系等问题进行调查研究和论证，广泛征求意见，进行协调、协商。由市政府法制工作机构或者市政府有关部门牵头起草法规的，市人民代表大会有关专门委员会和常务委员会有关工作委员会应当提前参与有关问题的调研、讨论、论证，提出意见和建议。如在起草涉及城乡建设与管理、环境保护、历史文化保护等行政管理的地方性法规要善于通过有效的立法组织协调，在主要内容、立法进度的总体把握上要发挥人大主导作用，同时，依托政府熟悉情况、业务精通的优势，提出制度设计方案，合理调整各方利益关系，对不同意见应当进行协调，力求达成一致意见。因此，重视并不断增强人大与政府的充分协同合作，才能为提高地方性法规制定质量奠定坚实基础。也就是说，在政府立法过程中要加强与同级人大的沟通，建立调研论证项目、预备审议项目和出台项目有效衔接制度。对重要的立法工作安排和制度设计草案，要在深入研究的基础上，主动做好联系沟通和解释说明工作，主动接受同级人大对政府立法工作的监督，争取人大对政府各项工作的支持，形成立法合力。

（二）突出地方实际和特色，确保立法实用管用

围绕解决地方实际问题，制定实用管用的行政法规，是我国多年来对地方立法的原则要求和有效路径。习近平总书记指出：“人民群众对立法的期盼，已经不是有没有，而是好不好、管用不管用、能不能解决实际问题。”管用不管用、能不能解决实际问题，是对地方立法较之于国家立法提出的更有针对性的要求。我国各地经济发展水平不同、不均衡，全国人大和省级人大立法更多的是原则性和一般性的规定，不可能顾及每一个地方经济社会发展中的具体实际，所以《立法法》赋予设区的市可以在城乡建设与管理、环境保护、历史文化保护等方面制定地方性法规，以更加有效

地解决地方实际问题。因此，地方立法要找准在法律体系中的职责和定位，突出地方特色，有针对性和有效地解决本地实际问题。一方面要充分反映本区域内的经济发展、人文环境、风俗习惯、历史文化传统，务实制定适用本地特色的法规。另一方面，要反映社情，创设性地解决一些国家和省级层面暂时无法解决的问题。如在城乡建设与管理等立法方面，要吃透中央精神、找准政策取向，通过调研、听取民意，制定出充分反映本市经济发展、社会治理、文化特点，满足地方需求，解决市域内突出问题的并具有创新性特点的地方性法规显得尤为重要。

真正做到突出地方实际和特色，一是服从实际需要，确保实用。需要什么立什么，需要几条就定几条。即紧密结合市情，注重针对性，聚焦实际问题“对症下药”，不搞“大而全”“小而全”。不立没有需要的法规，不设没有需要的条文。当然这个“需要”是客观的需要，是关系到本区域社会发展、群众利益的实际需要，是适应时代和本市实践提出的新任务新要求的需要，而不是凭空想象出来的需要，不是形式上的需要，更不是某些人或团体的需要。二是要有操作性，确保管用。针对现实中存在的突出矛盾，研究相关制度、选择突破口、起草法条内容，做到有的放矢、精准到位。特别是在设计相关具体法规制度时要加强调查研究、各方论证，充分考虑制度的针对性和可行性、实施的成本和可能的影响，充分听取基层执法、管理部门公务人员和广大基层群众的意见，确保相关制度设计合理可行、具体可用，切实解决问题，管用有效，提高立法精细化精准化水平。

（三）用全过程人民民主理念，广泛凝聚立法共识

2019年11月，习近平总书记在上海虹桥街道考察全国人大常委会法工委基层立法联系点时，明确提出“人民民主是一种全过程的民主”。在庆祝中国共产党成立100周年大会上，习近平总书记强调“发展全过程人民民主”。2021年10月，在中央人大工作会议上，习近平总书记对全过程人民民主作出全面阐述，指出“我国全过程人民民主既有完整的制度程序，也有完整的参与实践。我国全过程人民民主实现了过程民主和成果民主、程序民主和实质民主、直接民主和间接民主、人民民主和国家意志相统一，

是全链条、全方位、全覆盖的民主，是最广泛、最真实、最管用的社会主义民主”[①]。这是对全过程人民民主内涵完整的阐释和深刻概括，也是地方政府广泛凝聚立法共识的重要理念、原则和要求。

地方政府尤其是设区的市政府直接面向社会公众，与市域内社会民众之间的联系最为密切，立法最有条件、最应该更好发扬民主、发挥人民群众参与立法的积极性。因此，应用全过程人民民主理念为市政府广泛凝聚立法共识，一要发挥好政府基层立法联系点“直通车”作用。基层立法联系点是反映民情、倾听民意、汇聚民智的“直通车”，是丰富民主形式、拓宽民主渠道的具体体现，是健全立法工作制度、完善政府立法听取基层意见和建议的最直接方式。只有建设好基层立法联系点，制定并落实基层立法联系点工作规范，加强组织领导，才能发挥人民群众参与立法的主动性和积极性，提高政府立法质量。二要广泛听取人大代表的意见，发挥他们作为党和政府联系人民的桥梁纽带作用。人大代表是代表人民的利益和意志，依照宪法和法律规定的各项职权，参加行使国家权力。他们既与人民群众保持着密切联系，听取和反映人民群众的意见和要求，也受人民群众的监督。因此，政府应建立联系人大代表的工作机制，广泛主动听取和征求人大代表对立法工作的意见建议，通过他们了解和掌握人民群众对政府立法的愿望，广泛凝聚社会共识。三是通过组织有关的机关、团体、专家以及社会有关方面参与座谈，广泛听取有关方面对法规草案的意见建议，充分了解社会矛盾和群众诉求，让民众广泛参与到行政立法过程中。四要积极运用新媒体新技术拓宽立法公众参与渠道，完善立法听证、民意调查机制。当今，以互联网、自媒体、智能手机等为代表的新媒体的出现使得公众参与政府立法有了良好的表达渠道，能使广大公众更加直接、便捷和高效参与。政府应运用好这个渠道，举办听证和民意调查，汇聚民意、集中民智，吸纳他们的意见和建议，筑牢立法的民意基础，提升立法质量。

总之，大力发展全过程人民民主，通过多种方式、多种途径，不断扩大人民群众有序的政治参与，健全完善民主民意表达平台和载体，努力把

① 习近平.坚持和完善人民代表大会制度不断发展全过程人民民主[N].人民日报，2021-10-15(1).

全过程人民民主具体的现实落实到政府立法工作当中，把各方面社情民意统一于最广大人民根本利益之中，确保市政府立法符合中央精神、体现时代特点、反映人民意愿。

（四）加强机制建设，进一步完善行政规范性文件监督管理

制定行政规范性文件是行政机关履行职责的重要方式，关系公民、法人和其他组织合法权益，关系经济社会发展环境。近些年来，在全面贯彻落实中央关于加强依法制定行政规范性文件监督管理工作部署中，各级地方政府提高了行政规范性文件制定质量，提升了地方法治政府建设水平。在开启全面建设社会主义现代化国家新征程，向着实现第二个百年奋斗目标进程中，进一步加强行政规范性文件制定和监督管理，预防违法和不当行政，规范行政行为，提高行政管理和服务水平，预防和减少行政争议，维护经济社会秩序，加快法治政府建设具有极为重要意义。

严格按照法定权限制定行政规范性文件。在行政管理中，行政规范性文件制定主体众多，数量巨大，内容涵盖行政管理的各个领域，涉及公民、法人和其他组织的权利义务，具有普遍约束力。因此，制定行政规范性文件必须严格依照法定职责权限，以法律法规为依据，严禁增加行政权力或者减少法定职责的事项、违法规定排除或者限制公平竞争的事项、超越职权规定应当由市场调节、企业和社会自律、公民自我管理等事项。也就是说，制定行政规范性文件既要严防超越法定权限和法规规定之外的行政权力事项，违背公民、法人和其他组织的合法权益或权利义务，也要防止减少法定职责而影响维护经济社会秩序和提供社会公共服务的责任，只有严格按照职责权限制定并符合法律法规和国家政策，才能维护法制统一、政令畅通，切实提高行政管理效能。

健全行政规范性文件制定协调机制。2021年法治政府建设实施纲要明确提出要"建立健全行政规范性文件制定协调机制，防止政出多门、政策效应相互抵消"，这是针对地方行政规范性文件制定实践中存在的问题而作出的明确规定。设区的市行政管辖范围比较大，行政规范性文件制定主体众多，内容涵盖行政管理的各个领域，为确保政策措施协调衔接，起草单

位应当对制定行政规范性文件的必要性、可行性、合法性、合理性，以及与相关政策措施的协调性等进行调查论证，各个相关部门很好地协调前期调查论证的工作，取得统一共识，才能为行政规范性文件制定做好准备。不仅如此，在行政规范性文件起草论证阶段，有关单位在反馈意见和建议时存在意见分歧，起草单位需要进行协调，如达不成一致意见的，起草单位应当列明各方意见，提出处理建议，报请制定机关决定。所以，市级政府制定行政规范文件要做到合法适当、讲求实效，注重针对性和可操作性，重视行政规范性文件制定协调机制的建设，彼此积极配合和沟通协调，避免政出多门，提升行政规范性文件的政策效力。

完善行政规范性文件合法性审查机制。近年来，从源头上规范行政权力行使的重大举措自上而下在全国范围内落地，从根本上杜绝了违法行政的可能。各地区在加强行政规范性文件的制定和监督管理方面取得了一定成效，但乱发文、滥发文、出台“奇葩文件”等乱象还不同程度的存在，成为当前法治政府建设的明显短板。为加强行政规范性文件监督管理，需要采取有力措施，加强行政规范性文件合法性审核和事后审查。既要严格界定行政规范性文件的定义和范围，即对凡涉及公民、法人和其他组织权利义务的行政规范性文件，均纳入合法性审核范围，确保实现全覆盖，做到应审必审。建立合法性审核提前介入机制，把合法性审核关口前移，对涉及面广、社会关注度高，对公民、法人或者其他组织有直接影响的重要规范性文件等提前介入。明确审核职责，强化审核责任。从制定主体、制定程序是否合法、文件具体内容是否符合宪法法律及国家政策等进行审核，对不认真履行审核职责导致文件出现合法性问题造成不良影响的，将严格追究审核机构和审核人员的责任。要创新审查方式，在合法性审查中综合采用书面审查、现场调查、专家论证等方式相结合，发挥法律顾问等第三方在规范性文件合法性审查中的作用。要利用信息化手段推进规范性文件合法性审核机制建设，依托政务服务网等完善合法性审核管理信息平台，做好与公文管理系统和规范性文件统一发布平台的衔接，逐步实现电子审核一体化和平台互联互通。建立合法性审核信息共享机制，充分利用大数据技术和资源，加强对审核数据的统计分析，推动信息共享和整合。

健全行政规范性文件动态清理工作机制。行政规范性文件的清理工作机制在我国已经运行多年。为了维护法制统一和确保行政规范性文件符合经济社会发展的要求，通过梳理和审查评估，将不适当的行政规范性文件加以修改，将不符合甚至违反行政规范性文件予以废除，将过期或不合时宜的行政规范性文件宣布失效，使得清理和更新后的规范性文件跟上时代发展的步伐，依法维护和继续发挥应有权威，也为未来改进或者创制高质量的行政规范性文件奠定基础。近年来，许多地方和部门对涉及的规章、规范性文件进行清理，陆续废止和修改了相关规定，但也存在清理不全面、不及时、不到位等问题。依据国务院办公厅关于进一步做好“放管服”改革涉及的规章、规范性文件清理工作的通知精神，进一步完善清理行政规范性文件，需要积极探索健全行政规范性文件动态清理工作机制。一要找准定位并合理设定清理程序。通过科学设定合理的清理方式与清理间隔期、公众参与清理程序以及公布与处理清理结果等具体清理程序制度，推动清理行政规范性文件依法有序并有效的进行。二要合理构建评估清理机制。在行政规范性文件实施一段时间之后，通常需要对其必要性、可行性、合理性以及合法性作出评估，依据评估结论对行政规范性文件是否需要继续生效、修改还是废除或者令其失效作出清理决策。三要建立清理违法责任和监督制度。对清理主体设定不履行清理义务以及违法履行清理职责而应承担的违法责任，对清理主体不履行清理职责所涉及的行政规范性文件能够及时通过监督程序作出必要处理。努力做到规范性文件的立、改、废与经济社会发展进程相适应，切实维护法治统一和政令畅通，实现对规范性文件的动态管理。

四 结 语

党的十八大以来，以习近平同志为核心的党中央高度重视法治政府建设，作为全面依法治国的重点任务和主体工程予以部署推进。各地区多措并举、改革创新，法治政府建设取得重大进展。蚌埠市坚持以习近平新时代中国特色社会主义思想为指引，深入贯彻习近平法治思想，全面加强党对法治政府建设的领导，全面落实法治政府建设实施纲要，聚焦市政府中心工作和改革发展需要，积极务实开展法治政府示范创建活动，全市法治政府建设工作不断取得新进展、新成效。在完善依法行政制度体系方面，着力健全政府法规规章建设机制，用“小切口”方式，制定城市发展中群众迫切需要和对美好生活新期待必备的地方性法规规章，运用多种形式拓宽公众参与渠道，提高参与法规规章和相关行政规范性文件制定的参与度，注重完善规范性文件制定程序和落实规范性文件合法性审查机制，依法开展行政规范性文件清理工作，使行政规范性文件制定监督管理工作不断得到完善。

面对新发展阶段，作为设区的市政府贯彻落实《法治政府建设实施纲要（2021—2025年）》，如何持续守正创新，健全依法行政制度体系，实现政府立法质量和效率并重并进，增强针对性、及时性、系统性、可操作性，努力使政府治理各方面制度更加健全、更加完善的目标任务，需要在实践中深入探讨。笔者认为，依据法治政府建设实施纲要，最为重要的方面是要抓重点问题和重点环节，完善立法工作机制。一是增强政府立法与人大立法的协同性。即市政府和市人大应依据法律规定的权限和职责，将政府和人大职能整合起来，增强政府和人大在制定行政法规和规章立项的协同性，立法调研、专家论证等起草阶段的协同性。二是围绕解决地方实际问题，制定实用管用的行政法规。市政府立法要找准在法律体系中的定位和职责，制定出充分反映本市经济发展、社会治理、文化特点，满足地方需求，解决市域内突出问题的并具有创新性特点的地方性法规。三是用全过程人民民主理念为市政府广泛凝聚立法共识。要发挥好政府基层立法联系点、人大代表、人民团体、相关专家以及社会民众参与行政立法的积极作用，运用新媒体新技术拓宽立法公众参与渠道、完善立法听证、民意调查机制。在行政规范性文件制定监督管理方面，严格按照法定权限和制发程序制定政府行政规范性文件，完善行政规范性文件合法性审查机制和备案审查制度，健全行政规范性文件动态清理工作机制。

总之，通过深入推动法治政府建设示范创建活动，真正构建起系统完备、科学规范、运行有效的依法行政制度体系，从而更好发挥法治政府建设在保障市域高质量发展、推动全面深化改革、维护社会大局稳定等诸多方面的重要作用，为加快推进政府治理体系和治理能力现代化提供有力支撑。

参考文献

中共中央、国务院印发《法治政府建设实施纲要（2015—2020年）》[N].人民日报，2015-12-28(1).

中共中央、国务院印发《法治政府建设实施纲要（2021—2025年）》[N].人民日报，2021-08-12(1).

习近平.坚定不移走中国特色社会主义法治道路，为全面建设社会主义现代化国家提供有力法治保障[J].求是，2021(5):4-15.

新时代推进行政决策科学化民主化法治化的理论逻辑和优化路径

——基于淮南市法治政府建设的案例分析

徐步华　林　静[①]

摘　要： 坚持科学决策、民主决策、依法决策是我国《法治政府建设实施纲要》所确定的主要任务之一。本文以淮南市法治政府建设为个案，探讨法治政府建设进程中现代行政决策科学化民主化法治化的实践模式和理论逻辑。实践层面，淮南市政府充分发挥法治政府示范创建活动的引领作用，依据“健全依法决策机制，公众参与，专家论证、风险评估，合法性审查，集体讨论决定，强化决策规范化建设”六大指标体系，积极探索行政决策科学化民主化法治化的本地模式。理论层面，淮南市政府秉持着“以人民为中心”的执政理念、新时代依法行政的制度逻辑和“满意原则”目标导向的决策逻辑，实现了对传统行政决策的超越。

关键词： 法治政府　行政决策科学化民主化法治化　科学决策　民主决策　依法决策　淮南市

党的十八大报告确定了“到2020年，依法治国基本方略全面落实，法治政府基本建成”的宏伟目标，并在“健全权力运行制约和监督体系”这

---

① 徐步华，博士，安徽师范大学法学院公共管理系教授，博士生导师，安徽师范大学文津学者，安徽省政治学会常务理事，安徽省科学社会主义学会常务理事，芜湖市社会治理研究院研究员，主要研究方向：政治学、政治社会学。林静，安徽师范大学法学院政治学理论专业2020级硕士研究生。

一部分，强调了要“坚持科学决策、民主决策、依法决策，健全决策机制和程序，发挥思想库作用，建立健全决策问责和纠错制度”。2015年《法治政府建设实施纲要（2015—2020年）》明确将“推进行政决策科学化民主化法治化”列为我国法治政府建设的主要任务之一；2021年《法治政府建设实施纲要（2021—2025年）》强调“坚持科学决策、民主决策、依法决策”，努力实现“健全行政决策制度体系，不断提升行政决策公信力和执行力”的任务目标。行政决策是行政权力运行的起点，是行政管理的首要环节，是其他行政功能得以实现的基础。行政决策是贯穿行政管理活动始终的中心环节，规范决策行为，特别是重大决策行为是规范行政权力的重点，也是法治政府建设的重点。

近年来，各级政府深入贯彻落实依法治国基本方略，进一步加强法治政府建设，在推进依法行政方面取得重要进展，提高了我国政府回应社会关切、解决公共问题的能力，促进了行政决策的科学化、民主化和法治化。各地方、各部门在促进科学决策、民主决策、依法决策方面不断进行试点和试验，探索了很多好的经验和做法，行政决策的规范化和法治化水平日益提高，取得了显著成效。淮南市政府依据相关文件精神，全面推进依法行政，积极进行有效的行政体制改革，取得了颇为丰硕的成果，2020年获得安徽省法治政府建设示范市（县、区）命名。本文以淮南市法治政府建设为个案，在分析其行政决策机制和基本框架的基础上展开探讨，剖析淮南市行政决策科学化民主化法治化取得显著成果背后的理论逻辑，进而提出推进依法决策、科学决策和民主决策的优化路径，以便为我国法治政府建设进程中的行政决策科学化民主化法治化提供若干有益的思考。

淮南市法治政府建设中的行政决策机制和框架

党中央、国务院高度重视法治政府建设。党的十八大以来，党中央陆续推出一系列方针政策和战略部署，把建设法治政府作为推进全面依法治国的重点任务和主体工程，法治政府建设已经取得阶段性的成就。但与推进国家治理体系和治理能力现代化目标相比，与全面依法治国的新形势新要求相比，与满足人民日益增长的美好生活需要相比，还存在一定差距和不足，需要持续深入推进法治政府建设。近年来，各地区各部门做了大量工作，积极探索行之有效的方式和途径。开展法治政府建设示范创建活动，被实践证明是加快法治政府建设的重要抓手。2015年《法治政府建设实施纲要（2015—2020年）》明确提出："积极开展建设法治政府示范创建活动，大力培育建设法治政府先进典型"。淮南市2020年成功入选安徽省法治政府建设示范市（县、区），成为全省16个法治政府建设示范市（县、区）之一。

在法治政府建设示范创建深入实施的背景下，淮南市政府积极响应中央、省关于加强和创新法治政府的决策部署，勇于探索、不断创新。就行政决策方面而言，淮南市充分利用地方立法权，加强对科学民主依法决策的规范和约束，进一步明确科学民主依法决策的基本原则、基本制度和实施程序，健全行政决策的监督体系，强化决策责任追究，促使政府决策行为从根本上实现"从决策权高度集中向决策权合理划分并受到有效制约"、"从单一行政决策向社会系统决策（决策机构、专家、公民代表共同参与）"和"从单纯注重决策咨询向对决策权的全方位监督制约"的三重转变①。淮南市着力推进行政决策科学化、民主化、法治化，促进政府行政体系的现代化，不断探索行政决策的新机制和新方法，破解行政决策过程中存在的问题，提升政府行政决策的水平和能力，为全面推进依法行政，坚持和完善法治政府建设作出有益的探索和积极的本地化贡献。

（一）行政决策运行机制

建立健全科学民主依法决策机制，推进决策科学化、民主化和法治化，是建设社会主义政治文明的重要任务，也是加强政府执政能力建设的重要内容。淮南市提出要推进科学发展，加快淮南崛起，全面完成大开发、大建设的各项任务，就必须加快建立健全科学民主依法决策机制，切实提高政府行政决策水平和质量。因此，在推进法治政府建设的过程中，淮南市

---

① 李军鹏.关于建立具有约束机制的政府科学民主决策体系的思考[J].决策咨询通讯，2008(3)：10.

政府不断改进并形成了稳步施行的行政决策机制。

一是专家论证制度。建立专家论证制度，主要是为了保障行政决策的科学化。为建立健全公众参与、专家论证和政府决定相结合的行政决策机制，淮南市政府结合实际需要和本地情况，积极从智库、高校、科研院所和社会各界聘请有高级技术职称和专业技术特长的相关领域专家、学者担任专业技术顾问，组建行政决策专家小组，对行政决策事项的合法性、科学性、可行性和风险性进行论证，论证结果汇总后形成《专家论证意见报告》，作为行政决策的重要依据。淮南市人社局、市城乡规划局、市工商局等部门聘请律师担任法律顾问，全程参与重大事项决策。淮南市城管执法局创新开展律师驻队参与执法工作，市、县两级实现了政府法律顾问全覆盖。此外，淮南市政府积极召开专家咨询论证会对重大决策进行预公开，把专家会审意见公布出来，以供各方审阅。

二是听证和听取意见制度。建立行政决策听证和听取意见制度，一方面为了保证决策的科学性，另一方面也是为了实现决策的民主性。近年来，淮南市为了建立健全公众参与行政决策的规则和程序，完善行政决策信息和智力支持系统，积极主动向社会公开征求意见，推行重大行政决策听取意见制度和听证制度，以增强行政决策透明度和公众参与度。淮南市政府逐步扩大听取意见和听证范围，明确规定凡是应当听取意见和应当听证的重大行政决策事项都必须严格依法举行征询会和听证会。为规范征询和听证程序，2017年淮南市通过了《淮南市人民政府重大行政决策公众参与程序规定》，明确在进行重大行政决策之前，应遵循公正、公开、公平和便民、高效的原则举行听证，依据听证事项的性质、复杂程度及影响范围，科学合理地遴选和确定听证代表；确保听证参加人对有关事实和法律问题进行平等、充分地质证和辩论，公开听取、收集公民、法人和其他组织的意见和建议，充分吸收采纳听证代表提出的合理意见和建议，征询和听证结果以适当形式向社会公布，听取意见和听证后形成的报告作为重大行政决策的重要依据。

三是集体决定制度。重大行政决策的集体决定制度应秉承依法、科学、民主的原则。行政决策应当在深入调查研究、广泛听取意见和充分论证的基础上，经政府及政府部门负责人集体讨论决定，杜绝擅权专断、滥用权力。淮南市政府指出，“三重一大”事项等重大行政决策应当经政府常务会议或者全体会议讨论决定，坚持集体领导、个别酝酿、民主集中、会议决定的原则，不得以传阅会签或者个别征求意见等形式替代会议决定。由行政机关会议集体审议决定行政决策事项时，保证每个成员都有同等发言权和表决权，主要负责人末位发言，充分听取其他会议组成人员发表的意见和建议，发挥群体决策优势，克服个人决策行为中的知识和经验局限性。集体决定制度一方面通过对决策权的“合理划分”，杜绝了专断决策的现象，另一方面通过对决策权的“全方位监督制约”，确保了集体决策的科学化、规范化、制度化。

四是合法性审查制度。合法性审查是行政决策不可或缺的前置环节。行政决策事项尤其是重大行政决策在作出决定前，必须交由法制机构或者组织有关专家进行合法性审查，主要审查决策主体、决策权限、决策程序和决策内容是否合法。未经合法性审查或者经审查不合法的，不得作出决策，否则对负有责任的人员依法依规追究责任。合法性审查从源头上为行政决策特别是重大行政决策提供了法治化的氛围。淮南市各级各部门严格规范性文件制定程序，强化备案审查工作，并建立健全法制工作机构，配备必要的法律专业人员和物质技术条件，确保法制工作机构充分发挥参谋、助手和法律顾问的作用。淮南市政府多年来一直专门聘请常年法律顾问，履行行政决策合法性审查的职能。2019年上半年，淮南市司法局共为全市35项重大事项提出具合法性审查意见156条，合法性审查率100%。淮南市司法局严把审查程序，在各部门提请合法性审查时，严格遵循相关法律法规，明确行政决策事项未经合法性审查的不得提请政府审议，对决策事项未履行公众参与、专家论证、风险评估等前置程序的，一律要求送审部门补正。

五是实施情况评价制度。行政决策是贯穿于行政管理活动始终的行为，为加强对决策活动的监督，完善行政决策的监督制度和机制，淮南市遵循独立、客观、公正、科学的原则，建立行政决策实施情况评价制度，在明确监督主体、监督内容、监督对象、监督程序和监督方式的基础上，对行政决策的实施效果、效益、效率进行评价，以把握整体进度，进而保证决策目标的实现。淮南市各级政府各部门在实施行政决策后，运用抽样分析法、跟踪调查法、效果评估法和模糊综合分析法等政策评价方式，以掌控行政决策从始至终的状况，以便提高决策的科学化和民主化水平，及时发现、纠正和调整决策存在的问题，减少决策失误造成的损失，实现决策资源的有效配置。实施情况评价制度作为反馈机制的一环，为保证决策的顺利实施具有重大意义。

六是责任追究制度。建立健全决策责任追究制度，一方面是为了实现决策权和决策责任相统一，另一方面也是为了使得行政决策规范化。淮南市以责任政府构建为目标，按照“谁决策、谁负责”的原则，对行政决策特别是重大行政决策的法律责任进行了严格规范，强化对决策权的监督和制约，坚决制止和纠正超越法定权限、违反法定程序的决策行为：一是强化依法决策的红线意识和规则意识，对导致决策失误和决策不当的政府工作人员，依法进行追责；二是加大责任追究和倒查力度，决策过程中的各类主体必须同时承担相应的法律责任，对受委托却不履行合同约定或者违反工作规则，或者违反法律、法规、规章和国家有关规定的专家、社会组织、专业机构等，应当依法解除合同，依法追究其相应的法律责任，并记入诚信档案。

（二）行政决策基本框架

淮南市法治政府建设在推进行政决策科学化民主化法治化方面，特别是在确保重大行政决策的科学、民主和合法方面，始终坚持党的领导，把党的领导作为行政决策科学化民主化法治化的根本保证。同时，基于“科学、民主、法治、公开”四大原则，依托于“健全依法决策机制，公众参与，专家论证、风险评估，合法性审查，集体讨论决定，强化决策规范化建设”这六大框架组成的行政决策体系，淮南市政府的科学决策、民主决策、依法决策得以稳步推进。

一是健全依法决策机制。作为安徽省行政决策机制建设试点市，淮南市出台《关于加强行政决策机制建设的实施意见》，建立健全行政决策规则和程序，并颁发《关于进一步规范政府系统重大事项决策行为的实施意见》，全面推进“重大行政决策科学民主合法”的战略部署。淮南市以完善重大行政决策程序制度为核心，明确公众参与、专家论证、风险评估、合法性审查和集体讨论决定作为重大决策的必经程序，制定重大行政决策事项目录、标准，向社会公开，并根据实际情况调整；明确重大行政决策的决策主体、事项范围、法定程序、法律责任等；规范重大行政决策流程，强化决策法定程序的刚性约束，规范决策立项、执行、监督等各个环节；确保重大行政决策依法自觉接受本级人大及其常委会的监督，确立了政务督查、行政监察、审计监督、目标管理、舆论监督“五位一体”的行政决策监督联动机制。

二是公众参与。淮南市认真落实重大行政决策公开制度，对社会关注度高的决策事项以及重大行政决策事项，事先进行广泛沟通协商，充分听取社会公众意见，注重听取人大代表、政协委员、企业行业协会商会、人民团体、社会组织、群众代表等的意见，并向社会及时反馈意见采纳情况和理由。淮南市着力加强公众参与平台建设，在政府信息公开系统增设了“民生公益专栏”，并专门开设了“淮南民生工程网”，全面推行文化教育、医疗卫生、食品安全、资源开发、生态环境保护、公用事业等重大民生决策事项的民意调查制度，积极回应人民群众所关注的热点、焦点和难点问题。2018年，淮南市在政府性投资重大工程建设项目、城市规划调整、居民生活用气价格调整等重大决策或者涉及公众利益重大事项的决策中，采取召开市长“问计于民”座谈会、公开征求意见、召开听证会、问卷调查、实地走访等方式，认真落实重大决策听取意见制度和听证制度，着力推进“问计于民、问政于民、问需于民”制度化。

三是专家论证、风险评估。淮南市高度重视与群众切身利益密切相关的重大决策事前风险评估，明确专家参与论证重大行政决策的程序规则。专业性、技术性较强的决策事项，组织专家、专业机构论证其必要性、可行性、科学性等。对涉及经济社会发展，涉及公共利益和人民群众切身利益的重大政策、重大项目等决策事项，进行社会稳定、公共安全、环境和经济等方面的风险评估，形成风险评估报告。2015年，淮南市为了规范重大价格决策工作，颁布《淮南市物价局重大价格决策风险评估办法》，建立了重大价格决策风险评估机制，通过将风险评估工作作为重大价格决策的必要条件和“刚性门槛”纳入行政决策程序之中，以保障决策的科学性、合理性和可行性，这为淮南市物价局更好地依法行政、依法决策、科学决策提供了必要的法律依据。

四是合法性审查。淮南市出台《关于进一步规范市政府重大事项合法性审查办理工作的通知》，重大行政决策全部经合法性审查，注重审查质效，不存在未经合法性审查或者经合法性审查不合法仍提交决策机关讨论的情形；没有以征求意见等方式代替合法性审查的情况。重大行政决策的合法性审查时间不少于7个工作日。淮南市组建了以政府法制机构人员为主体、专家和律师参加的20人政府法律顾问团。在市政府法律顾问的协助下，淮南市30余起重大疑难法律事务得到稳妥处置，有效防范了法律风险。2018年，淮南市政府法制办对《淮南市环境空气质量生态补偿暂行办法》等205件重大事项、16件重要合同协议等进行法制审查，提请政府常务会议的重大决策事项审查率达到100%。此外，针对土地房屋征收补偿、重点工程建设、违法用地整治等重大事务，淮南市法制办还提前介入、全程参与，保障了重大事项决策依法有效实施。

五是集体讨论决定。首先，明确集体决策事项。淮南市依据各级各部门的职责权限，确定重大事项范围，严格执行淮南市政府工作规则、党组工作规则和市四大班子涉及政府工作重要议定事项分解督办等制度，进一步提高政府治理体系和治理能力现代化水平。其次，完善集体决策程序。淮南市严格执行国务院《重大行政决策程序暂行条例》，深入贯彻《安徽省重大行政决策程序规定》，严格集体决策程序，明确重大行政决策应当经政府常务会议或者全体会议讨论，行政首长在集体讨论基础上作出决定。最后，发扬决策民主。淮南市在集体决策中，用活民主集中制，按照集体议事原则，集思广益，会议组成人员应充分发表意见，集体讨论和决定的情况全部如实记录，不同意见如实载明，既要防止议而不决、各行其是，也要杜绝擅权专断、滥用权力，摆正主要领导个人与集体的关系，行政首长在重大行政决策集体讨论会议上最后发言，充分发扬民主，善于正确集中，激发集体决策的整体合力。

六是强化决策规范化建设。淮南市出台《关于进一步规范政府系统重大事项决策行为的实施意见》《关于进一步规范市政府重大事项合法性审查办理工作的通知》等一系列制度文件，积极开展重大行政决策规范管理标准化体系化工作。一方面，建立了重大行政决策全过程记录、目录化管理、材料归档和档案管理制度，实现重大行政决策年度目录事项全部立卷归档，积极推进重大行政决策网上运行；另一方面，强调建立全程监督管理制度、决策机关跟踪重大行政决策执行情况和实施效果制度，对重大行政决策实施后明显未达到预期效果，公民、法人或者其他组织提出较多意见的重大行政决策进行决策后评估。淮南市政府深入推进决策规范化体系建设，全方位提升重大决策质量，把重大行政决策情况作为年度考核评价决策机关及其领导人员的重要内容，以确保行政决策的责任明确落实到相应的行政人员身上，并实行重大行政决策的责任追究和倒查制度。

二 淮南市行政决策科学化民主化法治化实践的理论逻辑

淮南市法治政府建设中的行政决策体系依靠六大运行机制组成的决策机制和六大基本框架组合形成的联动模式，高效推动了淮南市法治政府的建设进程。通过对淮南市法治政府建设中依法决策、科学决策和民主决策的运行机制和基本框架的系统性梳理，可以发现淮南市政府行政决策中的科学化民主化法治化实践，体现出了对传统行政决策的超越和现代化行政决策的逻辑。

（一）基于对传统行政决策的超越

长期以来，在传统行政决策模式中，行政决策被认为具有“碎片化的”和“残缺的”特征，这是由于行政决策具有隐秘性，行政决策行为长期为官僚所垄断，并不经常被置于公众的审视和监督之下，决策过程通常缺乏协商性、参与性和协同性，甚至具有“非理性”和“反复无常”的特点[①]。这种传统行政决策模式大多基于经验型决策，即主要依靠行政决策领导者个人的经验和判断能力，以定性分析和定性选择为基本特征，存在决策信息不完备、决策行动不敏捷、决策过程不透明、决策结果不确定等局限。传统行政中的这种经验型决策模式，主要是指决策者凭个人的知识和经验进行决策的活动与过程，常常涉及一些常规公共管理活动中重复出现的问题所进行的简单决策，尽管有时会借助经验总结来指导决策，但是面临现代复杂的决策环境，尤其是公共问题的复杂性及其意想不到的相互关联，使得这种纯粹的经验型决策往往不能很好地解决问题，甚至会导致情况进一步恶化。

从传统的经验决策到现代化行政决策，这是决策的一次“本质上的”飞跃。首先，科学化是现代化行政决策的核心，一定要把科学化作为决策活动的首要条件，这是因为行政决策的每一个活动，都直接关系到行政管理目标的实现，甚至关系到国家的未来和人民的利益。因此在进行决策时，要充分运用科学思维、科学手段和科学技术，从战略到策略，从微观到宏观，从眼前到长远，都要进行周密的科学论证。其次，民主化是行政决策现代化的基础，民主决策是人民当家作主的必然要求和重要体现，只有遵循民主决策原则，把决策置于政府之外的普通公众和专家的视野之下，创新人民群众参与决策的途径和形式，可以为行政决策提供更多的信息和驱动力。最后，法治化是行政决策现代化的保证，决策的法治化就是按照法治思维和法治方式进行决策，意味着从人治向法治的转变，为社会规范化提供了崭新路径和思考视角，是法治国家、法治政府建设的必然要求。

淮南市法治政府建设中的行政决策科学化民主化法治化实践，对传统经验型决策的超越，主要表现在以下三个方面：一是决策主体从一人转变为集体。相较于传统的一人决策来说，现代行政决策追求的是集体决策，强调汇集专家乃至广大群众的智慧和力量。由个人决策转变为集体决策，即行政决策的主体在数量上已经不再是个别的行政领导，而是一个领导集

① 吴逊.公共政策过程：制定、实施与管理[M].叶林，等译.上海：格致出版社，上海人民出版社，2016:3.

体。在这个集体中，充分发扬民主，重视所有成员的意见和判断，同时也重视专家机构的意见和判断，而且往往是由专家机构对将要解决的社会问题进行充分地分析和论证，并由专家机构提出可行性方案之后，再由领导集体从中遴选出最优的方案。由此可见，集体决策可以有效地规避“一言堂”式的家长作风，贯彻开放式决策原则，充分发挥集体智慧、专家团队、智库和人民群众在现代化行政决策中的作用，通过集体讨论，共同作出决定，进一步提升决策民主化和科学化的水准。

二是决策过程从主观随意转向程序化和规范化。基于经验的行政决策，一方面可能存在空间或者时间上的局限，另一方面也会存在决策者信息判断有误和评估能力有限的风险，造成主观专断决策的情况。依法决策可以有效防止和克服经验型决策的惯性思维模式和“拍脑袋”式决策的主观随意性。因此，淮南市政府在推进行政决策科学化民主化法治化的道路上，出台了各种规范性文件，明确了行政决策的程序，构建合理的集体决策形式和流程，对重大行政决策进行重点讨论和规范，贯彻客观性决策原则和分层决策原则，利用行政决策实施情况评价制度和责任追究制度，将行政决策与相关人员的绩效相挂钩，以确保行政决策的正确性和确定性。

三是决策手段日益科学化。淮南市政府不断扩大计算机技术、现代通信技术和数学分析方法在行政决策领域的应用范围，编制行政决策数学模型和行政决策管理软件，对具体决策对象的大量复杂信息进行综合性定量分析，在专家论证、公众听证和风险评估的基础上，提供多种行政决策备选方案，从多种行政决策备选方案中选择最优方案，以提高行政决策的可行性、时效性和准确性[①]。当然，科学决策并不排斥经验，由传统的经验决策转向经验决策和科学决策相结合的决策手段，是题中应有之义。有了科学决策，并不意味着科学决策就不会出现错误，更不是说有了科学决策，就可以完全抛弃经验决策，在一定条件下，两者还有结合的必要。随着风险社会、后工业化社会和全球化时代的来临，行政决策越来越复杂和艰巨，因此，在实现对传统行政决策超越的同时，行政决策必须要与时俱进。

① 彭程甸，罗依平．行政决策民主化、科学化、法治化及其辩证关系[J].湖南财经高等专科学校学报，2002(5)：55-56.

（二）基于“以人民为中心”的执政理念

执政为民的价值取向和“以人民为中心”的执政理念是新时代党和政府工作的核心。淮南市政府也一直对此理念一以贯之。淮南市政府在推进法治政府建设和行政决策科学化民主化法治化的道路上，始终践行“以人民为中心”的理念，以习近平法治思想引领执政实践，从而保证执政方向的正确性。坚持“以人民为中心”的执政理念，就要做到科学执政、民主执政、依法执政，以“实现好维护好发展好最广大人民根本利益”为准绳。只有在执政过程中，坚持科学执政、民主执政、依法执政的辩证统一，才能保证“以人民为中心”的执政理念得到真正的贯彻和落实。因此，淮南市政府将科学民主合法落实到具体层面的行政决策环节上，从而推动了行政决策的科学化、民主化和法治化。

换而言之，行政决策科学化民主化法治化背后所蕴含的就是政府“以人民为中心”的执政理念。在行政决策过程中，“以人民为中心”既是决策的出发点，也是决策的落脚点。科学决策意味着尊重事物客观规律，按照客观规律执政，坚持人民主体地位，坚持一切从实际出发，理论联系实际，实事求是，尊重规律，科学分析和解决行政管理过程中出现的新情况和新问题；建立科学的决策制度，形成科学的决策机制和体制，避免执政的随意性和盲目性；坚持科学的领导方法，就是要坚持“从群众中来，到群众中去”这一根本的领导方法，把党的群众路线贯彻到治国理政进程中去，才能使决策的结果符合并体现人民的根本利益和美好生活需求，才能在实践工作中贯彻“依靠人民、为了人民、发展成果由人民共享”的理念，真正做到“以人民为中心”。

民主决策，关键在于为了人民决策，依靠人民决策。人民是历史的创造者和实践的主体，通过制度化、规范化和程序化的方式保障人民群众的各项民主权利落到实处，同时凭借科学合理的决策机制，通过民主的决策程序和规则，充分发挥人民的主体性和创造性，广泛集中民智，推进行政决策的民主化和科学化，加强对行政权力运行的制约和监督保障，把人民赋予的权力用来为人民谋利益，问政于民、问计于民、问需于民，通过民主的制度化、规范化和程序化，才能真正做到为人民执政、靠人民执政，使以人民为中心的执政理念得到贯彻落实。

依法决策，是依法行政的一个重要方面。通过制度化的规范和程序，以法律的强制力为后盾，保障行政决策的有序进行，一方面能够避免决策的随意性，促使决策者能够时刻倾听人民呼声、主动回应人民期待；另一方面也能提高政府的公信力，在法制轨道上推动各项工作的开展，保障公民的合法权益，尤其是有序参与政治决策的广泛权利和自由；推进司法公正，为实现社会公平和正义提供有力保障。只有实现了依法决策，才能实现科学决策和民主决策，才能使政府的决策行为符合人民的意志和愿望，才能真正实现和保障人民的经济、政治、文化权益，做到以人民为中心，实现人民当家作主。

推进行政决策科学化民主化法治化，重在“问政于民、问计于民、问需于民”。淮南市政府坚持“以人民为中心”的执政理念是做好一切工作的根本保证，在强调行政决策是为人民决策的同时，也要依靠人民群众进行决策，从而推动法治政府建设进程。

（三）基于新时代依法行政的制度逻辑

依法行政是现代政府践行民主与法治原则的现实要求。淮南市政府在法治政府建设进程中，致力于通过推动行政决策科学化民主化法治化，来践行依法行政的制度逻辑。十八大以来，法治政府的建设就由原来的“行政系统自我领导、自我驱动、自我建设的内驱型法治政府建设模式”，转变为以“党的领导、系统运行、多头推进”为机理的“党领导法治政府建设模式”。党的领导是建设法治政府的根本保证，依法治国、依法执政、依法行政是有机联系的统一整体，在全面推进依法治国的背景下，新时代法治政府建设的实践模式逐渐形成了“通过依法执政实现依法行政的制度逻辑”[①]，法治政府建设的依法行政逻辑可以表现在行政的各个方面和各个环节，因此，也落实到了贯穿于政府行政管理活动之始终的行政决策这一重

① 林华.通过依法执政实现依法行政的制度逻辑[J].政法论坛，2020（6）：55.

要环节。

依法决策是依法行政的必由之路和应有之义。一方面，政府在行政决策过程中的自觉守法、严格遵循行政决策程序以及运用行政决策法治化带来的一系列制度装备，可以有效规范和约束行政决策权，有效推动行政管理活动过程中行政权力的依法依规行使和运行，这是一种通过依法决策来实现依法行政的制度逻辑和实践逻辑。另一方面，法治政府是对政府的约束，依法决策是对行政决策的限制，法治政府、依法决策都不是政府内生的逻辑化存在，也不是行政系统内部驱动的单纯行政事务和政府建设活动，更不是行政权力体系内的封闭化运行，而是一个多层次的、开放性的和多元化的制度安排。因此，深入推进法治政府建设，需要坚持依法治国、依法执政、依法行政的有机整合、协同推进、形成合力，需要坚持法治国家、法治政府、法治社会的一体建设、相互支撑、相得益彰。

淮南市在推动法治政府建设的进程中，通过行政决策法治化来实现依法行政，分别为行政决策带来了组织上和责任上的新要求。在组织层面上，一方面是就决策主体而言，决策主体的多元化趋势和专业化趋势，在面临复杂的决策问题时，可以有效地为行政决策的科学性保驾护航，提升行政决策公信力，增强行政决策的权威性；另一方面是决策行为制度化，将决策行为落实到制度建设上，增进决策的规范化和法治化，保障决策制定和执行程序的民主性和科学性。在责任层面上，一方面界定和明确不同责任主体的决策责任，构建法治政府建设的多元责任主体之间的信任关系，促进社会资本的积累；另一方面开展实施情况监督和评估工作，落实行政决策责任追究制度和倒查机制，强化对行政决策权的制约和监督，要求相关人员可以执中守正、理性思考和行动。

淮南市政府坚持依法行政的制度逻辑，推动行政决策科学化和民主化，坚持行政决策法治化，严格遵循法定权限和程序作出决策，依靠“规则之治”提升法治政府建设水平，达成法治政府和法治社会建设的双重成就。

（四）基于“满意原则”目标导向的决策逻辑

相较于非行政决策，行政决策有两个显著的特点，其一是决策实施的强制性。行政决策是国家公共意志的体现，是国家行政机关依法履行的政治职能，以国家权力为后盾。行政决策涉及对社会价值和资源的权威性分配，因而具有权威性和强制性，在行政管辖范围内具有普遍约束力。其二是决策目标的公共性。行政决策的价值取向具有公益性，与其他决策尤其是经济方面的决策相比，最大的不同点就在于行政决策在任何时候都不以营利为目的，行政决策的落脚点是社会公共利益，是实施对国家和社会的有效管理，所以行政决策的结果以实现公共利益为主要目标。

基于目标导向逻辑的行政决策来自对整体行政环境的预测和识别，这种决策行为是决策者基于科学的调查研究，在听取专家的分析论证和社会公众的意见表达后产生的行为，这种决策行为严格落实行政决策程序，基于系统的和整体的论证，再加上专业化的论证，其正确性在一定程度上可以得到保证。因此，面临当下高度复杂性、高度不确定性的行政环境，目标导向为行政决策过程中的资源整合提供一个全面的准则和统一的方向；在现实的行政活动中，决策者在有限资源的约束下，很难获得完整的决策信息。因此，为了提高决策的正确率，决策者必须强化依法决策意识，设法提高资源的使用效率，通过广开言路、集体决定，尽可能最大化地获取信息和有效地整合资源，提升行政决策的公信力和执行力，以期在短期内取得决策执行的成功和民众满意的反馈。

实现以公益性和非营利性目标导向为逻辑的行政决策，一方面，其目标自始至终都是，以法律为依据的各级行政组织及其领导者，必须始终在法律范畴内行使行政决策权，建立行政机关内部重大决策合法性审查机制，依据法定的决策权限及程序制定并实施相关的行政决策，将“公众参与、专家论证、风险评估、合法性审查、集体讨论决定”作为重大行政决策法定程序，合法的行政决策一经确定则具有法律效力和权威性。另一方面，以非营利性和公益性为导向的行政决策行为，必须建立在整体性和系统性的原则上，以现代化技术手段建立模型，凭借定量方法和定性方法相结合的方式，紧紧围绕人民群众的所思所想所盼，选择出最合乎人民群众想法，制定出能够为绝大多数人谋福利的方案并作出相关决策部署。换言之，行政决策既要注重经济效益，又要注重社会效益，当经济效益和社会效益出现冲突的时候，往往还是要优先考虑社会效益。

决策者在决策时所遵循的既不是理性模型中的“最大化”原则，也不是渐进模型中的“最优化”原则，而是“满意原则”。行政决策的科学化民主化法治化逻辑，打破了传统行政决策一味追求最优化目标，特别是关乎国计民生的重大行政决策。“最优解”不一定就是最好的、最可行的、负外部性最小的方案，事实上，在实际的行政决策中，“满意解”才是可操作性最强、最易掌控、公众最乐意接受的方案。因此，在推进行政决策科学化民主化法治化的过程中，淮南市政府一直以来都秉持着“人民满意，才是最好的”决策原则，坚持把“人民拥护不拥护、赞成不赞成、高兴不高兴、答应不答应”作为制定政策的依据，努力在行政决策中，实现科学化民主化法治化的互动与融合，充分考虑和满足人民群众的利益诉求，确保产生令社会公众满意的决策方案，努力满足人民过上美好生活的新期待，切实提升人民的获得感、幸福感和安全感。

三　推进行政决策科学化民主化法治化的优化路径

通过对淮南市行政决策科学化民主化法治化的社会实践及其背后的理论逻辑的个案分析，我们可以发现，当前淮南市虽然在探索行政决策科学民主合法的道路上取得积极的进展，但是，仍然存在一些有待进一步厘清和破解的内在张力，主要体现在四个方面：一是科学民主法治决策的目标与决策人员素质、决策意识之间的矛盾；二是行政决策的透明度、民主化程度与人民群众的现实需求之间的落差；三是行政决策科学化民主化法治化与法治政府建设的步调协同问题；四是行政决策的科学化、民主化和法治化之间的割裂问题。针对上述问题，本文在法治政府建设背景下，提出如何更好地推动和完善行政决策科学化民主化法治化的优化路径。

（一）激活决策能动要素，增强现代化决策意识

随着国家治理体系和治理能力现代化的不断推进，行政决策现代化的发展趋向也越来越明显。科技的迅猛发展、经济的快速增长、现代行政决

策环境的日趋复杂，这些都迫使行政决策作出与时俱进的变革。行政决策不再是政府或政府某个、某几个领导人的事情，现代化决策的主体要由行政决策领导者、由专家学者组成的智囊团或思想库以及积极参与决策的社会公众共同组成，但在这种“三方决策”体系下，政府是行政决策的主要发起人，是领导者。因此，想要进一步提高行政决策质量，实现科学决策、民主决策和依法决策，首要的是培养一批业务上过硬、富于创新和开拓进取意识的高素质政府行政人员。

政府行政决策人员是构成行政决策的关键“能动”要素，在决策活动中占有特别重要的地位，政府行政决策人员的素质如何，其主观能动性发挥得怎样，是决定决策效能的关键所在。行政决策人员素质的高低，直接影响着行政决策水平的高低，而决策质量直接关系到公共政策目标的实现与否。政府行政决策的制定和执行相关工作人员必须树立正确的行政决策指导思想，以习近平法治思想为指导，以国家宪法、法律为准绳，提升决策能力和决策水平，努力使各项决策符合绝大多数人民群众的根本利益，努力践行以人民为中心、求真务实、执政为民的行动理念。

增强政府行政决策人员的科学民主依法决策的意识，推动行政决策科学化民主化法治化，就要强化政府决策人员的基本素质。提高政府行政决策人员的基本素质，可从以下四个方面入手：一是政治素质，即行政决策者在政治方面表现出的基本特征。政治素质是决策者从事行政决策活动，必须具备的政治立场、政治观点、政治态度和政治品质等方面的基本条件，它是决策者素质的灵魂，在决策者应具备的素质中居于首要的地位。行政决策者政治素质的核心在于：决策必须以国家和人民的利益为出发点和归宿。二是知识素质，它是构成政府决策者决策成功不可或缺的因素。行政决策人员只有掌握了丰富的知识，才会思维敏捷、思路开阔，才能适应知识经济时代和第四次工业革命时代发展的要求。政府行政决策人员应该具备相当广泛的现代化、科学化的知识素质，熟练掌握相关的法律知识，以及过硬的专业技术知识。三是实践素质，即运用知识去解决问题的能力。由于纯粹依靠庞大的知识体系去解决问题，往往不一定能够顺利地解决问题，特别是对于决策执行人员来说，在计划、组织、协调、管理的实践中，解决问题的实践能力才是决策成功的关键。行政决策者应该具备随机应变能力、统筹决断能力、创新能力、组织和协调能力。四是思维素质，即行政人员必须要克服主观臆断的弊病，杜绝随意决策和拍脑袋决策的痼疾，增强决策智慧和法治思维，采用科学的决策思维能力来准确地、有创造性地确定决策的目标，提高决策的精确程度，顺利实现决策目标。

（二）加强决策透明化建设，健全公民参与机制

准确、真实、及时和足够的行政信息是正确进行行政决策的基础和前提。行政决策信息系统是现代行政决策体系的“神经中枢”。现代化的公共决策信息系统，对于有效地提升公共决策效率、质量和政府部门的决策水平，增强公共决策过程的透明度和公众参与度，提高公共决策的准确性、全面性和敏捷性，强化对公共决策过程的监督起着重要作用。

政府在进行行政决策时，应当善于运用互联网、大数据、人工智能等技术手段，充分利用现代社会信息功能发达的有利契机，多措并举，多样选择，不断创新信息传递手段，提升决策信息传递的针对性和时效性，搭建多样化的交流平台，实现全方位决策信息共享。为此，一方面要增强决策的透明度，做好政务公开工作，实现政府信息依法公开，这属于行政决策过程中信息的“告知式”公开。“告知式”公开保障特定目标受众群体或公民、法人、其他组织的知情权和监督权。另一方面要丰富公众参与渠道，鼓励群众利益表达，这属于行政决策过程中信息的“互动式”公开。“互动式”公开体现了开放政府的治理理念，是公众参与行政决策的客观要求，有助于实现行政决策的民主性、科学性和可接受性。“互动式”公开也就是政府按要求搭建为特定公众和特定利益群体提供“咨询”和“积极参与”的互动平台，引导和鼓励公众积极参与到决策过程中来。

在推进行政决策科学化民主化法治化的过程中，一方面通过对行政过程中相关政府信息的公开，依法保障人民群众的知情权和合理信息需求；另一方面，针对行政决策，特别是重大决策事项，实行重大决策预公开制度，涉及群众切身利益、需要社会广泛知晓的重要改革方案、重大政策措施、重点工程项目，除依法应当保密的外，在决策前应向社会公布决策草

案、决策依据，通过听证座谈、调查研究、咨询协商、媒体沟通等方式广泛听取公众意见，以适当方式公布意见收集和采纳情况。探索利益相关方、公众、专家、媒体等列席政府有关会议制度，增强决策透明度。决策作出后，按照规定及时公开议定事项和相关文件。总之，决策过程中的信息公开既方便社会公众了解政府行政决策目标、内容及其过程，赢得人民群众的理解、信任和支持；又使得公众在了解政府信息的基础上，能够对政府行政决策活动进行有效的参与、表达，对行政决策提供相关信息、发表评论、提出观点和诉求，并影响决策活动及结果，实现重大行政决策的公众参与和合作治理，促进现代法治政府的建设。

（三）注重制度学习和创新，推进行政决策的规范化制度化程序化

行政决策科学化民主化法治化的发展，离不开法治政府建设。建设法治政府，就要把政府工作全面纳入法治轨道，让政府用法治思维和法治方式履行职责，确保行政权在法治框架内运行。建设法治政府也离不开行政决策科学化民主化法治化，行政决策科学化民主化法治化是规范政府决策行为，构建职责明确、依法行政的政府治理体系，全面建设“职能科学、权责法定、执法严明、公开公正、智能高效、廉洁诚信、人民满意”的法治政府的本质要求。因此，将行政决策科学化民主化法治化更好地融入法治政府建设进程，有利于构建一个“制度科学、程序正当、过程公开、责任明确”的行政决策体系。

我国学者对于行政决策当下的科学化民主化法治化的发展方向是肯定的，同时，关于行政决策科学化民主化法治化的研究也在逐步深入。特别是在法治政府建设向纵深发展的当下，如何继续深入推进行政决策的科学化民主化法治化发展，成为学术界新的研究热点。进一步推进行政决策科学化民主化法治化，着力把科学决策、民主决策、依法决策导向更加规范化、制度化和程序化的轨道，一方面是要多在行政决策实践中进行总结和归纳，提高决策水平，增强决策制定和执行能力。这不仅有利于政府行政决策人员积累经验，还可以完善行政决策的制度体系。同时，将科学有效的经验和经历进行专业化的论证，在反复经历过多次的实践检验后，把这

些有用的、有成效的方式方法固定下来，将能够程序化、规范化的内容变成法律法规或者其他的规章制度，这就使得行政决策有迹可循，有“法”可依了。另一方面要注重制度学习和创新。积极学习和借鉴其他地区和部门在推行行政决策科学化民主化法治化方面的创新举措和成功经验，有助于完善政府行政决策体系，促进行政决策科学化、民主化和法治化之间的相互促进和高度融合，保障决策的高质量发展。

创新是发展的动力。实现行政决策创新，可以从两个方面着手：一是决策制定的创新，决策制定过程要强化“按程序决策”的意识，应当由政府主导、多主体共同参与，依据合法的程序来制定，但是这并不意味着决策制定方式不能创新。相反，利用政府、市场、社会群众、专业学者等多方主体的参与，通过政务公开、网络问政、开展专家座谈会、听证会等方式，积极听取各方意见，广泛吸收合理建议，可以为决策内容提供新的思路，并且这样选择出来的决策方案可能更加契合民意、符合实情。二是决策执行的创新，决策执行方式应当尽量多样化，如行政手段、金融手段、道德教育手段等，而且决策的实施应当具有弹性和适应性，政策内容都应当进行本土化或区域性的调整，决策的执行不可避免地会带上本地特色或区域特点。此外，行政决策实施评价机制要求随着决策情况的实施，必须及时反馈信息，一边对整体情况进行把控，一边实时做好阶段性的调整。

（四）促进互动融合，激发科学化、民主化和法治化协同效应

在坚持科学决策、民主决策、依法决策过程中，科学化、民主化、法治化三个层面既不可偏废，也不能彼此替代。马建川教授在谈及三者关系时强调：“如果科学的价值取代民主的价值，就会因为忽视社会民主参与而产生分歧；如果过度强调民主，会降低科学论证的价值、专家的作用和决策的效率；如果忽视决策的法治约束，则科学决策和民主决策都将失去法律保障，无从确立。”[①]因此，行政决策的科学化、民主化、法治化是一个相互影响、相互促进、彼此交织在一起的有机整体。只有理顺三者的关

① 马建川.提高行政决策科学化民主化法治化水平[N].人民日报，2013-08-22(7).

系，促进行政决策科学化民主化法治化的良性互动和深度融合，才能落实“在新发展阶段持续深入推进依法行政，全面建设法治政府”[①]的战略部署。

首先，科学决策是必然要求和最终目的。只有确立科学化的决策原则、程序与体制，依据科学的决策规律，遵循科学的决策程序，才能实现决策制度和程序的法治化；只有运用科学的决策手段与方法，按照民主程序进行决策，才能使民主化的功能得以聚集、整合起来，使最终制定的行政决策真正收到反映民情、尊重民意、关注民生的效果。没有科学的决策模式、决策程序和决策方法，法律与制度就可能会丧失尊严和公信力，就只有形式的民主和混乱的制度，而不是真正的民主和法治。

其次，民主决策是前提和基础。行政决策没有民主化，就不能广开思路、广开言路、集思广益、集中民智，就谈不上“以人民为中心”、执政为民的理念，也谈不上尊重知识、尊重人才、尊重人民群众的实践经验，就意味着行政决策没有科学化。只有具备一个民主的、宽松和谐的政治环境，决策过程中的科学原则才能得以实现；只有加强人民群众特别是各级权力机关，即各级人民代表大会及其常委会对政府机关的监督与制约，才能确保行政决策权力的合法行使，有力规范政府行政决策的运作，防止其偏离法律的宗旨和科学管理的要求等。没有行政决策的民主化，就谈不上行政决策的科学化和法治化。

最后，依法决策是保障。行政决策的法治化为民主化和科学化提供了可靠保障，将技术可行性的专家咨询和专家论证以及专业机构测评、风险评估等纳入法定程序，以保证决策的科学化考量；将以听证会为主的公众咨询形式确立为法定决策制度，以确保决策的民主化考量。只有使民主法律化和制度化，才能实现决策的民主化。因为只有法治化，人民群众才能依法定程序选择决策者和依法撤换不合格的决策者，才能通过各种法律规定的制度参与政府决策，才能通过法律的途径保证政府决策符合社会公众的利益；如果人民群众的合法权益受到侵犯，也可以运用法律手段及时获

① 中共中央、国务院印发《法治政府建设实施纲要（2021—2025年）》[N]. 人民日报，2021-8-12(1).

得有效的法律救助。也只有法治化，才能将决策的科学化（客观的科学论证）与决策的民主化（主观的意志表达和协商）通过法定程序更好地结合起来，从而实现民主化科学化法治化协同兼顾、联动运作，真正实现法治政府建设的整体推动和协同发展。

四 结 语

随着经济社会的高质量发展和行政体制改革的不断推进，行政决策科学化民主化法治化的趋势和重要性愈加凸显。推动行政决策科学化民主化法治化，是“构建职责明确、依法行政的政府治理体系”的关键环节，是建设法治政府的核心要素，是推动法治社会和法治国家建设的重要抓手。在法治政府建设中，各地政府要致力于打造现代化行政决策的强劲引擎，以科学化民主化法治化为轴心，在实践中拓展行政决策的合作网络，于创新中夯实政府行政决策的坚实基座，从而实现地方法治政府治理体系的完善和治理能力的提高，进而为“积极探索具有中国特色的法治政府建设模式和路径”贡献本土化的智慧和力量。

参考文献

贺善侃，黄德良，等.现代行政决策[M].上海：上海大学出版社，2001.

马建川.提高行政决策科学化民主化法治化水平[N].人民日报，2013-08-22(7).

吴桂平，赵汝周，梁丽娟.推进行政决策科学化、民主化的理论与实践[J].西南民族学院学报(哲学社会科学版)，2002(5)：196-199.

彭程甸，罗依平.行政决策民主化、科学化、法治化及其辩证关系[J].湖南财经高等专科学校学报，2002(5)：54-57.

江必新，黄明慧.习近平法治思想中的法治政府建设理论研究[J].行政法学研究，2021(4)：3-19.

蒋俊杰.我国行政体制改革的动因、进展与路径选择[J].中国浦东干部学院学报，2020(1)：16-23.

王万华.健全科学、民主、依法决策机制——大力推进法治政府建设[J].中国司法，2019

(7):31-33.

刘影.论行政决策的科学化、民主化、法治化[J].法制与社会,2016(24):149-150.

林华.通过依法执政实现依法行政的制度逻辑[J].政法论坛.2020(6):55-66.

法治政府下全过程民主的程序条件与实现

——基于宿州市埇桥区重大行政决策公众参与实践分析

王焕炎[①]

摘　要：　全过程民主作为人民民主在当代中国政治发展的最新成果，包含着程序性和实质性的两个层面，与法治政府有着内在同构性。法治政府建构，政府政策过程都是全过程民主的制度有机构成，共同型构了新时代社会主义政治建设和国家有效治理的理论体系。宿州市埇桥区较为健全的行政规约着重于公众参与政府行政决策过程的程序化保障；在行政规约框架内初步建立起来的公众参与机制和途径，在一定程度上有效保障了政府与社会之间基于商谈机制的新型决策模式；开放的议题设定和政策过程形成的商谈网络初步达成了政府与民众之间不特定的协作关系。埇桥区重大行政决策过程为解读全过程民主在程序性意义上的价值理性设定和实质性意义上的民众权利达成提供了鲜活实例，也为深入推进基层政府重大行政决策公众参与全过程民主的发展与完善提供借鉴。

关键词：　全过程民主　法治政府　商谈　行政决策公众参与

---

① 王焕炎，博士，安徽师范大学法学院讲师，硕士生导师，安徽省政治学会理事、芜湖市社会治理研究院研究员，主要研究方向：政治学基础理论、中外政治思想史、国家治理理论与实践等。

2019年11月2日，习近平总书记在上海市长宁区虹桥街道古北市民中心考察时强调："我们走的是一条中国特色社会主义政治发展道路，人民民主是一种全过程的民主，所有的重大立法决策都是依照程序、经过民主酝酿，通过科学决策、民主决策产生的。""人民是否享有民主权利，要看人民是否在选举时有投票的权利，也要看人民在日常政治生活中是否有持续参与的权利；要看人民有没有进行民主选举的权利，也要看人民有没有进行民主决策、民主管理、民主监督的权利。"①党的十九大报告也指出："在中国社会主义制度下，有事好商量，众人的事情由众人商量，找到全社会意愿和要求的最大公约数，是人民民主的真谛。"②在庆祝中国共产党成立100周年大会上，习近平总书记又进一步指出："践行以人民为中心的发展思想，发展全过程人民民主"。习近平总书记的一系列重要论述为如何认识当下我国民主建设的道路和成就提供了基础，具有极其重要的理论和实践意义。

有学者从马克思主义经典民主观的角度入手，对全过程民主如何在实质上实现和保证了人民当家作主的权利和人民民主专政的国体性质，进行了较为详细的阐述：这一保证是通过对人民"进入国家"的民主过程得以实现的③。也有学者从全过程民主的制度框架层面入手，通过将利益诉求及其满足、透明公开参与、理性协商共识、制约监督纠错等机制的有效统合和链接，体现出全过程民主作为回应式民主、参与式民主、协商式民主和监督式民主的不同面向和样态，从而成为人民民主在当下社会阶段的实现方式，展示出人民民主的强烈竞争力和生命力④。也有论者从与西方民主对比的角度入手，对全过程民主相较西方民主体制的特点、优势进行较为全面的梳理，对全过程民主作为民主政治的新形态，其制度优势和所体现出的民主价值进行了阐释⑤。

---

① 习近平．习近平谈治国理政(第三卷)[M]．北京：外文出版社，2020：295．

② 习近平．习近平谈治国理政(第二卷)[M]．北京：外文出版社，2017：292．

③ 商红日．全过程民主彰显人民民主的本质[J]．探索与争鸣，2020(12)：13-15．

④ 唐亚林．"全过程民主"：运作形态与实现机制[J]．江淮论坛，2021(1)：68-75．

⑤ 鲁品越．全过程民主：人类民主政治的新形态[J]．马克思主义研究，2021(1)：80-90．樊鹏．全过程人民民主：具有显著制度优势的高质量民主[J]．政治学研究，2021(4)：3-10．

无疑，这些研究从不同方面对理解全过程民主的内涵及其制度特点提供了有益的探索。但是，如果我们尝试仔细去检视全过程民主的相关理论架构和实践形态，就可以发现全过程民主作为一种民主形式，其制度特质恰与其加在民主概念上的限定词——即全过程密切相关。哈耶克曾谓：“人们几乎都在用‘民主’（democracy）这个术语来指称一种特殊种类的民主制度，然而，这种制度却根本不是democracy（‘民主’）这个术语最初所描述的那种基本理想所导致的一种必然结果”[①]。按照这一判别标准，全过程民主似乎也应被置于可疑之列。但是，本文的研究表明，在全过程民主的理论架构和制度实践中，“全过程”本身即是对民主内在意涵的揭示和凸显，并且以其实现过程和实现机制不断充实和完善民主的价值理想。也就是说，如果可以将“全过程”看作是对民主程序条件的揭示的话，那么全过程民主即是在程序性和实质上内在有机统一的民主形态。

同时，对民主程序条件的显明和揭示也表明，全过程民主作为一种运作着的制度形态，其与法治国家、法治政府具有内在的一致性和同构性，法治政府过程必定运作在全过程民主的制度载体之上，从而表现出参与式民主、商谈式民主和监督式民主等样态。因此，法治政府、全过程民主与商谈民主有着内在的统一性和一致性，是党领导和带领广大人民在新时代的时代背景下民主实践的理论总结，是具有生命力和竞争力的民主新形态。也正是在此意义上，习近平总书记对全过程民主在当下我国政治建设和发展中的地位进行了进一步的明确，将之更加明确地定位为“全过程人民民主”，这两种提法在其价值理念上存在着内在的高度统一。

一　全过程民主的形式和实质规定性

（一）全过程民主的程序性条件

如果把“全过程”作为民主的内在规定性来看待的话，那么，“全过

① [英]哈耶克.哈耶克论文集[M].邓正来，译.北京：首都经济贸易大学出版社，2001:35.

程”实质上首先是从程序意义上去揭示民主的内涵。也即是说，程序性实际上承担了全过程民主作为民主制度形态的形式性规定的功能，并因而成为一种民主形态。

在对民主决策和民主法律的合法性判断中，罗尔斯提出了一种纯粹的程序正义标准。即是说，民主过程本身的正当性检验，不应当被诉诸民主过程以外的其他结果来进行，而应当就这一过程本身的正确性和正当性予以判别。在一种理想的情境下，如果可以排除掉所有先致性的外在条件约束，给民主过程中的参与者以基于形式平等的机会，例如在他所假设的“原初状态”的民主参与情境中，则任何可以在此基础上得到的意见、约定结果，都可以被认为是符合正义的。因此，“在纯粹的程序正义中，不存在判定正当结果的独立标准，而是存在一种正确的或公平的程序，这种程序若被人们恰当的遵守，其结果也会是正确的或公平的，而无论它们可能会是一种什么样的结果。”①“公正的法治秩序是正义的基本要求，而法治取决于一定形式的正当过程，正当过程又主要通过程序来体现。”②罗尔斯之所以不厌其烦地反复强调程序之重要，是因为程序实际上作为决策和法律的纯粹形式性规定而存在的，而这种纯粹形式性恰恰保证了决策和法律结果的无偏移和正当。也就是说，如果可以有效排除掉因为现实民主过程参与者的实际地位、欲求和偏好等足以改变结果的影响因素的话，那么这种基于纯粹程序的结果达成必定可期而且正当，也就必定是能为参与者各方接受的，从而产生出对结果的合理的接受性。“因此，如果有人抽象地提出一种既定资源的分配对于那些已经明知其欲求和偏好的个体来说是否比另一种分配更为公正的问题，那么，他就绝对找不出任何解答这一问题的答案。”③

因此，民主制度在此纯粹程序的意义上首先应被看作一个过程，并且这一过程应予参与各方以平等对待，并且保持相当程度的开放性，允许最

---

①[美]约翰•罗尔斯.正义论(修订版)[M].何怀宏，何包钢，廖申白，译.北京：中国社会科学出版社，2009：67.

②[美]约翰•罗尔斯.正义论(修订版)[M].何怀宏，何包钢，廖申白，译.北京：中国社会科学出版社，2009：57.

③[美]约翰•罗尔斯.政治自由主义[M].万俊人，译.南京：译林出版社，2000：299.

广泛的对这一过程的参与。也就是说，过程性作为一种程序性条件，不是对于民主可有可无的，而恰恰是民主本身的内在规定性，是其作为一种决策或者立法机制的形式性要件。全过程民主作为一种民主形态，与其说是在民主概念上附加了“修饰限定词”的叠加结果，不如说是对民主形式合理性的揭示，在此意义上当然也就应被看作是民主的本义。全过程民主正是试图通过其开放性的制度接纳机制，将最广泛的民意有效汲取到决策或者立法过程中来，从而实现了其民主的价值设定。

当然，不可否认的是，罗尔斯对民主决策和民主法律的纯粹程序性规定，在一定程度上以一种纯形式的方式满足了民主概念意义上的完备，明晰了民主的程序性规定，但是这种完备性是以较为严格的前提预设为基础的。这一预设要求所有参与这一过程的参与者也必须符合纯粹形式意义上的合理性，也就是说，所有参与者应当被假定和要求为是无差别的、彼此“冷漠”的、理性决策的和认同、理解程序性条件和规定的，唯有在此基础上，基于理性形式化平等所达致的意见平衡或者重叠共识方可预期。这一对参与者的预设条件，对于现实政治过程中处于不同地位，有着不同认知能力和意向偏好的人们来说，显得有些过于严苛和理论化。正如哈贝马斯所批评的：“在一个多元主义社会中，正义理论要指望人们接受，它就必须仅仅局限于一个严格地来说是后形而上学的观念，也就是说，它要避免介入彼此竞争的诸生活方式和世界观之间的冲突。即使对理性的公共运用，在许多理论问题上，尤其是实践问题上，也并不导致所追求的合理共识。其原因在于‘举证责任’，即理想性的理性主张本身施加在有限精神之上的那种负担。……因此，一种同现代生活条件相适应的正义论，必须考虑多种多样同时并存的、同样有资格存在的生活形式和生活计划；从不同传统和生活历史的视角来看，关于这些生活形式和生活计划，合理异议是会持久存在的。”①

因此，作为一种现实运作着的全过程民主，不应仅仅满足其在形式意义上的纯粹程序规定性，还应该在实质的意义上实现基本的正当性。而这

①［德］哈贝马斯.在事实与规范之间：关于法律和民主法治国的商谈理论［M］.童世骏，译.北京：生活•读书•新知三联书店，2003：74.

正是习近平总书记强调“众人的事情由众人商量”的意义所在。在此意义上，商谈过程作为全过程民主的实现形式，在实质性意义上承担了其过程性的另一重意义。

（二）商谈的实质性意义：全过程民主程序正义的实现

按照哈贝马斯对罗尔斯式基于纯粹程序的形式民主的质疑，他就应该从实质理性的意义上给出对于民主过程的重新规定。在哈贝马斯的论述中，这一目标的达成是以对系统与生活世界的隔离和沟通作为讨论的背景。值得注意的是，如果说民主实质性意义的达成并不意味着对其形式意义的完全排斥，没有形式意义的规约，实质意义将会丧失其基本的规定性。也正因为如此，哈贝马斯与罗尔斯之间的理论分歧或许并不像想象得那么大，这种分歧充其量被限定在民主的价值与实现之间的矛盾如何得以有效化解上。

无论哈贝马斯，还是卢曼①，都以现代政治社会中系统与生活世界的疏离作为讨论的背景。在这一情境下，“所有功能系统之获得自主性，是因为它们形成了自己特有的代码和彼此间无法转译的语义内容。由此它们不得不丧失彼此直接交往的能力，从而只能相互‘观察’。这种孤独症尤其影响政治系统——根据假定，政治系统本身也是自我指涉的、与其环境隔绝的。”②以行政、司法等为代表的功能系统之自主性的达成，恰以其能够在自身内获得足够的“代码”，并以这种“代码”作为给出区分系统之间，系统与生活世界之间差别的基本标志。在此意义上，系统与生活世界之间存在着沟通和交流的不可通约性，所有的系统自身都呈现出一种基于自我指涉意义的目标指向和价值达成上的自足。但是，这种疏离是以丧失系统与生活世界之间的直接交往为代价的，而这种丧失将使得现代社会的政治法律系统面临着根本性的合法性危机。

在哈贝马斯看来，能够勾连起两者的决定性因素是交往理性的导向作用：“在这种新的（交往理性，本文作者加）语境中，传统的实践理性概念

① 可参考卢曼.社会的法律[M].北京：人民出版社，2009.

② [德]哈贝马斯.在事实与规范之间：关于法律和民主法治国的商谈理论[M].童世骏，译.北京：生活·读书·新知三联书店，2003：417.

也获得了新的、某种程度的启发性价值。它的作用不再是直接引出一个关于法和道德的规范理论。相反，它提供的是一种导向作用，引导人们对形成意见和准备决策的诸多商谈——合法行使之民主统治的基础就在于此——所构成的网络进行重构。从这个角度来看，政治意志形成过程、立法过程和司法判决实践的那种依法治国交往形式，表现为处于系统迫令之下的现代社会的生活世界的总体合理化过程的一部分。"[①]在此意义上，交往理性作为对实践理性的超越，实际上不仅包含了规范性价值，而且延伸出了对参与公共生活中的人们之间的意见形成和商谈过程的导向性意义。也就是说，在哈贝马斯这里，交往理性作为对实践理性的替代，实际上可以在一方面获得在其作为理性形式性意义上的规范性意义，又可以在实质上通过现实的实践过程而具有了基于程序的商谈实践价值。因而，在这里，系统和生活世界之间获得了重新连接的可能，交往理性也因此具有了海德格尔意义上作为交往行动的"座架"的意谓，这也是哈贝马斯所谓交往理性对实践理性超越的基本意涵所在。因此，"一旦放弃了主体性哲学的概念架构，就既没有必要把主权集中于具体的人民当中，也没有必要把主权放弃给无人称的宪法结构和宪法权力部门。自我组织的法律共同体的'自我'消失在一些无主体的交往形式之中，这些交往形式用特定方式来调节商谈性意见形成和意志形成过程，以至于这些过程的具有可错性的结果享有被假定为合理结果的地位。这并不是放弃同人民主权的观念相联系的那种直觉，而是对它作主体间性的诠释。"[②]对主体性哲学的超越，正是交往理性对实践理性超越的关键所在。也正因此，基于主体间性意义的商谈意见和意志形成过程，获得了其在合乎参与者理性选择合意基础上的"合理性"，同时对现代社会中基于多元价值选择的价值正当性提供了一个可证成性的规范性论证。商谈民主获得了在一种多元化民主时代作为其正当形式的地位。

---

①［德］哈贝马斯.在事实与规范之间：关于法律和民主法治国的商谈理论[M].童世骏，译.北京：生活•读书•新知三联书店，2003：7.

②［德］哈贝马斯.在事实与规范之间：关于法律和民主法治国的商谈理论[M].童世骏，译.北京：生活•读书•新知三联书店，2003：373.

因而，商谈或者基于商谈的政治过程获得了仅通过这一过程本身所获得的直观理解以外的意义，商谈民主不仅仅通过系统与生活直接的沟通和连接，满足了民主过程中现实性目标的达成，而且同时凸显了其规范性价值，而这种价值的达成意味着民主纯粹程序性价值的实现。因为在这里，行政系统或者法律系统也好，政治法律过程的参与者也好，都因此获得了程序性的主体意义，也即是说，这一过程达成了基于交互主体间的合意。因此，商谈未必能在每具体行动标准上都获得全体认同，但只要后者是在保证了公民平等参与的理性商谈程序的基础上作出的，它就应被视为是共识的结果。在这里经由程序的正当化和经由共识的正当化是相辅相成、相互作用的。这种相互作用总体上追求这样的一个目的，即通过理性和中立的程序，产生对于大多数民众来讲是合理可接受且有约束力的法律规范和决定。①

（三）全过程民主的双重价值及其与法治政府的契合

正如习近平总书记所指出的："众人的事情由众人商量，找到全社会意愿和要求的最大公约数，是人民民主的真谛。"全过程民主之所以可以是人民民主的真谛，之所以可以作为全社会意愿和要求的最大公约数对待，其基本的理论缘由恰在于：作为一种实践着的过程性民主，全过程民主可以通过政府与社会之间广泛而深入的商谈过程，实现其作为民主的价值规约与实践目标。也正因如此，全过程民主内在包含了两个基本层面：作为规范性的程序性层面和作为事实性的实践性层面，是这两个方面的有机统一，是将作为"合理性"的实质要素与作为"合法性"的形式要素结合的结果。

同时，也应该看到，作为现代政治社会系统主要组成部分的法律系统，其自身也表现出程序价值与实质价值复合的双重性。并且，这种复合以法律系统自身所具有强烈程序性特征为其基本的表现形式。也就是说，在法律系统中，无论形式性与实质性，都可以通过法律程序以过程性的方式加以表现和获得理解："与法律程序相关的实质性价值基本上都可以通过程序

---

① [德]莱茵荷德·齐佩利乌斯.法哲学[M].金振豹，译.北京：北京大学出版社，2013：91，174.

价值的范畴本身来体现，而不必另行求诸其他外在的、先验的、超越性的价值根据；相反，甚至还有必要把其他不同层面的实质性价值尽量都转化为可以用法律语言表达的形式，以便纳入程序之中进行可比较性和可沟通性的处理，从而有利于在多元化背景下达成更广泛的共识。”[①]因而，全过程民主与程序性法治之间可以获得其作为系统而共同具有的结构形式，也就是说，全过程民主与法治之间具有相当程度的同构性。“程序之所以对于法治而言是重要的或必不可少的，就是因为它是法治的构成性要素，最终也是社会整合的构成性要素。”[②]法治可以最终成为社会整合的构成性要素，显然与作为系统的法治系统与政治系统的连接和同构关系密切，更与它们共同有效地勾连起系统与生活世界密不可分。

进而，作为居间于法治与民主的法治政府也就可以获得作为全过程民主表现形式的典型分析价值。因此，政府过程也可以看作是通过其程序性和过程性，而获得对全过程民主的形式和实质二重性构造进行理论验证的意义。也正因如此，有学者认为，可以将全过程民主理解为政策参与的过程，因此可以从公共政策过程特别是政策制定的角度对全过程民主展开讨论，并且认为这一讨论对于公共政策的科学化、民主化具有相当价值，也对提升政府治理能力具有重要理论和实践价值[③]。因此，本文在下面的讨论中，拟结合宿州市埇桥区的重大行政决策实践，对在法治政府背景的全过程民主的实现形式和机制做一实例性分析。

二　埇桥区重大公共行政决策公众参与中的全过程民主实践

作为本文典型分析案例的宿州市埇桥区，近年来，深入学习贯彻习近平法治思想，全面贯彻落实党中央、国务院关于法治政府建设各项决策部署，以统筹推进全面依法治区为出发点，扎实开展法治政府建设示范创建

① 季卫东.法律程序的形式性与实质性——以对程序理论的批判和批判理论的程序化为线索[J].北京大学学报(哲学社会科学版)，2006(1)：109-131.

② 雷磊.法律程序为什么重要？反思现代社会中程序与法治的关系[J].中外法学，2014(2)：319-338.

③ 孔繁斌.全过程民主：政策参与过程优化的新情景[J].探索与争鸣，2020(12)：20-23.

工作，政府职能依法全面履行，依法行政制度体系不断完善，重大行政决策科学、民主、合法，行政权力制约监督科学有效，社会矛盾纠纷依法有效化解，政府工作人员法治思维和依法行政能力不断提高，法治政府建设组织领导落实到位，法治政府建设有序推进，法治政府建设取得显著成效。2020年，埇桥区被安徽省命名为全省法治政府建设示范区，成为省内县区法治政府建设的先进典型。限于讨论的范围，本文着重就埇桥区重大行政决策程序上所采取的手段及其措施，并试图通过对这些手段和措施的梳理，分别从重大行政决策的议题设定、商谈机制与形式、决策参与性与开放性等方面，讨论这一决策程序作为全过程民主的实践形式，在何种意义上达成了全过程民主的程序条件，并且在实质上推动了这一进程，深入推进基层政府重大行政决策公众参与的发展与完善。

（一）法治政府过程中的政策过程

在我国学界的相关探讨中，一般将政府过程区分为广义和狭义两种情形。广义的政府过程即政治过程，因此在广义上使用的政府过程也常常被等同于政治过程来使用。而狭义上的政府过程则“一般被理解为政府决策的运作过程，主要包括政府的政策制定与执行等功能活动及其权力结构关系”①，因而，狭义上使用的政府过程大致可以等同于政策过程。但是值得特别说明的是，即使在狭义上讨论政府过程，也很难完全离开对政策过程以外的其他政治过程的讨论，例如对政策法治化与政治参与的讨论。其原因在于：一个完善的政策过程难以摆脱对政策本身规范有效性和合理价值性的追问。在宿州市埇桥区的政策过程实践中，我们也能清晰地看到这一情形。

首先，针对重大行政决策的法定程序，该区先后制定了《宿州市埇桥区人民政府重大行政决策公众参与程序规定》《宿州市人民政府重大事项合法性审查程序规定》等规范性文件，把公众参与、专家论证、风险评估、合法性审查和集体讨论决定作为重大决策的法定程序，不断增强公共政策

① 朱光磊.当代中国政府过程(修订版)[M].天津:天津人民出版社,2002:18.

制定的透明度和公众参与度，重大行政决策行为切实规范。严格执行重大行政决策程序，落实重大行政决策合法性审查和公平竞争审查制度，在全省率先出台《宿州市行政规范性文件合法性审核程序规定》，明确规定未进行合法性审核或审核未通过的，以及涉及市场主体未通过公平竞争审查的，不得列入市政府常务会议议题。通观这些规范性文件可以看出，这些文件都在程序性上做出了严格的规定，将行政决策所涉及的公众参与、合法性审查、审核机制等方面的程序都做了较为严格的限定。例如《宿州市人民政府办公室关于2018年市政府文件制定中落实公众参与有关事项的通知》第三条中规定："市政府文件涉及的重大行政决策公布前，各拟稿单位应当通过书面信件、电子邮件等方式告知公众参与意见采纳情况，并对相对集中的意见未予采纳的原因予以说明。其中，适合在政府门户网站公开的，拟稿单位应将相关信息提供给市政府网站和市政府信息公开网站，并在本部门网站对外公开；对无法获取公众参与人员联系方式以及通过向社会发布草案或征求意见稿方式征求意见的，应通过政府网站以及原征求意见渠道予以公布。各拟稿单位应当密切跟踪舆情，及时回应社会关切，对公众疑虑较多或社会负面影响面较广的，应组织专家或第三方机构进行评估，提出相关工作建议。市政府文件执行完毕，拟稿单位应将执行结果向社会公开，接受社会公众对决策效果和执行结果的监督。"可见，在具体的规范性文件中，针对具体行政决策环节，该文件做了较有针对性的程序性规定，针对例外情形，也进行了程序较为明确的措施应对规定。通过这些明确的程序性规定，使得政策过程的不同环节都有据可依，有程序可遵循。

其次，对重大行政决策的内容规定上作出了说明，并通过这种说明明确了重大行政决策所涉及的事项范围。例如《宿州市埇桥区人民政府重大行政决策公众参与程序规定》第二条明确规定："区人民政府作出关系本区经济社会发展全局、与人民群众利益密切相关的重大行政决策的公众参与活动，适用本规定。"并在该规定第二十条中补充规定："重大行政决策经区人民政府审议确定，除依法应当保密的外，应当通过政府门户网站、报刊等方式向社会公布，对重大行政决策的背景依据、目标任务、主要内容、涉及范围、执行标准，以及注意事项、关键词诠释、惠民利民举措、新旧政策差异等进行解读，使政策内涵透明，避免误解误读。”通过这些规定可以看出，实际上该文件是以规范性的形式确定了对政策制定过程进行议题设定。按照相关理论的讲法，在议题设定过程中，由于往往是政府掌握着议题设定的主导权，从而客观上可能会出现设定出的议题及其内容与社会所期待的议题不吻合或者不匹配的情况，进而在事实上拉开了政策参与主体与内容的距离。因而，在该区的重大行政决策内容的规定上，对于重大行政决策的内容做了较为宽泛的规定，导致以进一步的补充条款的形式，规定了议题的公开措施，并且详细规定了公开的具体内容，力图通过这种公开的形式和程序，拉近设定议题与社会之间的距离，减少议题设定中出现上述矛盾的可能性。

进一步来说，这一对重大行政决策所涉及内容的详尽规定，也可以在一定程度上把政策过程中所涉及不同环节，例如议题设定和商谈内容区分开，这一区分对于政策过程的程序化是必不可少的。事实上，通过对重大行政决策的内容规定，政府实际上发挥了行政系统的导控功能。作为系统的一个组成部分，在系统与生活世界的连接中，政府所代表的行政系统实际上总是处于主导性的位置，并且实际上通过这种导控功能，在两者的连接中处于主导性地位①。因而，在政策过程中，对于政府的导控功能的规定应该是限制性的，而对于公民或者参与者的规定是开放式的。唯有如此，才能在政策过程中形成政府与社会的交互主体性关系，进而实现良好的政治沟通，达成两者之间的有效互动。

（二）重大行政决策的商谈机制

对于行政决策的规范文件制定和议题设定，在某种意义上只是决策过程的开端，这一过程中更重要的部分实际上在于行政决策的形成过程中。其基本原因在于，依据以往的行政管理范式，行政决策实际上是政府垄断的运用规范制定的权力，以行政权力强制性为保障而进行的。因而，在这一过程中体现出的是政府作为管理主体对社会作为管理客体的支配性，政

---

① 参阅[德]哈贝马斯.在事实与规范之间：关于法律和民主法治国的商谈理论[M].童世骏，译.北京：生活·读书·新知三联书店，2003：395.

府与社会之间的关系是非均衡和非对称的。“因此，无论是在行政立法领域还是在行政决策领域，强化社会组织和公民的参与，将其意见、建议整合至行政立法和行政决策之中，形成共识性规则，政府执行法律或决策决议，从而将规则系统与现实生活世界联通起来。”因而，“政府治理囊括了政府、社会、市场以及公民个人等多元主体，蕴含政府行政、社会公行政、合作行政等多种行政模式，公法、私法规则兼顾适用，治理过程充满协商、沟通、合意。”①正是在这一过程中，公共政策得以真正确立下来，并获得政府、社会与公民之间通过商谈过程而形成的意见综合和合意结果，达致公共政策的合法性与合理性，真正体现出这一过程作为全过程民主实践机制的价值。

首先，在重大行政决策的商谈形式上，《宿州市埇桥区人民政府重大行政决策公众参与程序规定》中有明确规定，公众可以通过政府组织的座谈讨论、咨询协商、民意调查、向社会公开征求意见稿、听证等形式广泛参与到行政决策过程中，并且在相关条款中对上述程序的适用条件、期限、意见收集分析应用反馈的具体操作规程，即决策前的公众参与等问题都进行了详尽的规定。例如，《宿州市埇桥区人民政府重大行政决策公众参与程序规定》在第十一条到第十五条中用较大篇幅，详细规定了听证会的适用程序。这些规定分别从听证会举行的条件，举行时间、地点的限制性，公开内容，听证代表的产生，听证记录的方式和内容等方面对通过听证会方式形成与民众的意见互动，进行有效协商做了非常详细的程序设定。通过这些程序设定，使得通过听证会方式的政府与民众商谈过程得到了保障。

其次，行政决策草案征求意见可以采用多种途径向社会公开，这些途径包括政府门户网站，移动网络客户端、公众号，政务信息公示栏以及其他公众知晓的载体，等等。客观地说，这些手段随着网络和信息化手段的普遍应用，以及大数据平台的建设，已经为越来越多的政府信息平台所运用，从而获得政府与社会之间的良好互动。但是，也确实存在许多政府网站或者客户端App的内容长期不更新、互动性差或者缺乏管理等问题。在埇

① 石佑启，杨治坤．中国政府治理的法治路径[J]．中国社会科学，2018(1)：66-89.

桥区通过信息平台与社会的沟通互动中，以该区政府网站信息公开平台为例，主要采取了以下做法来避免上述问题，较为有效地保障了政府部门之间、政府与民众之间的互动成效：其一，及时发布重大行政决策草案、决策意图、相关政策解读等内容，对将要进行的行政决策做全方位的细化和梳理，力求使行政决策的关键内容能得到民众的普遍理解；其二，针对不同决策内容分门别类，归类政策子集，并在此基础上明确标识征求意见建议的部门种类，或者向全社会征求意见建议，提高意见征集实效；其三，在政府信息网站的相关公开栏目中，采用清晰醒目方式标识部门、民众意见反馈入口，相关意见建议实时显示，并且做必要的匿名化处理，对民众能够提出相关意见形成正向激励；其四，对相关意见建议及时反馈，形成良性的互动和沟通机制。应当说，这些做法确实取得了较为明显的成效，埇桥区2020年的公开报道显示，制定规范性文件164件，无被确认违法、变更、撤销等情形；完成合法性审查重大行政决策99件、行政合同65件；认真研究办理人大代表议案2件、建议73件，政协委员提案208件，办理12345政府热线2.62万件，高质量回应群众关切；公开政务信息5.15万条，召开新闻发布会33场，在线访谈7场，不仅提高了政府工作的透明度，也保障了广大群众的知情权。

（三）基于重大行政决策的商谈网络构建

按照一般对于议题网络的界定，议题网络主要存在于正式政府机构内部，例如在政党与政府之间可能因共同的议题设定或者偏好而形成一种相对开放的复杂网络。这一网络还常常以非正式的形式存在，成为沟通政府内部不同机构之间关系或者确定政策议题、进行政策决策的重要辅助性力量。相应地，围绕相关议题网络，可以建立起相应的政策网络，行政官员、议员、学者、游说团体、民众等与政策利益攸关的群体，通过反复沟通，可以形成一个基于特定政策的开放多元的网络体系，并在此基础上形成较为稳定的社会关系。但是，同议题网络一样，这种关系也多具有非正式性，并不一定非得以正式的律令规约方式确立起来。

埇桥区的重大行政决策过程，已逐渐形成政府与社会、民众之间基于商谈的政策网络。当然，这种政策网络可能并不完全符合经典意义上的议题网络或者政策网络定义。但是，检视上述对于议题网络和政策网络相关研究可以看出，实际上这些不同的网络类型都具有开放性、非正式性的特点。在埇桥区基于重大行政决策的公众参与过程中，围绕共同的议题或者政策制定，政府内部不同的部门或者公众参与者以随机参与的方式参与到政策制定过程中，政府部门之间，政府与相关领域专家之间，政府与民众之间，并未以正式规则方式确立起彼此之间的正式合作或者竞争关系，在一定程度上形成了一种实质意义上的政策网络，并在此基础上构建起基于这一政策网络的商谈机制。如果可以借用议题和政策网络的理论构想，那么在这里我们实际上也可以将这种基于非常态的商谈关系，看作是一种政府与相关政策影响群体之间的商谈网络。在这一商谈网络中，政府与相关群体都是因商谈过程的电子化特性而呈现出“无面目”的面向，是近乎于平等对待的。这一商谈网络也因其不特定性恰恰满足了民主纯粹程序性价值理性期待。但政府在此过程中虽然确立起了若干规则，但这些规则规约的是商谈程序，而非商谈参与者的具体行为，从而在事实上为商谈过程准备了形式化的条件。进一步说，这一过程所具有的相当程度的开放性，保证了围绕政策制定产生的商谈机制的有效性。作为一种全过程意义的民主实现机制，这种商谈机制也就在相当程度上保障了民主过程的实现。如果把它理解为一个政府过程，那么在这个过程中，民众的参与权利在一定意义上得到了尊重和实现，政府与民众基于互动的交互主体性得以呈现。正如有学者所论述的：“从全过程人民民主的实践形态来看，其通过民意征集、民主协商、民主表决、民主监督等结构性要素的支撑和运转，既丰富了人民当家作主的实现形式，又实现了民主治理绩效的跃升。”①

三 结 论

全过程民主内在的包含了程序性和实质性的两个面向，在商谈模式下，

① 王江伟.“全过程人民民主”的实践形态：结构要素与生成机制[J].求实，2021(5)：17-30.

这两种面向有机地结合在了一起，在此意义上，商谈民主作为全过程民主的实现形式，成为当下我国人民民主的实践形态。法治政府与全过程民主的建构存在着一定意义上的同构性，观察法治政府进程中的政府过程，有助于我们透视全过程民主的实践形态。因此，本文的论述从宿州市埇桥区的典型案例入手，试图通过对该区法治政府建设中的行政决策公众参与过程入手，通过对公众参与的程序、商谈机制和开放性商谈网络等层面的讨论，提供一个全过程民主的实践案例。

基于全过程民主与法治政府共同的价值诉求和潜在的制度构架，在法治政府建构过程中的地方政府实践自发地趋向于经由商谈式民主的政策过程实践。由此可以推论，新时代背景下党中央领导人民所进行的政治建设和国家治理体系建设在理论上是一个完整价值体系，在实践上是可以有效衔接，内在具有关联性和一致性的有效制度体系。全过程民主，法治政府与商谈机制共同构成了新时代中国特色社会主义法治体系的基本内涵。

全过程民主是新时代党领导广大人民进行社会主义政治建设的伟大实践，是人民民主的国家体制在当代结出的硕果，仍处于不断地探索和实践过程中。本文的讨论只是试图将当代中国政治实践中的不同制度形态结合起来进行考虑，并找出它们内在逻辑的一个尝试。限于篇幅，全过程民主与法治政府建构的内在关系，法治政府与政策过程的关联，商谈机制的网络结构等问题都粗疏带过，未能做较深入的讨论，这些问题都是值得进行进一步研究的。

参考文献

刘军，李洋．“全过程”的人民民主：中国式民主的制度设计与建设实践[J].科学社会主义，2021(1)：146-151.

莫纪宏．在法治轨道上有序推进“全过程人民民主”[J].中国法学，2021(6)：5-24.

王万华．法治政府建设的程序主义进路[J].法学研究，2013(4)：99-114.

王晓升．作为程序的正义——纯粹程序正义的历史性辩护[J].国际社会科学杂志(中文版)，2015(1)：82-98.

杨立雄，杨月洁.生活世界殖民化、话语商谈与福利国家的未来——兼论哈贝马斯与马歇尔、罗尔斯的区别[J].人文杂志，2007(1)：177-184.

孙国东.论哈贝马斯商谈合法化理论的社会理论逻辑[J].学术界，2012(5)：76-84.

陈玲，赵静，薛澜.择优还是折衷？——转型期中国政策过程的一个解释框架和共识决策模型[J].管理世界，2010(8)：59-72.

黟县旅游综合执法改革与体制机制创新

李宗楼

摘　要： 随着我国旅游产业高速持续发展，建立健全旅游市场综合监管长效机制，全面落实行政执法责任制，是旅游综合执法改革的目标要求，也是深化行政体制改革和法治政府建设的内容和任务。黟县为优化旅游综合执法体制，在旅游综合执法改革试点中，高度重视执法制度机制建设，成立旅游管理综合执法局，负责区域内行政处罚权及相关执法职权行使，逐步探索构建了一个统一受理的投诉平台、一个权责明确的执法主体、一个专业高效的处理体系、一个健全完善的监管体系和一套科学合理的考核评价工作机制，为城乡旅游综合执法与法治政府建设提供了可复制、可推广的经验。黟县执法改革实践证明，推进旅游综合执法改革和执法效力的提升，强化组织领导是保障，坚持权责一致原则是基石，着力加强执法工作机制建设是关键，着眼旅游市场秩序有效维护与推动旅游业高质量发展的结合是重点。为努力实现“十四五”国家旅游发展规划要求，要继续推进旅游综合执法改革，创新旅游执法方式，开展好旅游综合执法标准化建设，着力实现行政执法水平提升，努力打造县域旅游综合执法升级版。

关键词： 旅游执法　旅游综合执法　执法改革　体制机制　黟县

旅游是幸福产业，是人民生活水平提高的重要标志。党的十八大以来，我国以转型升级、提质增效为主题，出台系列政策文件，采取多项强有力措施，规范旅游市场秩序，推动了旅游业持续健康快速发展，旅游服务质量逐步提高，较好地满足了人民群众的出游需求。随着全面小康社会的建成，旅游市场规模不断扩大，广大游客对旅游市场规范和服务品质的要求越来越高。但伴随旅游市场规模的飞速增长，旅游执法监管体制、法规建设、执法力量等与之不相匹配的问题依旧突出，侵害游客合法权益事件时有发生影响旅游业持续健康发展。为深化行政执法体制改革，加快推进旅游综合监管机制建设，党中央和国务院先后出台了多项指导性政策文件，明确提出旅游综合执法改革的原则和目标要求，强调要深入推进旅游综合执法改革，推动旅游业高质量发展，推进旅游为民，实施旅游带动，在国民经济发展和文化强国建设中发挥重要作用。

近年来，黄山市黟县深入贯彻落实中央和省市法治政府建设各项部署，率先开展旅游管理领域相对集中行政处罚权试点，为全面落实行政执法责任制，坚持改革聚力、创新赋能，以破解旅游管理执法中的难题、净化市场环境、保障游客权益，综合执法改革的创新之举取得显现成效，旅游综合执法能力不断提升，旅游市场秩序进一步改善，受到社会各方广泛关注。正是持续推进旅游综合执法改革等一系列法治政府建设措施，2020年，黟县县域旅游综合执法获批第一批全国法治政府建设示范项目，成为全国旅游综合执法改革具有突出成效的典型。本文将以黟县旅游综合执法改革为例，在深入把握旅游综合执法改革的重要性和必要性基础上，深入总结和分析黟县旅游综合执法改革的主要举措和成功经验，进一步推进旅游综合执法及监管机制建设，推动旅游高质量发展。

一　积极推进旅游综合执法改革缘由

党的十八届四中全会通过的《中共中央关于全面推进依法治国若干重大问题的决定》明确提出要减少市县两级的执法队伍种类，在食品药品安全、文化旅游、工商质检等重点领域内推行综合执法。2014年全国人大常务委员会执法检查组《关于检查〈中华人民共和国旅游法〉实施情况的报告》中指出了当前我国旅游执法实践中暴露出的问题：旅游综合协调体制机制运行不到位，各地旅游联合执法不规范，临时性、突击性较强，职能定位不准确，常态化、制度化的模式没有形成，各地需要加强旅游执法队伍的建设。2013年国家旅游局发布《旅游质量发展纲要（2013—2020年）》明确提出，要规范执法行为，充分发挥地方政府的作用，加强旅游交通、旅游餐饮、高风险旅游项目等重点环节的安全监管，整合多方力量，发挥职能优势，加强协调配合，形成旅游综合执法机制。2016年2月，国务院办公厅下发《关于加强旅游市场综合执法监管的通知》提出，将旅游市场执法列入综合执法体制改革试点。加快建立权责明确、执法有力、行为规范、保障有效的旅游市场综合监管机制，进一步解决扰乱旅游市场秩序、侵害旅游者权益等突出问题。这是党中央、国务院从依法治国的战略高度强调旅游等领域综合执法的重要性和必要性，将旅游综合执法改革纳入深化党和国家机构改革的范畴，成为开展旅游综合执法实践的重要依据，也是旅游行政主管部门探索综合执法不同模式、推进旅游综合执法改革，以及加快旅游业改革发展的新动力新起点。

（一）旅游综合执法及其不同模式分析

旅游综合执法亦称旅游综合行政执法，是根据旅游业综合性强，旅游立法、执法起步较晚、基础较差、力量较弱，以及我国旅游业持续快速发展，旅游行政执法任务不断加重的实际，逐步提出和发展起来，形成如综合执法局、联合执法办公室等多种执法形式。其要义是保障旅游业的有序发展，维护游客的合法权益，旅游行政执法部门依据法律法规赋予的权力而展开执法行为，对那些违反旅游相关法律法规的行为以及危害旅游从业者和游客合法权益的行为展开的正常执法。在我国旅游业起步阶段，普遍的行政执法形式是一个行政机关对行政相对人单独做出相关执法，即单一执法，其在执法实际操作中逐渐暴露出许多缺陷后，由两个或两个以上不同职能的行政执法部门临时联合起来根据各自的法定权限对行政相对人分别作出处理，这种联合行政执法形式相对于单一执法优势在于部门在政府牵头下相互协作，具有一定可操作性。但在联合执法过程中，往往没有明确厘清各部门的权力和责任，出现各个部门为各自利益争抢权力或有问题逃避责任进行推诿执法的情况，执法效果的稳定性较差。随着旅游业快速发展，旅游综合执法形式替代了前者并成为主要执法形式。而综合执法是特定行政主体在旅游执法过程中，依据法定权限，遵照法定程序，集中实施多个行政主体的法定职权，并独自承担行政诉讼后果的特定制度。综合执法形式明确执法主体是为行政机关而不得为某行政机关的内设机构，执法机关将那些必不可少的行政主体执法职权融入综合执法的过程中，即在一个更高平台上共同致力于旅游市场的综合行政执法活动，成为各地行政执法部门长时期采用的旅游执法形式。

随着我国旅游业快速发展和旅游行政执法的实际需要，各地从自身条件出发，逐步建立起旅游行政执法制度和执法机制，在综合执法实践中逐步形成了综合执法局、联合执法办公室、部门统一执法、综合执法领导小组、执法监督委员会等不同执法模式。虽然执法模式有所不同，但执法的共同特征非常突显：一是有固定的组织机构负责旅游执法，建立了长效和常态化的执法机制。整合多个部门的执法权，各部门依据各自执行的法律法规行使执法权，共同对旅游市场进行监督管理。执法效率比较高，执法力度也更强，弥补了因旅游法律法规不完善所带来的执法难题，使违法违规行为得到及时有效的处理。二是各成员单位职责权限不划出，执法主体不变，执法过程中各部门按照各自的职责和权限进行执法检查。案件涉及哪个部门，就由相应职能部门依据各自执行的法律法规负责处理，涉及多个部门的，往往是旅游综合执法机构负责协调。三是执法效果明显改善。综合运用各部门执法权、执法队伍和法律法规，弥补了旅游行政执法法规依据不足、力量不足、经验不足等缺陷，明显增强了执法检查和案件处理力度。同时，由于集中力量统一行动，各部门各负其责，在重大案件处理和综合整治工作中相互沟通、联合取证、分头执法，比由旅游部门单独协调解决效率高、效果好。

近些年来，各地依法履行政府职能，不断推进旅游综合执法、旅游环境综合治理取得阶段性成效，旅游业总体规模实现稳步增长，旅游产业正在成为经济增长的重要引擎。但伴随我国旅游产业高速持续发展，旅游综合执法存在的短板或问题也不断显现出来，比如旅游综合执法的办事机构通常设在旅游行政管理部门，具体组织协调工作却是由旅游行政管理部门承担。由于综合执法成员单位多，且隶属于不同部门，彼此间没有行政隶属关系，各部门的认知程度、重视程度不同等因素的影响，组织协调工作量和难度都很大。同时，还因综合执法参与部门多，各部门分别行使职权，导致执法环节多，时常出现盲区和推诿扯皮现象；各部门依据的法律法规规定相互衔接时，交叉执法、法律监管空白甚至法律条款抵触的现象也时有发生。另外，因参与综合执法人员多为成员单位临时抽调人员或者指定人员，有时实行一年一换等轮换制，执法队伍不稳定，工作连续性和效果也受到影响。这些凸显出来的问题是对综合执法形式和旅游业发展的严峻挑战，如何依法推进旅游综合执法改革，完善旅游管理机制，成为旅游发展面临的重要课题。

（二）旅游综合执法改革的现实要求

党的十九大以来，在推动法治政府建设过程中，党中央把深化综合行政执法改革作为一项专门任务予以部署和推进。党的十九届三中全会通过的《中共中央关于深化党和国家机构改革的决定》《深化党和国家机构改革方案》以及中央全面深化改革委员会第二次会议通过的《关于地方机构改革有关问题的指导意见》，都对深化行政执法改革提出明确要求，强调统筹配置行政处罚职能和执法资源，相对集中行政处罚权，整合精简执法队伍，解决多头多层重复执法问题。推动整合同一领域或相近领域执法队伍，实行综合设置，减少执法层级，推动执法力量下沉。①习近平总书记在中共十九届三中全会第二次全体会议上讲话中明确指出，要把深化综合执法改革作为专项任务，在市场监管、生态环保、文化市场、交通运输、农业等领域整合组建执法队伍，大幅减少执法队伍类别，合理配置执法力量，着力解决多头多层重复执法问题，努力做到严格规范公正文明执法。②这都是针

① 中共中央关于深化党和国家机构改革的决定[N].人民日报，2018-03-05(1).

② 习近平.习近平谈治国理政(第三卷)[M].北京：外文出版社，2020:174.

对当前依然存在的执法不规范、不严格以及不作为乱作为等问题，强调在新的时期深化行政执法体制改革，建立健全权责统一、权威高效执法体制的重要性和必需性。就旅游综合执法而言，迫切需要通过改革优化旅游综合执法体制，统筹配置行政处罚职能和执法资源，集中行政处罚权，解决多头多层重复执法等问题，从而有效解决旅游综合执法主体在执法过程中的不作为、乱作为问题，利于严格实施法律法规规章，及时查处和制裁各种违法行为，保障游客和其他组织的合法权益，提高旅游综合执法效力。

不仅如此，深化行政执法体制改革相联系的重要内容是如何建立旅游市场综合监管机制，规范提升公正文明执法水平，成为各地旅游行政主管部门面对的重要问题。国务院办公厅《关于加强旅游市场综合监管的通知》（简称《通知》）强调，加快建立权责明确、执法有力、行为规范、保障有效的旅游市场综合监管机制，进一步解决扰乱旅游市场秩序、侵害旅游者权益等突出问题。这是针对我国旅游市场监管机制不健全和存在的实际问题，提出加强旅游市场综合监管的指导性文件，是解决旅游市场乱象问题的政策规范。实际上多年来旅游市场监管和执法牵涉多个部门，旅游质监与相关部门在职责上存在交叉现象，体制机制不活，多头管理、交叉执法的困境严重影响了市场监管行政效率的发挥，无执法权的旅游部门不能直接处置旅游过程中涉及工商、交通、公安等方面的问题，而有执法权的工商、税务、公安、交通等部门，或不了解旅游市场中的业务关系，或无暇顾及旅游纠纷中的问题，或旅游纠纷往往是数额微小的民事、商事问题而不在公安等部门的管辖范围内，因而出现旅游执法主体缺位的状况。正因如此，建立健全旅游综合协调、旅游案件联合查办、旅游投诉统一受理等综合监管机制尤为重要。国务院办公厅《通知》要求有关部门要配合旅游行政主管部门，做好相关行业指导、协调和督促检查工作；要加快制定旅游市场综合监管责任清单，强化联合执法协调监管的工作机制；要综合运用行政处罚、信用惩戒等措施，引导相关市场主体自觉守法，从而营造诚信经营、公平竞争、文明有序的旅游市场环境，共同维护旅游市场秩序，促进旅游市场健康有序发展。总之，多年来的旅游综合执法实践告诉我们，建立健全旅游市场综合监管长效机制，包括针对重大处罚决定建立合法性审查机制，对旅游市场秩序的重大事件实行督办问责制度等等，既是推进旅游综合执法改革的目标要求，也是旅游行政执法主体和旅游业共同努力承担的责任，成为旅游综合执法改革的紧迫任务。

2021年，中国进入“十四五”规划实施之年。“十四五”时期旅游业发展面临重大机遇，也面临诸多挑战，推进旅游综合执法改革，增强行政执法监管能力，也是实施“十四五”旅游发展规划目标要求。我国“十四五”旅游规划发展目标提出，到2025年，旅游业高质量发展的体制机制更加完善，治理效能显著提升，旅游为民、旅游带动作用全面凸显，旅游业成为经济社会发展和综合国力竞争的强大动力和重要支撑。要推进大众旅游、发展智慧旅游和红色旅游、丰富优质旅游产品供给、提升旅游服务质量，实现这一目标任务，解决旅游领域突出问题显得更为紧迫和重要。也就是说，地方政府和旅游行政管理部门，在新发展阶段需要针对存在的问题，深化旅游综合执法改革，建立和完善权责清晰、运转顺畅、保障有力、廉洁高效的综合执法管理体制，激发市场主体活力，提升市场监管能力，维护市场有序发展，才能保障 “十四五”旅游发展目标的实现。

二　黟县旅游综合执法改革与创新实践

黟县位于安徽省著名风景区黄山脚下，是皖南古村落、徽文化的典型代表。境内拥有17个旅游景区，世界文化遗产地——西递、宏村2个5A级景区，4个4A级景区，1个3A级景区，3个2A级景区。面积857平方公里，人口9.4万，年接待游客1200万人次，旅游收入占GDP的51%，是典型的以旅游为支柱产业的山区小县、旅游强县。自2007年被评为中国旅游强县以来，先后荣获全国休闲农业和乡村旅游示范县、首批国家全域旅游示范区等多个国家级荣誉。30多年来，黟县在发展旅游业过程中，也曾出现过一些旅游乱象，如每到旅游高峰季，占道经营、尾随兜售、以次充好、不明码标价等乱象时有发生，旅游行政执法效力不佳，影响了游客的旅游体验。在坚持改革和不断创新发展理念的引领下，在省市政府和主管部门的组织推动下，2016年年底黟县开始旅游综合执法改革试点，积极推进县域旅游执法改革，整合执法资源，集中统一行政处罚权的行使，加强旅游管理制度机制建设，探索出旅游综合执法改革的成功做法。

（一）整合执法资源，成立综合执法局

从我国旅游业发展和旅游行政执法的演变历程可以看出，地方旅游业发展中存在的一些乱象与旅游行政主体多头执法或交叉执法有密切关联，整合执法资源，能否解决好旅游行政执法主体多头和交叉执法的统一，是推进旅游综合执法改革能否成功的关键。黟县县委、县政府在黄山市有关部门统筹指导下，依照《中华人民共和国行政处罚法》以及国家有关深化旅游综合执法改革精神，推进涉及8个执法部门的行政处罚权相对集中试点工作，经省政府合法性审查批准后实施，确保改革试点工作主体合法、依据合法、程序合法。2016年底，黟县旅游管理综合执法局挂牌成立（黟县文化旅游体育局），成为本级人民政府负责旅游管理综合执法的行政机关，负责本地区旅游景区范围内旅游管理相对集中行政处罚权的实施，下设旅游管理综合执法大队，负责县域内17家旅游景区的监管工作。旅游管理领域相对集中行政处罚权试点，是以交叉执法、多头执法、效率不高等问题为导向，全面梳理、逐项评估与旅游管理密切相关的行政处罚权项目，按照合法合规、便于操作的原则，整合执法资源，对原属旅游、价格、市场监管、交通运输、公安、体育、文化、文物8个主要行政职能部门在旅游管理领域的88项行政处罚权项目进行相对集中（见表1）。除旅游管理方面集中的处罚权外，涉及吊销营业执照和许可证等证照的行政处罚权仍由原法定行政机关行使。独立行使执法主体资格的旅游管理综合执法局，负责区域内行政处罚权及相关执法职权行使。改变原来多个执法主体为一个执法主体，实现了一个部门统一管理、一支队伍统一执法，一个主体统一处罚。实现旅游领域行政执法由多部门间外部循环变为旅游综合执法机构内部循环，旅游市场执法、监管、查处实现“三统一”，旅游市场综合监管能力将得以全面提升。

表1　黟县旅游管理领域行政处罚权

原涉及职能部门	主要行政处罚权	项目数
旅游	涉及旅行社违规经营或超范围经营、无证从事导游、导游人员欺骗或胁迫游客消费等	35项
工商	涉及发布虚假旅游广告、生产或出售假冒伪劣旅游商品、强买强卖等	11项
物价	涉及变相涨价或违规收费、操纵市场价格、违法违规牟取暴利等	25项
食药监管	涉及经营变质过期食品等	4项
交通	涉及无证营运、采取欺骗手段揽客、旅途中擅自变更运输车辆等	6项
公安	涉及客运车辆超载等	2项
体育	涉及擅自经营高危体育项目等	2项
文化文物	违反营业性演出管理的违法行为和文物主管部门涉及刻划、涂污或损失文物等	3项

（二）着力改革创新，推进执法制度机制建设

习近平总书记说过，“我们要坚持以实践基础上的理论创新推动制度创新，坚持和完善现有制度，从实际出发，及时制定一些新的制度，构建系统完备、科学规范、运行有效的制度体系”①，这是强调改革发展实践中理论制度创新对构建系统完备制度体系的重要性，也是对我国现实社会各种制度机制建设提出的要求。黟县正是从实际出发，为构建适应旅游市场执法、监管、查处“三统一”的需要，在原有制度基础上，用改革创新方式，开展执法制度体制建设。突出在以下三个方面：

一是执法制度改革创建。黟县政府依据《中华人民共和国行政处罚法》，中共中央办公厅、国务院办公厅印发《关于深化市场监管综合行政执法改革的指导意见》，国务院办公厅《关于加强旅游市场综合监管的通知》等法律法规和政策文件，先后配套制定了《黟县旅游管理相对集中行政处罚权暂行办法》，指导规范试点工作的具体实施；《黟县旅游管理相对集中

① 习近平.习近平谈治国理政（第一卷）[M].北京：外文出版社，2018：10.

行政处罚试点工作联席会议制度》，协调处理8个部门之间受理、转办各类涉旅投诉案件过程中的矛盾和争议；《重大执法决定法制审核目录和内容清单》《黟县旅游投诉受理工作制度》《黟县旅游综合执法局办案工作制度》《黟县旅游综合执法大队监督工作制度》《黟县旅游管理综合执法局消费者投诉举报工作制度》等[①]，对权责清单、投诉受理、执法办案、监督管理等作出明确的制度规定，进一步规范试点工作有效运行，提升综合执法效力。

二是监管体制机制改革创建。黟县旅游管理综合执法局成立之后，下设旅游管理综合执法大队，负责县域内17家旅游景区的监管工作，集中治理各种旅游乱象。将8个部门的投诉电话整合成统一受理平台12345，实行一个平台受理、一个平台交办、一个平台回复；建立监管联动机制，对涉及行政强制手段和难以集中授权的行政处罚项目，旅游管理执法局一旦发现案件线索及时移交相关职能部门进行查处；完善旅游纠纷诉调机制，建立“旅游纠纷调解中心”“作退一步想”工作室[②]，做到“小事不出景区，大事不出黟县”。

三是开展监管考核评价制度改革创建。县政府制定具体文件，将旅游服务质量、游客满意度纳入对旅游管理综合执法局的工作绩效考核，促使执法过程中更加公正文明，切实维护游客的合法权益。同时，邀请第三方进行抽样调查，发挥评价机制体系的“指挥棒”作用。通过几年来的积极创建，黟县初步建立了与综合执法相配套的制度机制，综合执法局职能与作用得到有效履行和积极发挥，不仅全县旅游市场未发生重大舆情，而且基本解决了“旅游乱象”等问题，促进了旅游业稳健发展。

（三）规范执法行为，依法查处违规违法案件

所谓规范执法，就是要求执法者严格按照法律法规的规定，依法进行

---

① 参见2019年黟县文化旅游体育局法治政府建设年度报告。

② “作退一步想”工作室，为黟县传承古徽州人谦和礼让文化底蕴的平台，居民调解矛盾纠纷的方法之一。据记载清康熙年间古民居“大夫第”的主人胡文照在修建“桃花源里人家”阁楼时，主动将临街正墙后退一步，削去墙角三分，取意“作退一步想”，起到方便路人挑担、推车、行走的便民利民功效。现旅游景区建立“作退一步想”工作室，运用“听、劝、心、退、实、公”六字工作法进行调解，引导双方换位思考，正确面对争端、处理矛盾，最终双方达成和解。

执法活动，按程序办事，不能随心所欲，不能个人说了算。规范执法是严格执法的前提和基础，只有规范执法，公正执法才有可能；只有规范执法，才能使执法权受到监督，客观公正地调查收集违法违规行为的有关证据，使查处的行政处罚决定客观公正。可以说，规范执法行为是旅游综合执法主体的重要遵循，是提升旅游行政处罚案件查处效力的必要前提。近年来，黟县在推进旅游综合执法改革中，为克服或避免发生不按法定程序处理旅游行政处罚案件，重结果轻程序或凭主观意志查处，执法随意性等问题，多措并举规范执法行为。如制定旅游综合执法暂行办法，对旅游综合执法的实施主体、区域范围、处罚内容、执法程序等予以明确和规范，严格要求行政处罚按法规和程序执行，并将年度行政执法数据向社会公开，接受社会监督。如2018年开展旅游市场秩序专项整治，针对景区、旅行社（营业部）、导游、黑车进行旅游市场秩序专项检查，开展旅游综合执法检查46次，出动检查执法人员158人次，检查各类涉旅企业268家，检查旅游从业人员83人，查处各类涉旅行政处罚案件35起，罚没金额28335元。2019年度依法行政处罚26宗，罚没收入54300元；行政确认总数为40次；行政检查总数为232次，无一起被申请行政复议或提起行政诉讼情况（见表2至表5）。2020年共有行政许可12宗、行政确认6宗、其他权力28宗、行政处罚

表2　2019年度行政许可实施情况统计

行政许可实施数量(宗)				
申请数量	受理数量	许可数量	不予许可数量	撤销许可数量
53	52	28	1	0

表3　2019年度行政处罚实施情况统计

行政处罚实施数量									
警告	罚款（元）	没收违法所得、没收非法财物	暂扣许可证、执照	责令停产停业	吊销许可证、执照	行政拘留	其他行政处罚	合计（宗）	罚没金额（元）
7	52000	2300	1	0	0	0	0	26	54300

表4　2019年度行政强制实施情况统计

行政强制措施实施数量				行政强制执行实施数量		合计
查封场所、设施或者财物	扣押财物	冻结存款、汇款	其他行政强制措施	行政机关强制执行	申请法院强制执行	
0	0	0	0	0	0	0

表5　2019年度其他行政执法行为实施情况统计

行政征收		行政确认	行政裁决		行政检查	其他行政执法行为
次数	征收总金额（元）	次数	次数	涉及金额（元）	次数	宗数
无	无	40	无	无	232	0

数据来源：根据黟县文化旅游体育局2019年度行政处罚案件查处统计年报整理。

226宗、行政强制3宗，行政处罚裁量基准覆盖率达70%[①]。针对执法中的相关问题，黟县相继完善了重大执法决定法制审核、自由裁量权、责任追究等规章制度，并统一了综合执法文书，确保执法有章可循、操作规范。同时，通过设立法制指导员、聘请法律顾问，加强对执法的全过程指导和把关，规范执法人员的执法行为，运用多种形式教育和学习国家法律法规，熟知旅游业的基本规定和政策，清楚物价执法的法定程序，并对执法的每一个环节，对执法的每一句用语都作了明确要求，并开展一系列监督检查，强化执法意识，有力推进各项旅游综合执法制度机制的有效运行。

（四）加强队伍建设，强化旅游执法保障

建设优秀的执法队伍，是旅游业健康发展和开展综合执法的内在要求。党的十八届四中全会指出，全面推进依法治国，建设一支德才兼备的高素质法治队伍至关重要。旅游市场管理人员和执法人员身处第一线，直接面对广大旅客，他们的法治观念、职业操守、工作能力直接关乎旅客的权益

① 参见2020年黟县文化旅游体育局法治政府建设年度报告。

保障、旅游市场的稳定与发展，也影响到广大旅客对当地旅游行政监管的信任度，乃至直接涉及法律和政府的尊严和权威。因此，建设一支政治坚定、专业素养好、专业能力强的旅游市场管理和综合执法队伍意义重大。黟县重视旅游市场管理人员和执法队伍建设与执法人员工作能力的培训，要求把维护旅客的合法权益作为执法的根本出发点和落脚点。一是面对综合执法任务和新形势，重视执法队伍专业化建设。科学分工，调整优化科室设置，加强对外交流与合作、公共服务、文化文物保护利用（世界文化遗产保护利用股）、产业发展、市场管理、政策法规等科室职能的行使。二是增加经费投入和重视执法培训。该县每年设立30万元专项经费，组织综合执法培训及考试20余场次，培训人员200余人次，通过对市场管理人员和执法人员的岗前培训、法律培训，执法资格证考试，至2020年，已有22人取得旅游综合执法资格。三是增加编制，强化执法保障。该县通过公开招聘，初步解决了执法队伍的配置问题，县编办根据“编随事走、人随编走”原则，积极配合主管部门做好人员转隶等工作，并对执法人员统一配备了执法服装、车辆、设备，推动执法规范化、标准化。此外，建立以县长为召集人的联席会议制度和部门协调联动机制，加强对综合执法的统筹协调，努力建设一支政治合格、业务精通、作风过硬、敢于担当的旅游执法队伍。

总之，经过几年的改革实践，黟县解决了旅游管理领域内各部门权责不清、无人执法、多头执法等问题，执法办案从原来的推诿扯皮到现在的有案必查，旅游市场监管、投诉受理、执法、查处、反馈实现“五统一”，各种“旅游乱象”得到有效治理，游客满意度和群众获得感得到大幅提升，有力推进了旅游业的稳步有序发展。据统计，自2017年至2019年综合执法改革三年来，共办理各类涉旅案件99起，罚没款10万元，行政相对人均未提起行政复议和行政诉讼请求，也未接到一起针对旅游执法人员的不满意投诉；游客接待量和旅游总收入均实现两位数增长（见表6、表7），服务业对全县经济增长的贡献率提升至51%，以旅游为主导的服务业已成为县域经济增长的主引擎。2020年新冠肺炎疫情发生后，旅游业受冲击影响大，游客接待量和旅游总收入较上年度大为减少，2021年得到较快恢复。

表6　2017—2021年游客人数统计

单位：万

2017年		2018年		2019年		2020年		2021年	
人数	增速	人数	增速	人数	增速	人数	增速	人数	增速
1039.9	12.1%	1196.09	15.0%	1376.58	15.1%	874.7	-36.5%	1273.2	45.6%

表7　2017—2021年旅游总收入统计

单位：亿元

2017年		2018年		2019年		2020年		2021年	
总收入	增速	总收入	增速	总收入	增速	总收入	增速	总收入	增速
88.68	13.2%	98.71	13.9%	114.76	16.26%	68.8	-40.1%	101.6	47.8%

资料来源：根据黟县人民政府网2017—2021年国民经济和社会发展统计公报整理。

三　黟县旅游综合执法改革的主要经验与启示

黟县开展旅游综合执法试点以来，依据《旅游质量发展纲要（2013—2020年）》和相关文件精神，着重围绕破除瓶颈，努力探索权责明确、执法有力、行为规范、保障有效的旅游市场综合监管机制，为城乡旅游综合执法助力法治政府建设提供了可复制、可推广的经验。

（一）强化组织领导是推进执法改革和提升执法效力的保障

一个地方治理和发展水平如何，在很大程度上取决于当地的组织领导，有坚强的地方党委和政府的组织领导，就能保障国家各项方针政策的贯彻落实，凝聚整个社会的力量，推动经济社会各项事业朝着既定目标发展，治理水平和治理能力也会不断得到提升。以旅游为支柱产业的黟县，在推进旅游综合执法改革过程中，县委县政府围绕和把握新发展阶段、贯彻新发展理念、构建新发展格局，突出高质量发展主题，高度重视和加强组织领导，凸显落实法治建设责任，把县域旅游综合执法改革摆在重要日程。一是强化思想认识，明确综合执法改革的必要性和创新性。在综合执法改革试点之初，县委县政府组织成立旅游管理领域相对集中处罚权试点工作领导小组，主要领导带队开展前期专题调研，对旅游综合执法工作进行整体梳理，可行性论证、集体讨论，主动思考，主动作为。二是注重协调配合，划定执法范围，明确执法内容，妥善处理好旅游综合执法局内部以及与县直部门、乡镇之间关系，做好综合执法改革工作的衔接。三是强调综合保障，保证综合执法改革人、财、物方面必要的投入，运用开放性思维，发挥相关部门和乡镇的积极作用，捕捉案件线索、整合执法力量、实现联勤联动。四是重视提档升级，突显旅游综合执法要适应旅游经济发展需要，适应执法改革的需要，及时提出和落实相关举措，明确时间节点，挂图作战，逐项销案，从而形成综合执法合力。在几年综合执法改革实践中，县委县政府始终将旅游综合执法改革列为政府的重要工作之列，成为政府工作报告的主要内容之一并提出具体建设要求。县委全面依法治县委员会和县文化旅游体育局党委均将旅游高质量发展及旅游综合执法等作为法治政府建设的重点工作任务予以布置和安排。正是县委县政府高度重视和强有力的组织领导，有力保障了旅游综合执法改革不断推进，依法行政水平和执法效力明显提升，旅游事业得到整体推进和提升。黟县强化对旅游综合改革的组织领导实践进一步证明，坚强的组织力和执行力是现代社会各项工作的重要组织保障，只有增强组织力和执行力，才能使各项工作得到稳步推进和快速发展，进而保证社会主义现代化国家建设目标的实现。

（二）坚持权责一致原则是推进执法改革和提升执法效力的基石

权责一致，一般是指行政主管机关依法享有多大的权力，就应当承担多大的责任，不应当有无责任的权力，也不应当有无权力的责任。也就是说，权力与责任是相辅相成、相互平衡的。任何把二者割裂开来的做法都是不可取的。遵循有权必有责，合理配置权责，遵循权责相称，是民主政治的内在要求，也是实行依法行政必须坚持的重要原则。然而，现实状态则经常表现为二者的不一致性。一是行政主体机关享有的权力大于承担的责任，主要表现为制度建设上的大权小责、强权弱责、实权虚责等问题；二是法律对行政机关授权不充分，行政机关执法手段不够，因而时常产生执法不当，侵犯公民合法权益，或因不行使职权，不履行法定职责，导致公民合法权益受损，行政执法效力受到严重影响。黟县在旅游综合执法改革的实践中，汲取之前执法中的经验教训，遵循权责一致原则，有效整合执法职能，厘清执法权限，即按照合法合规、便于操作的原则，对原属旅游、价格、市场监管、交通运输、公安、体育、文化、文物等主要职能部门在旅游管理领域的多项行政处罚权项目，相对集中于旅游管理综合执法局统一行使，依法确定旅游管理综合执法局的执法职权和责任，合理配置执法力量，构建权责一致、执法顺畅、处置及时、监督有力、权威高效的旅游综合行政执法体制。这种执法改革有效解决了过去市场监管、交通、公安、文化等部门权责交叉、多头执法、各自为政、权责不清等问题，克服执法力量分散，主动作为、服务意识不强，投诉受理不及时，相互推诿扯皮等问题。同时，通过建立重大执法决定法制审核目录和权责内容清单，依托旅游处罚行政强制运行系统，推动执法公开和全过程记录，有效规范旅游执法行为和依法依规推进，既保障了执法监管机制规范运行，又促进了综合执法效力的提升。黟县旅游综合执法改革的实践表明，在现代民主法治社会里，坚持权责一致，依法规范行政执法职权和职责，用责任制约权力的运行，保障行政在法制轨道中有序运行，成为推动综合执法改革和提升执法效力的基石。

（三）着力执法工作机制建设是执法改革和提升执法效力的关键

工作机制是指工作程序、规则的有机联系和有效运转。对于行政执法领域工作机制建设尤为重要，直接关系到其执法公平公正和执法效力。黟县在旅游综合执法改革实践中探索总结出“五个一”工作机制：一个统一受理的投诉平台、一个权责明确的执法主体、一个专业高效的处理体系、一个健全完善的监管体系和一套科学合理的考核评价，是依据相关法律法规制定对旅游执法过程的规范，也是推进执法改革和提升执法效力的重要支撑。为使这一工作机制能有效运转，并充分发挥其作用，黟县着力建立健全执法工作程序、工作规则，如制定出台《黟县旅游投诉受理工作制度》《黟县旅游管理综合执法局消费者投诉举报工作制度》，为统一旅游管理受理投诉平台有效运转，规范旅游执法投诉举报，及时查处举报违法违规行为提供了法规依据，受到广大旅游从业人员和旅客的充分肯定。同时为了发挥好一个执法主体的优势和一个专业高效的处理体系，又先后配套制定了《黟县旅游管理相对集中行政处罚权暂行办法》《黟县旅游管理相对集中行政处罚试点工作联席会议制度》《黟县旅游综合执法局办案工作制度》《重大执法决定法制审核目录和内容清单》，以及《黟县旅游纠纷调解事中事后监管细则》等，不仅进一步明确统一执法主体的权限职责，又能高效解决扰乱旅游市场秩序、侵害旅游者权益等突出问题。另外，还制定出台《黟县旅游综合执法大队监督工作制度》，对执法的监管起到了有效约束，促进了“五个一”工作机制的顺利推进。可以说，黟县将执法规则和工作程序建设与执法改革同步进行，贯穿于执法工作的各个环节，形成一个相辅相成的工作机制，在实施与运行中显现出积极成效，初步破解了旅游市场“管不了”的难题，回答了旅游市场“管得好”答卷。这一经验告诉我们，旅游综合执法改革的推进和执法效力的提升，必须重视和加强执法工作机制的建立与完善，只有依法依规加强工作机制建设，才能顺利推进县域旅游事业健康有序发展。

（四）着眼旅游市场秩序有效维护与推动旅游业高质量发展的结合是重点

开展旅游综合执法改革，规范执法行为，依法查处违规违法行为，就是为了有效维护旅游市场秩序，维护广大旅客的合法权益。只有进一步规范旅游市场秩序，切实维护好广大游客合法权益，营造诚信和谐放心的旅游环境，才能更好地推动旅游产业高质量发展。这是多年来我国旅游事业不断发展的实践经验，也是“十四五”国家旅游发展规划提出的维护旅游市场繁荣稳定的要求。多年来，黟县特别是推行旅游综合执法改革试点以来，为维护旅游市场秩序和旅客的合法权益，促进旅游业健康稳步发展作出了积极探索，深入开展旅游市场整治和专项检查，紧盯行业顽疾，畅通举报电话，从严、从速、从实查办案件，依法打击各类旅游违法行为，严厉查处以次充好、违规经营等扰乱市场秩序的行为，净化旅游消费环境。同时，着眼提高旅客满意度，强化执法服务意识和加大宣传引导力度，将服务作为第一责任，提高信息咨询、投诉受理、交通运输、住宿餐饮、导游领队、医疗卫生、常态化疫情防控等服务质量和水平。引导旅游业全面增强守法经营、诚信经营的自觉性，广泛开展诚信服务、文明服务、精细服务，特别是节假日志愿服务持续开展，在景区景点、车站、主要交通路口搭建志愿服务台，全力保障景区秩序，助力文明旅游，大大提升了旅游服务质量和游客满意度。

黟县多年来着眼旅游市场秩序的有效维护，并以此作为旅游主管部门的责任和考核目标，促进了旅游事业持续健康发展。据统计，据统计，2017年至2019年综合执法改革以来的三年，黟县游客接待量和旅游总收入均实现两位数增长，以旅游为主导的服务业已成为县域经济增长的主引擎，农民人均可支配收入由10090元增加到15349元，年均增长8.6%。2020年新冠肺炎疫情发生以来，旅游业受到较大冲击和影响，县委县政府和旅游主管部门采取应对措施，积极作为，旅游市场呈现恢复态势[①]。2021年1—9月，全县接待游客978.7万人次，同比增长45.2%；旅游总收入89.6亿元，同比增长66.9%[②]。2021年国庆小长假7天全县共接待游客17.8440万人次，较2019年恢复60.7%，较2020年同比下降1.3%，门票收入1197.49万元，较2019年恢复78.7%，较2020年同比增长37.63%。2021年，游客接待量和旅游总收入均增长45%，蝉联中国县域旅游综合竞争力百强县，西递村获评首批联合国世界旅游组织“最佳旅游乡村”。黟县正是依托独特的旅游资源，围绕历史文化遗产和田园风光，将文化、体育、农业、摄影等业态融入乡村旅游中，实现一个山区小县向世界旅游胜地的华丽转身，走“小而精、精而特、特而强”的全域旅游创新发展道路。

① 根据黟县2020年国民经济和社会发展统计公报，2020年全县共接待游客874.7万人次，同比下降36.5%，旅游总收入68.8亿元，同比下降40.1%。

② 2021年黟县1—8月全县经济运行情况[EB/OL].[2021-11-05]. http://www.yixian.gov.cn/zwgk/public/6615899/10466485.html.

四 结 语

党的十八大以来，围绕全面推进依法治国的重要决策和全面推进依法行政，各地各部门多措并举，建立健全权责清晰、运行顺畅、保障有力、廉洁高效的行政执法体制机制，大力提高执法执行力和公信力，深化行政执法体制改革，不断提高了行政执法效能。旅游综合执法改革同样需要遵循这一要求，在旅游业大力发展过程中，全面履行法定职责，规范旅游行政执法，及时处理旅游投诉，维护和谐、经营规范的旅游市场秩序。黟县在2017—2019年开展旅游综合执法改革试点中，依据法律法规及相关政策，将原先8个部门88项涉及旅游行政处罚权，交由新设立的旅游管理综合执法局集中行使，通过制度创新，建立权责清单、投诉受理、执法办案、监督管理等系列执法监管制度，探索出“五个一”工作机制，各种“旅游乱象”得到有效治理，旅客满意度和群众获得感得到大幅提升，推动了旅游业高质量发展，县域旅游经济保持稳步增长，先后获得中国十大乡村旅游目的地、国家旅游标准化试点县、国家首批全域旅游示范区等多项荣誉，为城乡旅游综合执法提供了可复制、可推广的经验。黟县旅游综合执法改革实践充分证明，旅游事业的发展必须坚持旅游综合执法改革，重视执法体制机制创新，全面落实行政执法责任制，提升规范公正文明执法水平，才能维护好旅游市场秩序，推动旅游业高质量发展。

根据国家“十四五”文化和旅游发展规划，到2025年，旅游业高质量发展的体制机制更加完善，治理效能显著提升，旅游为民、旅游带动作用全面凸显，旅游业成为经济社会发展和综合国力竞争的强大动力和重要支撑。为达到这一目标要求，笔者认为，作为县域地方政府推动旅游业高质量发展，一是要以习近平法治思想为指导，以中央关于加强旅游市场综合执法等政策为依据，继续深化旅游行政执法体制改革，健全完善旅游综合执法监管机制。随着旅游业的快速发展，旅游综合执法环境的变化和旅客对执法公信度的信赖，更加需要完善原先的相关制度和监管机制。不仅如此，新的旅游环境必然要求旅游经营者增强守法经营、诚信经营的自觉性，加强并完善旅游综合执法机制。二是创新旅游执法方式是执法改革和提升执法效力的重要环节，是推动旅游业高质量发展的要求。也就是说，随着旅游环境的变化和游客自身素质的提高，旅游综合执法除强制行政处罚外，需要新的行政执法方式，推广运用说服教育、劝导示范、行政指导、行政奖励等非强制性执法手段，采用非强制性手段可以达到行政管理目的的，不实施行政强制，包括推行轻微违法行为依法免予处罚清单等，也能达到维护旅游市场秩序和旅客的合法权益，是旅游综合执法需要重视和探讨的。三是积极开展好旅游综合执法标准化建设。2021年10月，中共中央、国务院印发《国家标准化发展纲要》提出，“新时代推动高质量发展、全面建设社会主义现代化国家，迫切需要进一步加强标准化工作”。黟县在之前旅游标准化建设的基础上，包括旅游行政审批、政务服务、政务公开，旅游产品与服务、景区管理、生态旅游、乡村旅游等标准化建设外，重点应在旅游违法违规的行政处罚、行政处罚裁量标准、旅游投诉调解的形式等标准化问题上进一步加强探讨与建设，通过综合执法标准化建设，深化旅游综合执法，坚持标本兼治、疏堵结合、常态治理，不断提高旅游执法水平和治理能力，更好推动旅游事业健康稳步高质量发展。

参考文献

中共中央、国务院印发《法治政府建设实施纲要（2015—2020年）》[N].人民日报，2015-12-28(1).

中共中央、国务院印发《法治政府建设实施纲要（2021—2025年）》[N].人民日报，2021-08-12(1).

国家旅游局.旅游质量发展纲要（2013—2020年）[EB/OL].中央政府门户网站[2013-03-22].http://www.gov.cn/gzdt/2013-03/22/content_2360009.htm.

行政执法三项制度的价值旨归和实现逻辑

——以黄山市为研究对象

程天明　徐　靖[①]

摘　要： 为加强法治政府建设，全面推进依法行政，实现严格规范公正文明执法，党的十八届四中全会明确提出在行政执法领域推行“三项制度”，即行政执法公示制度、执法全过程记录制度、重大执法决定法制审核制度。全面严格落实三项制度，着力实现行政执法水平普遍提升，是中央关于全面推进法治政府建设的重要内容和明确要求。在推行行政执法三项制度的实践中，既要从国家治理、经济发展、民心民意宏观层面认识其重要性与必要性，也要从加强法治政府建设、实现职权与职责相统一、提升行政执法效能现实层面加快推进三项制度。黄山市在推行行政执法三项制度过程中，能够准确把握三项制度的关键要素，深刻领会行政执法三项制度背后所蕴含的价值旨归，正确认识推行三项制度所应遵循的相关原则与规律，并采取行之有效的方法措施，取得了积极的实践效果。本文通过对黄山市行政执法三项制度的实践考察，从理论上分析三项制度背后的价值旨归和实现逻辑，以期对于进一步推动制度优化创新提供一定的借鉴和参考。

关键词： 行政执法公示　执法全过程记录　重大执法决定法制审核　黄山市

---

① 程天明，黄山学院马克思主义学院教师，安徽师范大学政治学理论硕士毕业。徐靖，黄山市司法局法治调研与督察科（市委依法治市办秘书科）负责人，黄山市宪法行政法学研究会副秘书长。

行政执法公示制度、执法全过程记录制度、重大执法决定法制审核制度（以下简称行政执法“三项制度”）涵盖行政执法的源头、过程和结果，是全面推行依法行政的重要抓手，也是建设法治政府的重要保障，对于切实维护和保障人民群众合法权益、提升政府行政能力、推进国家治理体系和治理能力现代化具有重要的现实意义。2014年10月，党的十八届四中全会通过《中共中央关于全面推进依法治国若干重大问题的决定》，明确提出推行行政执法公示制度；完善执法程序，建立执法全过程记录制度；严格执行重大执法决定法制审核制度。随后，国务院办公厅《关于印发推行行政执法公示制度执法全过程记录制度重大执法决定法制审核制度试点工作方案的通知》和《全面推行行政执法公示制度执法全过程记录制度重大执法决定法制审核制度的指导意见》等文件相继出台，进一步部署行政执法三项制度的全面推行工作。2021年1月，十三届全国人大常委会第二十五次会议修订《行政处罚法》，将行政执法三项制度从国家政策性要求上升为国家法律规定，固化到法律中，对全面推行行政执法三项制度，坚持严格规范公正文明执法有着极为重要的指导意义。近年来，黄山市认真贯彻落实中央关于行政执法三项制度各项规定，在开展法治政府建设示范创建活动中，紧密联系实际，采取行之有效的方法措施，取得了显著成效。2020年，黄山市获安徽省法治政府建设示范市（县、区）命名。本文通过对行政执法三项制度的实践分析与探讨，以黄山市为研究个案，梳理与总结其成功做法，推进严格规范公正文明执法，提升行政执法水平，落实好法治政府建设实施纲要提出的目标任务，有着重要的现实意义。

一　推行行政执法三项制度的时代要求

行政执法三项制度是以我国当前社会发展的实际为依据，对过去行政执法实践和当前我国法治政府建设进程中的现状进行分析与总结而提出的。黄山市践行行政执法三项制度有其社会宏观背景，也有其微观的法治背景，突显了法治建设服务社会发展大局的功能导向。

（一）行政执法三项制度的宏观背景

经济社会发展和国家治理状况改善需要一套完备的制度加以保障，行政执法三项制度就是要在行政执法领域丰富和完善这套制度体系，是推进国家治理、经济建设、民心民意的必然要求和中国特色社会主义现代化建设的重要条件。

一是提升国家治理能力的需要。党的十八届三中全会提出了推进国家治理体系和治理能力现代化的总目标，并对创新政府治理体系、提升政府治理能力提出了新要求。培育法治政府离不开对执法行为的严格要求，行政机关的执法水平更是直接关系到国家治理能力和治理水平的提升。推进国家治理体系和治理能力现代化需要深刻把握严格规范公正文明执法这个重要环节，通过制度创新，优化行政执法方式，提升行政执法效能和行政便民质量，全面提升政府治理水平。2019年以来，黄山市站在提高地方治理体系和治理能力现代化的高度，不断将行政执法三项制度改革与法治政府建设进程相融合，将其与本地经济社会高质量发展的目标相结合。中共黄山市委成立全面依法治市委员会，统筹地方法治工作，推进地方法治建设。依法治市委员会下设执法协调小组，由市政府分管副市长任组长，专门负责统筹推进全市行政执法领域相关工作，包括组织研究行政执法方面的重大问题，协调推动行政执法相关措施的制定和实施，深化行政执法体制改革，推进严格规范公正文明执法等方面，其中推进行政执法三项制度就是该协调小组近年来的重点工作之一。随着行政执法改革在市域范围内全面铺开，黄山市还结合本市制度推进情况，印发了《黄山市全面推行行政执法公示制度 执法全过程记录制度 重大执法决定法制审核制度工作任务分解表》，对各区县人民政府、市直各行政执法单位在行政执法过程中的任务目标和相关举措做了明确要求。可见，行政执法三项制度就是在深化地方治理的时代背景下应运而生并不断深化和发展的。

二是适应地方经济发展的需要。经济发展需要有良好的法治环境，这种环境所带来的安全稳定、公平公正、廉洁高效和规范有序能够有效地保障地方社会经济高质量发展。党的十八大以来，黄山市全面推进依法治市，不断深化“放管服”、商事制度、要素市场化、社会治理、生态补偿等重点领域改革，加快转变政府职能，努力加强政府自身建设，不断释放政策红利。然而，在取得成效的同时，该市在执法领域仍然存在着一些问题，如权责不一、选择性执法、粗暴执法、多头执法等现象仍时有出现，这些问题在一定程度上破坏了黄山市的营商环境，扰乱了当地经济社会发展的正常秩序。为了解决这些问题，黄山市利用全面推进行政执法三项制度这一契机，有效规范行政执法行为，推进严格规范公正文明执法，依靠制度建设从整体上提升了黄山市行政执法水平。如黄山市国税局在审核某公司提交的《最高开票限额申请表》及申请材料时，发现该公司提交的合同形式和内容存在事实和逻辑上的矛盾，随即国税局对该公司展开实地核查，最终发现该公司有逃避缴纳巨额消费税的嫌疑。正是依靠重大执法决定法制审核制度，黄山市国税局及时发现了执法问题，化解执法风险，使执法决定更加合法合理。可见，地方经济繁荣发展需要行政执法三项制度保证交易规则的确定性，降低制度性交易成本，从而保障所有市场主体的平等法律地位和发展权利，更好地服务于经济建设。

三是维护人民群众根本利益的需要。习近平总书记明确指出，“要把体现人民利益、反映人民愿望、维护人民权益、增进人民福祉落实到全面依法治国全过程，使法律及其实施充分体现人民意志。”①随着我国社会主要矛盾的变化，人民群众对于美好生活的追求与期待日益多元多样，其中就包括对秩序、公正、法治等价值层面的追求，这些价值追求在为行政执法行为提供指引的同时也起到了一定的约束作用。行政执法公示制度在保障人民群众知情权的同时，还为人民行使监督权提供了信息基础，将权力运行置于阳光之下；行政执法全过程记录制度使执法信息有迹可查，经技术处理和科学化管理的执法信息也为往后的行政纠纷裁定提供了可靠依据；重大行政执法决定法制审核制度为执法决定设置了内部关卡，保证了执法决定的程序正当。这三项制度使人民群众在每一个行政执法行为中都感受到了公平公正，使人民权益得到了切实有效的制度保障。黄山市公安局严

① 习近平．习近平谈治国理政（第二卷）[M]．北京：外文出版社，2017:115.

格按照《公安机关执法公开规定》《安徽省行政执法公示办法》等规定要求，坚持以公开为常态、不公开为例外原则，主动公开2019年1月至2021年3月作出的4794条一般程序行政执法决定信息。此外，黄山市公安局还公开了行政执法人员信息、执法依据和程序信息、执法救济和监督信息、执法统计年报等行政执法信息。这些信息都与人民群众的切身利益密切相关，顺应了人民群众的新期待，增强了行政机关的执法公信力，提升了执法效能。

（二）行政执法三项制度的法治背景

三项制度的出台不仅有国家治理、经济建设、民心民意等宏观背景，还源于党和国家对于法治政府建设的深刻思考和当前我国行政执法的现状总结，具有重要的法治意义。

一是加强法治政府建设的需要。《中共中央关于全面推进依法治国若干重大问题的决定》指出，有法不依、执法不严、违法不究现象比较严重，执法体制权责脱节、多头执法、选择性执法现象仍然存在，执法司法不规范、不严格、不透明、不文明现象较为突出，群众对执法司法不公和腐败问题反映强烈。面对这些问题，党和国家力图在法治政府整体布局下着力解决目前困扰我国的行政执法问题，不断加快推进行政执法法制化、规范化的步伐。为此，党的十八大和十九大报告都对行政执法活动提出了“严格规范公正文明”的基本要求。《中共中央关于全面推进依法治国若干重大问题的决定》《法治政府建设实施纲要（2015—2020年）》和《法治政府建设实施纲要（2021—2025年）》对这八个字的基本要求作出了具体安排，其中行政执法三项制度就是为了实现严格规范公正文明执法而做出的制度性保障。一直以来，黄山市努力打造开放包容的国际性旅游型城市，市民的法治素质和城市的法治发展程度伴随着城市的发展有了很大的进步，市民和游客对于黄山市政府的行政执法水平也提出了更高的要求。同时，徽文化影响下的熟人社会、加快推进的城市化进程、融入长三角一体化的发展规划，也使得黄山市在创新推进行政执法三项制度上不断加快脚步。黄山市成功创建“全省法治政府建设示范市”，黟县县域旅游综合执法、黄山区法治乡村建设分别入选“全国法治政府建设示范项目”和“全省法治政府建设示范项目”，将2021年确定为“法治政府建设示范创建提升年”，这些成就和举措都是黄山市在法治政府建设大背景下进一步推行行政执法三项制度的巨大动力。

二是实现职权与职责相统一的需要。权责统一原则是评价行政主体是否依法行政的重要标准，也是行政法治现代化的重要标志。按照依法行政的一般要求，行政机关行使的权力必须是由法律法规赋予，行使权力的手段必须合法依规，对于违法行使或不当行使权力的，应当依法追究其责任[①]。总结起来就是，执法有保障、有权必有责、用权受监督、违法受追究、侵权须赔偿。在法治化的治理模式下，行政主体既是权力主体，同时也是责任主体，因而有权也不能“任性”。事实上，无论是执法行为失当，还是执法腐败，其背后的根源都有行政执法责任缺失的因素。当前，在行政执法过程中，严格执行行政执法三项制度，就是要确保执法权责一致。行政执法三项制度就是规范和监督行政执法活动的重要制度保障，可以对谁拥有权力、权力行使质量、行使失当后追究等方面提供依据，对于推动建立权责明确、行为规范、监督有效的行政执法体制具有了重要意义。此外，行政执法三项制度的执行情况也被纳入行政执法评议考核机制，各部门负责人成为第一责任人，并建立了相配套的激励和约束机制，使三项制度本身的执行也体现出了权责统一的法治理念。

三是提升行政执法效能的需要。行政执法三项制度涵盖执法缘起、过程和结果三大环节，对执法程序做了详细而全面的规定，采用了规范化、科学化、人性化的执法方式，还为执法技术的改进提供了充足的空间，这些都能够有效地减少执法争议，节约解决争议所需要的行政资源。黄山市利用政府网站将本地区的行政执法机关及其执法人员的权责关系、执法依据、流程安排、执行情况、监督方式、救济途径等信息，按照事前、事中、事后的时间顺序，向外界公布，既保障了人民群众对执法事宜的知情权，也为解决行政执法争议提供了清晰的路径。针对容易出现争议的执法环节，

①孟鸿志.行政法学[M].北京:北京大学出版社,2007:88.

黄山市要求对所有行政执法活动进行全程记录，科学化管理记录材料，确保执法案件可查询、可回溯，这为执法争议解决提供了关键证据，也为执法主体的执法行为树立了一面镜子。黄山市直各单位、各区县政府依据《黄山市重大行政执法决定法制审核规定》，制定了具有各地区各部门特色的法制审核制度，梳理法制审查目录清单，绘制法制审核流程图，确保了重大行政执法决定合法依规，减少了因行政执法决策失误而产生的行政成本，提升了行政执法质量。

二　黄山市推行行政执法三项制度的要素分析

在推行行政执法三项制度之前，黄山市在规范行政执法方面已有了一些探索。因此，在推行行政执法三项制度过程中，黄山市能够在已有的工作基础上，结合本地具体情况，勇于探索创新，高质量推动三项制度在黄山市落地生根。为了更好地了解制度执行情况，我们从系统论的研究视域分析三项制度的关键构成要素，为进一步认识与把握制度本身的价值旨归和实现逻辑提供依据。

（一）行政执法公示制度的要素分析

一是行政执法公示的主体。有行为就一定要有主体，若没有主体的参与，就不会有行为的发生，也就不会有行政执法公示。因此，行政公示主体是行政执法公示制度的首要因素，是公示活动的参与者和推动者，它是保障该制度有效运作的重要环节。公示主体大致可分为权利主体、义务主体和监督主体三个部分，其中义务主体是公示主体的核心。义务主体主要指按照相关法律规定，有依法公示义务的机构或个人，这里一般指国家行政机关与法律法规授权和委托的组织。黄山市按照“谁执法，谁公示”的原则，明确了市域层面内各区县人民政府、黄山风景区管委会、黄山经济开发区管委会等41个市直行政执法单位作为行政执法公示义务主体。

权利主体主要是有权申请执法公示的主体，这里一般是行政相对人。关于权利主体的范围各国各地区的划分标准略有不同，一般都会将本国国民确定为权利主体，但无本国国籍者是否属于权利主体却有争议。作为一个国际性旅游城市，黄山市每年都会有不同比例的涉外事务，从公示情况来看，黄山市在一定范围内也将外籍人员作为执法公示权利主体。如市科技局在2021年上半年共公示“外国人来华工作许可受理结果”11次，其中涉及办理编号、办理事项（许可、变更、注销）、受理时间、办结时间等内容。

监督主体是指有职责对公示过程进行监督的主体，主要包括执法机关内领导部门、专门负责管理执法公示工作的专门机构和其他社会成员。从政府层面，黄山市出台了《黄山市政府信息公开工作考核制度》，制定了相关考核细则，其中就有涉及行政执法信息公开的考核内容。对于违反依法公开规定的主体，《安徽省行政执法公示办法》《黄山市政府信息公开工作责任追究制度》也有相应的处理办法。

二是行政执法公示内容。公示内容主要指行政主体在从事行政执法活动中制作或获取的相关信息，具体可以按照事前、事中、事后来划分。从《黄山市全面推行行政执法公示制度 执法全过程记录制度 重大执法决定法制审核制度工作任务分解表》可以看出，事前公示主要包括两大块内容，一方面是行政执法主体、人员、职责、权限、依据、程序、救济渠道和随机抽查事项清单等信息，另一方面包括行政执法机关服务指南、执法流程图、执法事项名称、受理机构、审批机构、受理条件、办理时限等内容（该项内容被要求必须按照法律、法规、规章及机构职能变化情况在1个月内进行动态调整）。事中公示主要包括执法检查活动领域的“双随机、一公开”制度，“一公开”的内容主要涉及抽查任务名称、抽查事项、检查主体、检查对象、检查方式、检查依据等；行政执法人员在执法时，必须根据法律、法规要求着装，主动出示安徽省人民政府统一印制或国务院部门颁发并经本级司法行政机关备案的执法证件，出具行政执法文书，主动告知当事人执法事由、执法依据、权利义务等内容；行政执法机关要在政务服务窗口设置岗位信息公示牌，明示工作人员岗位职责、申请材料示范文本、办理进度查询、咨询服务、投诉举报等信息（市数据资源局是此项内容的责任单位）。事后公示主要包括执法决定中的执法机关、执法对象、执法类别、执法结论等信息；各级行政执法机关公开上年度行政执法总体情况的有关数据。在制度执行的过程中，黄山市遵循公开最大化原则，除了法定不应公开的信息外，其他涉及行政执法方面的信息应面向社会最大限度的公开。此外，对于涉及国家秘密、商业秘密和个人隐私等依法不予公开的信息，《黄山市政府信息依申请公开制度》要求行政机关详细告知申请人不予公开的原因。

三是行政执法公示程序。它是指公示信息时所应遵循的步骤和规则，它明确了公示主体所享有的权利和义务，是公示活动顺利开展的有力保障。从内容上看，公示程序主要包括公示期限、公示方式和具体的公示步骤。在公示期限上，《政府信息公开条例》要求包括行政执法信息在内的政府信息的公示时限一般是20个工作日内，而行政许可、行政处罚的执法决定信息要在执法决定作出之日起7个工作日内公开。此外，《黄山市行政执法统计年报制度》将全市各级行政执法机关的上年度行政执法统计年报公示时间定为每年1月31日前。

在公示方式上，黄山市通过政府公报、政府网站“行政执法信息公示”栏目、报刊、广播、电视等渠道对外公开执法信息。黄山市政府还在市档案馆、市图书馆、市政务服务中心等公共场所设置政府信息公开查阅点，并配备相应的设备，为市民、法人或者其他组织获取政府信息提供便利。对于依申请公开的信息，《黄山市政府信息依申请公开制度》也明确规定了其公示方式。在公示步骤上，黄山市要求各级行政执法主体按照法律、法规的相关规定和操作规程，编制执法信息公示流程图，绘制并公布涉及本部门业务范围内的服务指南和执法流程图，明确执法事项名称、受理机构、审批机构、受理条件、办理时限等内容。

四是行政执法公示的监督与救济。行政执法公示的监督机制主要是针对不主动公示执法信息、不依法公示执法信息或错误公示执法信息等行为而建立的。监督活动可分为内部监督和外部监督两种。内部监督一方面是上级机关对下级机关的公示活动进行考核，黄山市对此专门出台了信息公开考核制度、考核标准、考核结果通报等制度性安排；另一方面是对于此类违法违规工作人员的追责机制，《安徽省行政执法公示办法》《黄山市政府信息公开工作责任追究制度》等法律法规中也有明确规定。外部监督主要指行政机关以外的组织和个人的监督活动，《政府信息公开条例》《黄山市政府信息依申请公开制度》等文件也明确了公民、社会组织、媒体等外部监督主体的投诉、检举、申诉等权利。行政执法公示的救济机制主要是为了纠正行政执法公示主体的违法行为，弥补公民遭受的损失，主要有行政复议、行政诉讼和举报三种方式。

（二）执法全过程记录制度的要素分析

一是执法全过程记录的主体。行政机关作为执法实施主体，在执法活动中行使国家行政权，能以自己的名义实施行政执法活动并且能够承担其行为所产生的相关法律责任[①]。既然行政机关是执法实施主体，那么对于执法全过程的记录，行政机关也负有直接责任，自然也是执法全过程记录制度执行的责任主体。然而，行政机关面对一件件具体的执法工作，还是需要将其分配给具体的执法人员来完成。行政人员是执法活动的实施者，执法全过程的实际参与者，因此他们便成为了执行该项制度的实际主体。从实际操作层面看，记录主体一般可分为以下三类人员：行政执法机关中具有正式编制，并取得了行政执法相关证件的人员；行政执法机关中具有正式编制，未取得行政执法相关证件的人员（这类人员主要是无法律法规明确要求其从事的某项行政执法活动必须配有执法证件的，如行政许可过程中工作人员核实行政相对人提交的材料内容的行为过程）；行政执法辅助人员（该类人员辅助执法全过程必须要有正式执法人员在场，记录的内容也需要正式执法人员签字确认）。

二是执法全过程记录的工具。执法全过程记录制度的实施离不开现代化的记录工具，它不仅能够还原执法过程，约束执法行为，保留执法证据，还能够维护执法人员和行政相对人的权益。2020年8月底，市民方某某向祁门县公安局督察部门投诉该县公安局民警戴某在处理警情时，存在推诿和态度不好的问题。后经查看执法记录仪视频资料、听取执法过程中的电话

①刘青，杨东升．严格执法——政府是如何执行法律的[M]．北京：法律出版社，2017：2.

录音，确认投诉人投诉内容不实。正是在执法记录仪、电话等摄录设备的作用下，案件真相才水落石出，民警权益得到了保护。

行政执法部门配备的记录设备主要有便携式执法记录仪、车载记录仪、录音笔、摄像机、照相机、公务手机等设备，其中最常见的设备是便携式执法记录仪。此外，根据实际需要，有些行政部门还配有无人机、手提式4G高清布控球等高科技设备。目前，黄山市在公安执法、城市管理、工商税务、食药质检等重点执法领域均已配备执法设备。如2015年，休宁县市场监管局为了提高执法人员对于执法记录设备使用的认识，专门举行了“行政执法记录仪配发仪式”和操作实务培训会。

三是执法全过程记录的方式。执法记录方式主要分为文字和音像两种。文字记录指通过案卷制作，运用文字、符号或表格在纸质文本或电子文档上记录行政执法过程的行为。文字记录的内容包括现场笔录、询问笔录、物品清单、行政执法文书、送达回证等。随着数字政府建设的推进，各级政府都要求将重要的文字记录转化成电子文书，并利用大数据平台加以处理和备份。由于记录主体常常带有主观性，使得文字记录真实性、完整性很难得到保障，所以必须辅之以音像记录。音像记录指记录主体使用执法记录仪、相机、录音笔等摄录设备，借助现代数据技术对行政执法全过程进行记录，相较于文字记录，其优势就在于可以生动形象地还原执法现场，具有可回溯性。为了规范音频记录内容，黄山市明确要求执法主体必须对查封扣押财产、强制拆除等直接涉及人身自由、生命健康、重大财产权益的现场执法活动和执法办案场所进行全程音像记录；要求执法主体对现场执法、调查取证、举行听证、留置送达和公告送达等容易引发争议的行政执法过程，根据实际情况进行音像记录①。

四是执法全过程记录的内容。全过程记录要求记录主体不能仅仅对某一部分进行记录，而是要记录行政执法的事前、事中、事后的全部内容，记录内容必须要有时间上的连续性和逻辑上的合理性。记录内容包括行政许可（记录重点有《受理通知书》《不予受理通知书》《证件颁发和归档记

---

① 参见《黄山市人民政府办公室关于印发黄山市全面推行行政执法公示制度执法全过程记录制度重大执法决定法制审核制度工作任务分解表的通知》（黄政办秘〔2019〕37号）。

录》等文字内容)、行政处罚(记录重点有处罚原因、处罚决定、听取行政相对人陈述申辩的过程、《集体讨论笔录》、听证材料等)、行政强制(重点有行政强制执行书、执行过程、执行时间、执行方式、《结案报告》等)、行政信息公开、受理投诉举报、行政检查等。此外，从程序层面来看，记录活动还应当包括执法活动的启动、取证调查环节、行政决定、文书送达、执行过程(必须记录告知相对人权利和听取其陈述申辩的过程)、归档等信息。

五是执法全过程数据的管理。严格规范管理数据信息，对于实现执法主体"权责统一"具有重要意义，为落实终身责任追究制度提供了信息支持。对于执法信息的归档，行政机关有明确的时限规定，要求执法主体自行政执法行为终结之日起30日内将行政执法过程中形成的文字和音像材料形成相应案卷；要求音像记录制作完成后，行政执法人员在24小时内将信息储存至本机关执法信息系统。为了加强数据管理，同一执法对象的文字和音像记录被要求集中存储，并建立数字化信息归档管理制度和记录信息调阅监督制度。

(三)重大执法决定法制审核制度的要素分析

一是重大执法决定的法制审核主体。重大执法决定是由行政执法机关作出的，因此行政执法机关是法制审核的责任主体，但法制审核工作具有一定的专业性，所以承担此项工作的主体主要是行政执法机关内设的法制机构。《黄山市重大行政执法决定法制审核规定》要求，审核主体应当是行政执法机关的法制机构或负责法制工作的机构，这也符合国内大多数行政机关审核主体的实际情况。此外，审核主体可能是行政执法机关内部的集体审核机制，如国家税务总局下设的案审委集体会议；也可能是执法机关业务部门中负责审核的人员。

二是重大执法决定的法制审核范围。确定法制审核的范围关键在于把握"重大"一词，但"何为重大"在法律上并没有明确说明，如行政法中就没有对重大执法决定作详细定义，这对于此项制度的实务操作十分不利。在一些条件成熟的地区，如秦皇岛市，就将重大执法决定法制审核逐渐推广到全部一般程序执法案件，这种扩大审核范围的情况是否适合其他地区是值得商榷的，因此确定“重大”的范围就非常必要了。近年来，许多行政执法机关根据执法行为的分类、分层，以及涉案金额、社会舆情、行政相对人权益等情况，对重大执法决定的范围做了专门界定。《黄山市重大行政执法决定法制审核规定》第六条指出，重大行政执法决定包括涉及国家利益和公共利益的，案件情况复杂或者社会影响较大的，需经听证程序作出决定的，法律、法规、规章规定应当进行法制审核的。此外，第七至十条又将部分行政处罚、行政许可、行政强制和行政征收的行为也界定为重大行政执法决定，为审核主体判断审核范围提供了指引。

三是重大执法决定的法制审核标准。标准主要包括执法决定的合法性和合理性。合法性审查包括主体是否合法、案件事实是否清楚、证据是否确凿、决定是否有依据、程序是否合法、材料是否齐全、行政裁量权行使是否适当、法律文书制作是否规范、当事人的权益是否得到保障、违法行为是否涉嫌犯罪，是否移送司法机关等。合理性审查包括是否体现公平公正、是否尊重并保护人权、执法成本是否过高、是否与重大执法决定法制审核制度精神相违背，等等。

四是重大执法决定的法制审核程序。法制审核主要是以书面审核为主，期限一般为审核主体收到重大行政执法决定送审材料后3个工作日，情况复杂的，经行政执法机关负责人批准可以延长2个工作日。审核的基本程序包括材料移交（材料包括重大行政执法决定的情况说明、决定书等）、审核、出具审核意见并归档、复审（执法机构或案件承办部门对审核主体的审核意见有异议的，可以要求复审一次）、退卷。一些行政执法部门在遇到特殊案件时，也会采取特殊的审核形式，如集体讨论会议。如黄山市统计局在对法人或其他组织拟处以5000元以上罚款或对个人拟建议予以行政处分的重大案件时，由局分管负责人初审后提交局行政办公会集体讨论研究决定。集体讨论会的程序包括：（1）案件承办人员汇报案件调查情况，包括违法事实、证据、处罚的理由、法律依据和拟处罚意见等有关内容；（2）执法科室负责人发表意见；（3）进行集体讨论；（4）会议主持人组织参会人员对行政处罚意见进行表决；（5）参会人员审阅讨论记录并签署姓名。在进行法制审核的过程中，需要注意以下几方面的问题：（1）在审核材料的准备过程中，执法人员应当尽量准备案卷材料的原件，以备审核人员的查验；（2）在审核过程中，执法人员应当积极配合审核人员工作，回答其疑问；（3）审核人员应遵循“查审分离”的原则，不参与具体的案件查办工作。

黄山市文化和旅游局重大行政执法决定法制审核流程

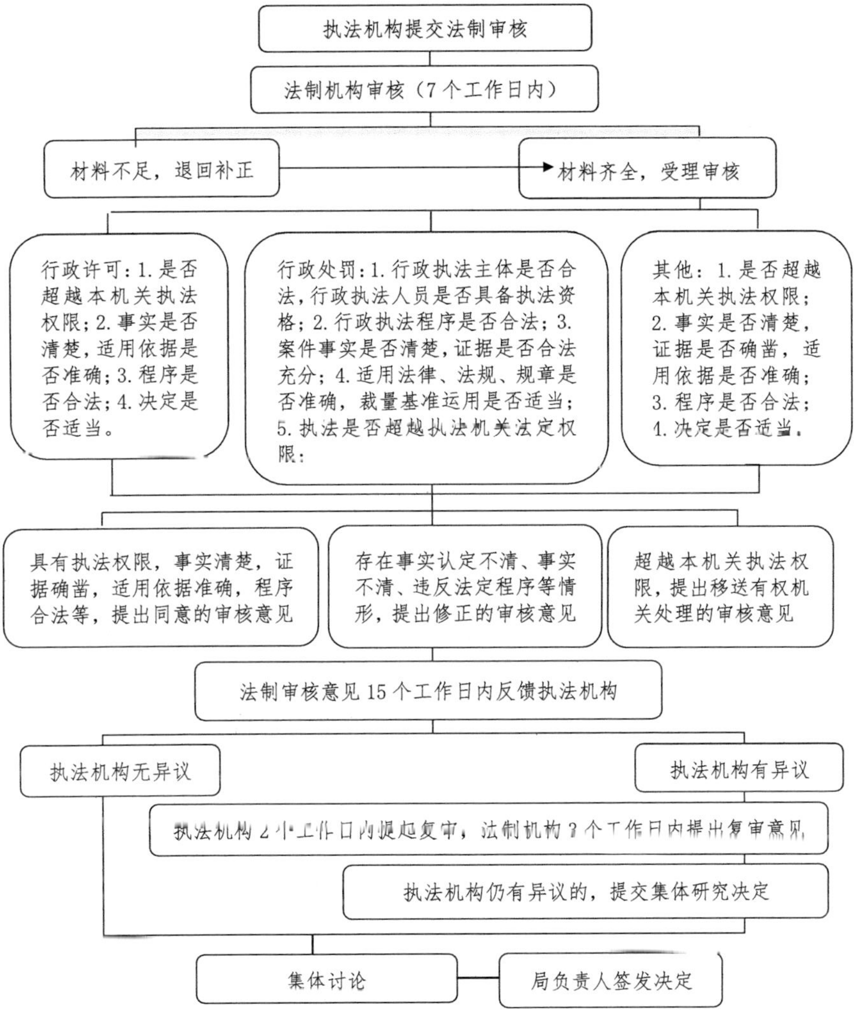

三 行政执法三项制度的价值旨归

作为一项专门活动，行政执法需要社会公认的价值取向的指导，有关执法行为的制度安排背后一定蕴含着一整套价值体系。

（一）构筑制度秩序

马克思认为，“规则和秩序本身对任何要摆脱单纯偶然性或任意性而取得社会的固定性和独立性的生产方式来说，是一个必不可少的要素。”[①]人类天然趋向于有序，并自觉地在秩序的框架内活动，因为社会秩序会带来安全、稳定和确定性等社会状况，不会使社会陷入霍布斯笔下的自然状态。作为一种制度秩序，行政执法三项制度体现了一种从秩序生成到秩序维持的社会控制机制。

行政执法三项制度所体现的秩序价值可以从两个方面来理解，一是规范，即该制度对行政执法行为的事前、事中、事后都有明确的制度规定；二是事实，即三项制度事实的结果，这种结果是基于制度运行对于行政执法活动和社会整体秩序的影响而形成的稳定的社会状态。秩序中的规范和事实是相互作用、互为前提的，它们使秩序成为制度规范、协调运作和稳定状态的统一体。

制度创设的目的就是要形成某种秩序，因此制度的秩序价值在整个价值体系中处于基础地位，只有在秩序的框架内，公平、自由、效率等价值才能得到保障。对于行政执法三项制度来说，秩序价值就是指制度所能够实现的促进行政执法秩序形成的价值。在这种价值的作用下，执法活动能够在制度的框架下，持续稳定、步骤明确地展开，从而达到执法主体在法律授权和制度约束下行使执法权，行政主体、行政相对人和普通公民依照制度规范行使权利或权力、履行义务的状态。

---

①马克思恩格斯全集(第25卷)[M].北京：人民出版社，1974：894.

（二）彰显社会公正

由于制度需要广泛应用于公共领域，其目的是要实现公共目标，其生命力来源于人民群众的支持和遵守，因此公正性就成了制度本身不可或缺的重要品质。从定义上看，制度公正包括：（1）该制度所规定的享有平等参与某项活动的权利；（2）该制度对于行使权利过程的规定应该是公平的，即过程公平；（3）该制度对于某种社会资源的分配应该是公平的。结合以上定义，我们以为，行政执法三项制度的公平价值是指制度所能实现的促进社会公平的价值，一是制度保障的机会平等，包括公民获知行政执法信息的权利、公民对行政机关及其工作人员行使监督的权利、行政相对人享受公正待遇的权利等。二是指制度保障的程序公平，包括行政相对人平等知晓执法情况、申诉陈辩的规则公平、相对人的权利救济程序公平等。

制度的公正价值还体现在制度对弱势群体的特殊保护，但这种保护不是一味地强调均等。在行政执法过程中，执法主体依靠强大的行政权力和国家赋予的权威，使自身与行政相对人之间处于一种不对等的状态。三项制度出台的目的就是要约束行政行为，保障处于弱势地位的行政相对人的权利。制度公正还体现在实体公正和程序公正两个方面①。简单来说就是，自由、平等、安全等个人权利在制度文本中必须得到体现，并且得到明确保护；程序的设置没有偏私，在没有法定理由的情况下不得干涉程序的运行。行政执法三项制度旨在规范行政执法行为，提高执法效能，最大限度地保护公民合法权益，从而实现社会公正。

（三）保障人民权利

人类的文明史就是一部人类摆脱束缚、争取自由权利的历史。尽管人们对于自由的认识不尽相同，但绝大多数人都认为个人自由不能导致社会上绝大多数人的不自由，所以自由是有限度的，是在一定规则约束下的自由，这种自由就需要制度以权利的形式加以确认，这就是制度的权利属性。

---

①王超奕. 实体公正维护与程序公正建设[J]. 人民论坛，2019（27）：122-123.

制度的权利属性有以下特征：（1）制度对自由权利有明确规定并予以保护；（2）内容多涉及法律权利；（3）只有在一定范围内才能成立。

制度的权利属性是制度追求的价值目标之一，制度能否保障人们的权利是评价该制度好坏的重要标准，也是社会文明程度的重要尺度。在奴隶社会，制度自由体现的是少数奴隶主的政治权利；在封建社会，制度除了重点保护封建主的权利外，部分地区的农民也享受着一定程度的自由权利；在资本主义社会，制度虽然能在本质上是保护资产阶级的权利，但在形式上也承认了被统治阶级的自由权利。在社会主义社会，人们享受着广泛权利，制度的目的就是要实现社会自由和个人权利的统一，这种权利是广泛、真实而有效的。行政执法三项制度所蕴含的权利属性就是对社会主义社会下自由权利的完美诠释主要表现在：第一，行政执法三项制度确定了行政执法活动中各参与主体的权利义务关系，明确了权利的范围和自由的限度，指明了参与主体行使自身权利的方法和途径。第二，该制度确定了侵犯他人自由权利所可能产生的不利后果，如行政人员错误公示国家秘密、商业秘密或个人隐私后，其本人和所属单位可能承担的责任。第三，该制度以国家强制力来保障公民在合法权利受到侵害时的申诉、检举和救济的权利。

（四）保证执法效率

制度的效率评价一般有三种类型，一是制度本身是否符合经济规律，如某项制度过分强调政府对于市场的控制；二是制度运行是否符合效率原则，如美国政党制度造成低效决策；三是利用经济知识解释制度活动，如机会成本理论将行政决策解释为对各种行政资源使用的各种可能性的选择。在现代市场经济条件下，行政执法三项制度的效率就是执法机关及其工作人员执行制度，激发制度效能，释放制度红利的效率。它的效率价值包含以下内容：（1）行政机关在从事行政执法活动时，按照最大效益原则，尽量减少投入，最大限度地控制社会总支出，从而实现社会总成本和社会总支出的平衡；（2）行政机关在从事行政执法活动时，应当考虑自身的执法成本和执法效益，从而判断执法行为的合理性，如重大行政执法决定法制审核制度要求审核执法决定的合理性，这种合理性就包括对于执行成本和执行效益的比例合理[1]。行政执法公示制度创造出的公开、透明的法治环境，为行政相对人提供了明确的办事规则，进而提高了相对人的工作效率。

由于权力同时具有无限扩张的一面，行政权力常常被人们视为洪水猛兽，总是要通过各种形式来加以约束。但是行政权力也可以通过一定的激励机制，激发行政机关积极主动作为，增进人民福祉，促进社会公平公正，这就是高效率的行政行为所带来的便民利民的一面。行政执法三项制度的建立，不是为了增加行政机关的负担，而是要督促行政机关在合理合法的基础上，积极履行自身职责，取得行政相对人对于执法行为的理解，减少行政争议，提高行政效率。

（五）凸显程序规范

制度的秩序、公正、自由和效率价值往往与现实的社会目标密切相关，它们一般被视为制度的外在价值。除此之外，制度还存在着一种形式价值，即制度的程序价值，主要指该制度在形式上具备哪些值得肯定的品质，如该制度是否具有权威性、统一性、完备性、可操作性和可诉性，这些品质都是外在价值得以实现的重要保障。在行政法制建设中，“可操作性”和“可诉性”是评价某项制度合理与否的重要标准。

结合学术界关于程序工具主义和程序本位主义的观点，我们以为程序价值应该既包括制度所要实现特定目标的工具价值，也包括作为公平、公正手段的程序自身的本位价值。行政执法三项制度的程序价值涵盖的内容非常广泛，如行政执法公示制度追求事实上的真实性和客观性，重大行政执法决定法制审核制度追求决策程序上的客观性、合理性和公正性，行政执法全过程记录制度追求执法行为的可操作性和可诉性以及重视对人权的尊重和效率的考量。在行政执法的任意一种情形中，忽视程序价值均会对制度效能的实现造成巨大损失，进而使得制度的其他价值得不到最终实现。

---

①莫岳云，陈婷.十八大以来我国行政执法体制的改革与创新[J].理论导刊，2017(10)：31-36.

四　行政执法三项制度的实现逻辑

行政执法三项制度是我国法治政府建设的重要抓手，其体现的秩序、公正、自由、效率和程序价值也是法治政府建设的重要原则。同时，结合制度的价值旨归，紧紧围绕法治政府建设目标，把握行政执法三项制度的实现逻辑，对进一步推动行政执法三项制度的优化创新具有重要意义。

（一）强化执法机关宗旨意识，树立以人民为中心的执法理念

政府的一切活动都是围绕人民群众展开的，其执法行为是为了维护人民群众的根本利益，因此以人民为中心的理念是开展行政执法工作的前提条件。由于我国历史上长期处于人治社会，官本位思想曾居于主导地位，导致了一些执法人员存在着不同程度地忽视法律、任性用权、以权压法等错误思想，从而影响着三项制度的顺利推进。为此，执法机关必须要明确执法权是由人民赋予的，要牢固树立以人为本、依法行政的工作理念，自觉抵制错误思想的影响。

执法机关消极用权的现象也值得警惕。政府治理体系现代化是推进国家治理体系现代化的关键，政府是否主动作为，政府自身的治理水平都决定着其发展的进程①。如果不能深入了解群众需求，掌握本地发展的实际情况，紧跟人民生活的热点问题，执法机关将很难取得令人民群众满意的工作效果，其行政执法水平将很难得到提升。如行政执法公示的内容若完全不涉及当地发展的难点和痛点，将大大限制该项制度的效能发挥，而对于公示内容的把握就需要行政机关主动去了解本地情况。

执法理念的正确发挥还需要系统梳理执法机关的职能范围，弄清自己的管理权限，从而最大限度地激发执法效能。在过去的行政执法活动中，执法权错位、缺位、越位等现象时有发生，这些都源于执法部门对于自身职能定位的不准确。如在处理政社、政经关系上，执法机关是否存在管理

①谭桔华.基于国家治理现代化背景下的政府治理[J].云南行政学院学报，2016(1)：118-121.

缺失或者管理越位，这就需要在重大行政执法决定法制审核过程中仔细审查。同时，执法部门的职能除了管理职能外，还必须包含服务职能，所以应该将注意力更多地放在为社会和市场提供优质的公共服务上。如在行政执法过程中，执法主体应主动向行政相对人普及法律知识，尤其是相关法律救济知识，这应在行政执法全过程中应被作为一个重要内容加以记录。

（二）加强执法队伍建设，提升制度执行力

推动行政执法三项制度落地生根离不开一支政治过硬、作风优良、能力突出的执法队伍。当前，随着法治政府建设布局的深入推进，执法人员必须深刻认识到推行三项制度的重要意义，努力提高自身的制度执行力。

一是执法人员必须树立正确的履职意识。一是要树立法治意识。通过定期接受法治教育，认真落实“谁执法，谁普法”，提升个人法治修养，实现人治思维向法治思维的转变，形成凡事依法依规的工作态度。二是要坚持权责统一的原则。执法人员要意识到三项制度不仅明确了某些执法权力，同时也规定了相关义务，要认识到三项制度的形成本身就是要在整个执法领域贯彻权责一致原则。三是要树立依程序办事的原则。行政执法三项制度对于行政执法的事前、事中、事后等环节的工作程序做了详细规定，就是要规范执法人员的执法行为，使其履行职责有依据。同时，严格按程序行使职权确保执法行为更加合法合理，也是执法人员自我保护的一种方式。

二是执法人员必须努力提高履职能力。一是要对三项制度进行全面梳理，确保制度体系完备、内容科学、逻辑严密，更重要的是必须要有可操作性。二是要针对三项制度的内容，对执行者进行专题培训，让执行者明白制度的背景、意义、内容等关键知识。三是要建立一套激励、惩戒、监督机制，建立专门负责监督制度执行情况的组织机构，构建公正的问责机制和合理的激励机制，并积极营造良好的制度执行氛围。

（三）引入多元主体参与，营造良好制度环境

社会力量的发育状况是评价一个国家治理水平的重要标志，法治政府的建成离不开社会成员的广泛而且有深度的参与。一是公民的参与。当前

行政执法三项制度处于全面推广、探索创新的阶段，在制度红利不断迸发的同时，制度所带来的问题也时有出现，仅仅依靠执法主体的推动，缺少公众的参与只会导致三项制度缺乏社会基础。当前，各级执法单位将三项制度与“谁执法，谁普法”行动一齐推进，向民众普及法律知识，树立法律权威，唤醒民众权利意识，以此在全社会范围内营造良好的法治环境。如高唐县司法局于2019年6月28日在高唐县人民政府网站发布了一篇题为《高唐县行政执法主体和行政执法人员清理工作完成情况公示》的文件，其中公示的持有“山东省行政执法证”的行政执法人员数量存在错误，后经群众反映才得以及时更正。

二是社会组织的参与。改革开放以来，我国一直在努力打造良性的“政府—社会”互动机制，各类社会组织由无到有、由弱到强，取得了快速的发展，成为了推动国家发展的重要力量。行政执法三项制度的推行不应仅关注执法机关、执法人员和行政相对人，在适当的条件下还可以引入有能力的社会组织。如河北省司法厅发文要求，乡镇人民政府和街道办事处可以按照政府购买服务的模式，聘请律师、法律顾问等法律专业人员协助进行法制审核工作。

三是社会媒体的参与。社会媒体在现代社会具有巨大的影响力和渗透力，是推动法治政府建设的重要力量。在推行三项制度的过程中，行政机关除了重点打造统一的信息平台外，还可以依靠广播、电视、两微一端等平台公布执法信息，从而实现民众对执法行为的多方位监督。对于某些舆论关注的执法争议，执法机关应该依靠社会媒体发布执法全过程的记录材料，对争议行为加以澄清，维护政府形象。

（四）重视科学技术保障，着力提升制度质效

习近平总书记指出，“要加强人工智能同社会治理的结合，开发适用于政府服务和决策的人工智能系统。”[①]随着科学技术的迅猛发展，信息化、大数据、人工智能早已进入千家万户，对我们的生产生活方式产生了巨大

① 习近平在中共中央政治局第九次集体学习时强调 加强领导做好规划明确任务夯实基础推动我国新一代人工智能健康发展[N].人民日报，2018-11-01(1).

影响。随之而来的“互联网+政务”、数字型政府建设已经成为我国法治政府建设的重要内容，许多发达地区已经开始探索“互联网+法治政府”建设，搭建起一套集信息公示、政务查询、执法监督、执法考核于一体的执法信息公示平台，实现了执法信息互联互通、执法记录科学管理、数据资源整合共享的政府业务板块，既规范了执法行为，提高了治理效能，也便捷了群众生活。

传统的执法信息公示通常是工作人员手工录入，如今许多执法单位已经开始利用移动终端实现信息同步推送。歙县城管执法局在其探索的移动执法新模式中，采用智慧化移动执法终端系统，对“人工”+“手工”的执法流程和执法程序进行智慧化升级。上海市利用行政执法综合平台，实现执法文书的网上审批、网上公示、网上查询，实现了高效执法与服务民生的有效结合。在执法记录方面，一些地区正努力将区块链技术与执法全过程记录相融合，发挥区块链下共享数据库体系的作用，依靠计算机技术保证执法信息的不可篡改和全程留痕，同时为国家秘密、商业秘密和个人隐私等重要信息进行加密处理，保证了执法全过程记录的真实、高效和安全①。此外，执法档案信息化管理技术对于重大行政执法决定法制审核具有重要的辅助作用。在法制审核时，审核主体需要参考指导性案例和以往已办结的类似案例，档案信息化管理为快速调阅指导性案例提供了技术支持，提高了审核效率。

五 结 语

在社会主义法治建设的背景下，行政机关依法行政、执法为民的理念受到行政机关高度重视，服务社会和人民群众是其执法工作的出发点和落脚点。行政许可、行政处罚、行政强制等执法行为与民众的生活密切相关，既关系到民生福祉，又可能产生行政争议，影响政府形象。行政执法三项制度就是要通过提高行政执法透明度，将执法行为置于阳光下，晾权晒权，

① 解志勇，王晓淑．行政执法三项制度：法治政府建设的加速器和稳定器[J]．中国司法，2019(2)：47-50.

执法留痕，接受社会公众的监督，提升人民群众对于执法行为的满意度。

黄山市在规范行政执法方面，严格按照三项制度的关键要素，建构起一套涵盖执法活动事前、事中、事后三个环节的公示机制、全过程记录机制和重大行政决定法制审核机制，取得了令人瞩目的成效。这些成绩的取得离不开该市对于三项制度背后秩序、公正、自由、效率和程序价值的把握，同时若要进一步推动三项制度的改革创新，还需要沿着科学的实现逻辑稳步探索和推进。

参考文献

孟鸿志.行政法学[M].北京:北京大学出版社,2007.

王晓烁.国家机关权责平衡问题研究[M].北京:中国商务出版社,2006.

刘青,杨东升.严格执法——政府是如何执行法律的[M].北京:法律出版社,2017.

莫岳云,陈婷.十八大以来我国行政执法体制的改革与创新[J].理论导刊,2017(10):31-36.

谭桔华.基于国家治理现代化背景下的政府治理[J].云南行政学院学报,2016(1):118-121.

解志勇,王晓淑.行政执法三项制度:法治政府建设的加速器和稳定器[J].中国司法,2019(2):47-50.

王超奕.实体公正维护与程序公正建设[J].人民论坛,2019(27):122-123.

健全行政权力制约监督体系研究

——以蒙城县示范创建为例

朱启友　王孟德①

摘　要： 在法治政府建设中，健全权力制约监督体系是贯彻“权责法定”原则、让权力在阳光下运行的根本保证，是提升依法行政能力和治理水平的必然要求。蒙城县立足法治政府建设的实践，深化政府机构改革，推行行政权力清单制度；推动党内监督与人大监督、政协监督、司法监督贯通协调；扎实开展行政监督、监察监督和审计监督；完善社会监督和舆论监督机制，全面推进政务公开，努力健全行政权力制约监督体系。党在推进法治政府建设中的领导地位进一步巩固；行政权力运行持续规范；领导干部运用法治思维和法治方式的能力得到提高。为深入推动法治政府建设，健全行政权力制约监督体系，必须坚持问题为导向，深刻认识新发展阶段法治政府建设目标定位，明确梯次建设路径；把握评估指标体系新变化新要求，注重“对标对表”“补齐短板”；健全监督网络体系，提升协同监督效能；完善沟通协调机制，进一步提升政务公开工作质量，确保行政权力规范透明运行。

关键词： 行政权力　制约监督　法治政府建设　蒙城县

---

① 朱启友，博士，安徽师范大学法学院副教授，硕士生导师，安徽省政治学会常务理事、安徽省科学社会主义学会常务理事，芜湖市社会治理研究院研究员，主要研究方向：政治学理论、基层社会治理。王孟德，安徽师范大学法学院2020级政治学理论硕士研究生。

党的十八大以来，在以习近平同志为核心的党中央坚强领导下，法治中国建设站在新的历史起点，开辟出新境界，呈现出许多新的变化：既着眼于顶层设计全面部署，一体推进法治国家、法治政府、法治社会建设，又重点突出明确法治政府是主体工程，率先突破。法治政府建设已从制度机制建设为主的阶段，转向制度机制建设与数值指标评估相并行的阶段；法治政府建设既以纲要引领，《法治政府建设实施纲要（2015—2020年）》《法治政府建设实施纲要（2021—2025年）》相继颁行，又在市县层面通过制定指标体系来评估示范创建活动，激发基层法治政府内生动力。本文以蒙城县为对象，总结其近年来法治政府建设尤其是构建行政权力制约监督体系的创新实践、成效与亮点，并对今后的优化路径作出思考和建议，以期对推进“十四五”时期地方政府法治建设，具有一定的启发意义。

一　健全行政权力制约监督体系是法治政府建设的关键环节

行政权力是行政机关依法享有的管理国家经济、社会、文化事务的权力，是一个国家权力体系的重要组成部分。强化对行政权的制约监督，依法规范行政权力运行，是推进行政体制改革、建设法治政府的关键所在，对于保障公民合法权益，推进国家治理体系与治理能力现代化，提升党和政府的社会公信力具有重要意义。

（一）贯彻“权责法定”原则，是让权力在阳光下运行的根本保证

“任何国家，法治的重心都是制约和控制行政权力，防止其滥用和异化。我国依法治国、依法治权的核心也是针对行政权力及其行使”[①]。政府是重要的执法主体，其权力来源于宪法和法律，建设法治政府意味着要通过宪法和法律规定不同层级、类型行政机关的权力和责任，建构科学合理的权力结构，织就行政权力依法依规运行的严密网络。简言之，法治政府就是坚持“权责法定”原则运作的政府，就是“用法治给行政权力定规矩、

① 张文显.建设中国特色社会主义法治体系[J].法学研究，2014(6)：13-19.

划界限”，即政府的整体和个体行为，包括它的设立、运行、变更，或行政立法、行政决策、行政执法、行政处罚、行政复议等，或对各种政府行为的监督等都必须实现合法化、程序化、规范化。“权责法定”蕴含着“法定职权必须为”“法无授权不可为”的基本内涵，对于政府而言，就是要切实增强按制度办事、依法办事意识，善于运用制度和法律管理社会事务，确保行政权力于法有据、依法行使、受法制约。展开来说，强化对行政权力的制约和监督，既需要正确处理政府与外部主体的权力边界问题，防止权责不明或权力越位，也要强化政府内部权力运行流程控制，防止权力滥用或缺位。党的十八大以来各地政府纷纷建立和推行权力清单制度就是“权责法定”原则的一个必然要求。在各地试点的基础上，2013年国务院《关于地方政府职能转变和机构改革的意见》中首次明确提出，认真梳理各级政府部门的行政职权，并向社会公布权责清单。党的十八届三中全会进一步作出安排，推行地方政府及其职能部门权力清单制度，依法公开权力清单和权力运行流程。自此，各地政府建立和推行权力清单制度进入新的发展阶段。从功能上把握，权力清单就是以厘权、清权、确权、配权、晒权、制权为原则和目的，用罗列清单的形式，将权力事项、实施主体、法律依据、运行程序等内容一一列举，形成清单，公之于众，为依法行政提供依据，为企业和公民提供便利。因此，行政权力是一柄双刃剑，完善权力配置和运行制约机制，在法治轨道上运行可造福人民；权责不透明，用权不公开，在法律之外运行则会祸害国家和人民。加强对行政权力运行的制约和监督，正是法治政府建设的必然要求。①

（二）推进政务公开是将权力始终用来为人民谋幸福的重要保障

我国宪法明确规定，“中华人民共和国的一切权力属于人民”。人民是国家的主人，“只有让人民来监督政府，政府才不会懈怠；只有人人起来负责，才不会人亡政息。”②人民是国家权力的拥有主体，“拥有”并不意味着人人都能对国家事务进行直接管理。事实上，在现代国家治理体系中，由

① 行政权力制约与监督成效凸显 政府督查已实现常态化[N].法治日报，2020-12-31(1).

② 黄炎培.八十年来[M].北京：文史资料出版社，1982：148-149.

于受诸多因素制约，绝大部分行政权力是由人民以授权的形式委托行政机关行使的，这种权力拥有主体和权力行使主体相对分离的状况，可能会导致权力行使主体与权力拥有主体的意志和利益不一致甚至出现相违背的情形。因此，坚持人民当家作主的主体地位，必须强化对行政权力的制约和监督，促使行政机关真正按照人民意志管理社会公共事务。“必须坚持一切行政机关为人民服务、对人民负责、受人民监督，创新行政方式，提高行政效能，建设人民满意的服务型政府”①，人民本位成为法治政府建设的价值立场。党的十八大以来，中国特色社会主义进入新时代，我国社会主要矛盾发生历史性变化。一方面，经济社会持续发展，“人民美好生活需要日益广泛，不仅对物质文化生活提出了更高要求，而且在民主、法治、公平、正义、安全、环境等方面的要求日益增长”②；另一方面，经济社会发展中不平衡不充分的问题更加凸显，因而，党和政府“要积极回应人民群众新要求新期待，……系统研究谋划和解决法治领域人民群众反映强烈的突出问题”，“用法治保障人民安居乐业”③。比如政务公开，它是指行政机关在立法、决策、裁决等权力运作过程中将所涉及的动态和静态的信息以一定的方式和按照一定的程序及时、准确地公开发布。推进政务公开，让权力在阳光下运行，这对法治政府建设、对群众合法权益的保障有着积极意义。2016年中办国办印发《关于全面推进政务公开工作的意见》，指出：“公开透明是法治政府的基本特征。全面推进政务公开，让权力在阳光下运行，对于发展社会主义民主政治，提升国家治理能力，增强政府公信力执行力，保障人民群众知情权、参与权、表达权、监督权具有重要意义”。从政务运作顺序的层面看，政务公开一般分为决策公开、执行公开、管理公开、服务公开、结果公开。以行政决策公开为例，它强调在行政决策的过程中必须有公众参与，“把公众参与、专家论证、风险评估、合法性审查、集体讨论决定确定为重大行政决策法定程序”，使公民特别是切身利益可能受到影

---

① 中共中央关于坚持和完善中国特色社会主义制度、推进国家治理体系和治理能力现代化若干重大问题的决定[M].北京：人民出版社，2019:16.

② 中国共产党第十九次全国代表大会文件汇编[M].北京：人民出版社，2017:9.

③ 习近平.坚定不移走中国特色社会主义法治道路 为全面建设社会主义现代化国家提供有力法治保障[J].求是，2021(5):4-9.

响的多方面群体得以平等、自由地表达自己的利益诉求，从而增强公民对具体行政决定等行政活动的认同感，最大限度地兼顾各方当事人的利益需求，增强行政决策的民主性和可接受性①，因而，推进政务公开，提高政府公信力，是“以人民为中心”思想的生动写照。

（三）提升依法行政能力和治理水平的必然要求

加强对行政权力运行的有效制约与监督，一个重要目的也是为了防止和清除政治生活中的腐败现象。正如习近平总书记指出的那样：“权力不论大小，只要不受制约和监督，都可能被滥用。”改革开放以来，经过多年实践探索、整合监督资源和制度建设，一套有中国特色且行之有效的行政权力制约和监督制度体系基本形成。2004年国务院印发《全面推进依法行政实施纲要》，首次提出了“法治政府”的概念，并从7个方面搭建法治政府建设的主体框架，其中一个方面就是“完善行政监督制度和机制，强化对行政行为的监督”，提出了加强人大监督、政协民主监督、司法监督、专门监督、社会监督、对规章和规范性文件的监督，贯彻行政复议，创新层级监督，执行行政赔偿与补偿等方面的要求。党的十八届三中全会强调指出，在全面深化改革阶段，“必须构建决策科学、执行坚决、监督有力的权力运行体系，健全惩治和预防腐败体系，建设廉洁政治，努力实现干部清正、政府清廉、政治清明。”②加强权力运行制约监督体系建设，对于规范权力行使，从源头上防治腐败意义重大。党的十八届四中全会通过《中共中央关于全面推进依法治国若干重大问题的决定》（以下简称《决定》），概括提出了8种监督类型：党内监督、人大监督、民主监督、行政监督、司法监督、审计监督、社会监督、舆论监督。八种监督分工明确、优势互补，以不同形式、从不同层面对行政权力进行制约监督。《决定》要求加强监督主体之间的协调配合，完善各项监督制度，增强监督合力和实效。2015年12月，中共中央、国务院印发了我国第一个法治政府建设五年计划——《法

① 曾哲，周泽中．善治的理性：公民参与行政的后果考量[J].求实，2017(6)：65-75.

② 中共中央关于全面深化改革若干重大问题的决定(2013年11月12日中国共产党第十八届中央委员会第三次全体会议通过)[J].求是，2013(22)：3-18.

治政府建设实施纲要（2015—2020年）》，以“行政权力规范透明运行”为衡量标准，以“强化对行政权力的制约和监督”为重点任务，从6个方面进行工作部署，重点是加强8类监督，“自觉接受党内监督、人大监督、民主监督、司法监督”“加强行政监督和审计监督”“完善社会监督和舆论监督机制”，除此之外，“全面推进政务公开”“完善纠错问责机制”等也成为新任务。措施具体丰富，可量化、可评估、易操作，行政权力制约和监督体系的不断完善，有力地推进了腐败治理体系与治理能力现代化。

二　蒙城县健全行政权力制约监督体系的积极实践

《法治政府建设实施纲要（2015—2020年）》中明确提出要“积极开展建设法治政府示范创建活动，大力培育建设法治政府先进典型”，体现出法治政府建设新的深度。2019年5月，中央全面依法治国委员会办公室印发《关于开展法治政府建设示范创建活动的意见》，提出从2019年开始启动第一批法治政府建设示范地区评估认定工作，通过创建促提升，以示范促发展，以后每两年开展一次，梯次推进，不断把法治政府建设向纵深推进。《关于开展法治政府建设示范创建活动的意见》以附件的形式公布了《市县法治政府建设示范指标体系》，由8项一级指标、34项二级指标、100项三级指标以及4项附加项共同组成。在8项一级指标里，“行政权力制约监督科学有效”与其他7项（政府职能依法全面履行、依法行政制度体系完善、重大行政决策科学民主合法、行政执法严格规范公正文明、社会矛盾纠纷依法有效化解、政府工作人员法治思维和依法行政能力全面提高、法治政府建设组织领导落实到位）既相互联系又各有特色。作为一级指标的“行政权力制约监督科学有效”包含四个二级指标，分别是“自觉接受党内监督、人大监督、监察监督、民主监督、司法监督”“加强行政监督和审计监督”“完善社会监督和舆论监督机制”“全面推进政务公开”①，其下包含三级指标12个。该指标体系的出台为法治政府建设提供了具体指引，促进了

① 中央全面依法治国委员会办公室关于开展法治政府建设示范创建活动的意见[N].法制日报，2019-05-24(2).

示范创建活动可量化、能比较、可证明、易操作。

蒙城县位于安徽省西北部，是亳州市下辖县，国土面积2091平方公里，总人口148.6万，辖14个乡镇、3个街道、294个行政村（社区）。蒙城县历史悠久，是庄子故里，中国楹联之乡，文化底蕴丰厚。进入新时代，在蒙城县委县政府的带领下，经济运行平稳，社会安定和谐，人民生活水平提高较快，发展势头良好。党的十八大以来，蒙城县政府坚持以习近平法治思想为指导，在省市党委和政府的领导下，深入推进法治政府建设工作，把政府工作全面纳入法治轨道，制定出台《中共蒙城县委、蒙城县人民政府关于印发贯彻〈法治政府建设实施纲要（2015—2020年）〉实施方案的通知》（蒙发〔2017〕11号），提出72项主要任务，逐项明确责任单位和完成时限，要求严格按照文件要求开展年度督查考核，法治政府建设扎实有序推进。

（一）深化政府机构改革，推行行政权力清单制度

首先是依法“确权”“知权”。按照中央、省市统一部署，在全县编制总量不突破省编办核定数额前提下，2019年2月出台《中共蒙城县委蒙城县人民政府关于印发〈蒙城县机构改革实施意见〉的通知》（蒙发〔2019〕3号），科学合理调整机构设置，优化政府组织结构和职能配备。改革后共设置党政机构37个，其中政府工作部门28个。政府各部门内设机构由改革前的163个调整设置为161个，减少2个。2020年全面完成全县经营类事业单位改革和市场监管、生态环保、文化市场、交通运输、农业五大领域综合执法改革。通过改革，政府管理体制机制进一步理顺，职能发挥更加凸显，管理效率和水平不断提高。

其次是依规“放权”或“减权”。在加快转变政府职能中坚持“放”“管”结合，蒙城县把该放的权放开放到位，把该管的事管住管好，充分激发各类市场主体的发展活力和创造力。通过深化行政审批制度改革，坚决把不该管的事项还给社会、交给市场，使政府更好地依法履行好、发挥好

宏观调控、市场监管、社会管理和公共服务的职能[①]。

第三是“明权”“控权”。制定和公布行政机构权力清单、责任清单以及运行监管细则，明晰县级职能部门和乡镇政府职责边界，制定实施《蒙城县权责清单动态调整管理办法》，构建分工合理、边界清晰、权责一致、运行高效的基层治理体制。根据省、市工作安排，2016年10月，蒙城县所有权力行使单位均已完成监管细则的制定，并报县委编办备案。制定《蒙城县级依职权类权力事项参考目录》，编制了“乡镇政府（街道办事处）权责清单和配合事项清单”及开发区“赋权清单”。为厘清县乡职责边界，推进基层管理体制改革，贯彻落实为基层减负决策部署，2020年11月，按照省委编办相关要求，蒙城县强化组织领导，启动乡镇“两单”工作试点，探索形成了“两单一图三机制一平台”工作机制。“两单”是乡镇政府权责清单、乡镇配合事项清单，“一图”指事项工作运行流程图，“三机制”包括清单之外事项准入机制、双向考评机制、依单监管机制，“一平台”代指县乡联动平台。蒙城县乡镇“两单”工作取得了较好的成效，为构建简约高效基层管理体制积累了宝贵经验。

（二）推动党内监督与人大监督、政协监督、司法监督贯通协调

蒙城县高度重视人大议案建议和政协提案办理工作，将之作为了解尊重民意、汇集民智民力、改善民生的重要途径，先后制定印发《关于市、县人大代表议案、建议及政协委员提案办理须知》、《关于加强和改进县人大议案建议和政协提案办理工作的意见》（蒙办发〔2020〕12号），下发专题通报和督查通报，强化过程管控和责任落实，确保议案建议和提案高质高效落实。2017年县政府及时向县人大常委会报备政府规范性文件23件，做到应备尽备。2018—2020年共办理人大议案建议、政协提案分别为160、198件，143、176件，186、156件，办理满意率（度）均为100%。《蒙城县2022年政府工作报告》中指出，过去五年，“办理人大代表议案、建议794件，政协委员提案823件，满意率99.9%。”

---

① 章征科.坚持党的领导 建设法治政府[N].安徽日报,2014-11-03(6).

全面支持法院审理行政案件工作，积极建立行政机关负责人出庭应诉制度，让“民告官”不再“见官难”。召开全县法制工作暨行政诉讼工作座谈会，出台《蒙城县人民政府办公室关于加强和改进行政应诉工作的实施意见》（蒙政办秘〔2017〕89号），将行政机关及其负责人应诉情况纳入年度依法行政工作考核内容，进行量化监督考核。对无正当理由未出庭应诉导致败诉或者造成重大影响的，按照相关规定追究有关单位及相关人员的责任。据统计，2017年，共办理涉及拆迁、土地等方面的行政诉讼案件28件，积极做好举证答辩等各项工作，有效地维护了人民的合法权益。2018年，法院共受理行政诉讼案件43件，判决败诉8件，行政机关负责人出庭应诉9次；2019年，行政诉讼案件68件，败诉8件（全部为县直部门和乡镇），行政机关负责人出庭46件；2020年，行政诉讼案件34件，行政机关负责人出庭应诉率达90%以上。连续三年，行政诉讼败诉率都低于上一年度全国行政诉讼败诉率平均值，特别是涉及重大公共利益、社会高度关注、可能引发群体性事件，以及检察机关提起的行政公益诉讼等案件，被诉行政机关负责人出庭率达100%，并积极做好举证答辩等各项工作。法院生效裁判得到全面遵守并执行，司法建议得到全面采纳和反馈，办复率达100%。[①]

（三）扎实开展行政监督、监察监督和审计监督

首先，制定权力运行监管细则，逐步完善政府内部层级监督。根据省、市工作部署，2016年10月，蒙城县所有权力行使单位均已完成监管细则的制定，并报县委编办备案；成立国有资产管理委员会和县地方金融监督管理局，实行政府采购分岗设权，分级授权，定期轮岗。其次，主动接受监察监督。自觉配合、接受监察机关开展工作，及时办理并反馈监察机关的监察建议，办复率达100%。第三，全面加强审计监督，实现审计全覆盖。2018年，蒙城县下达审计项目计划13项，完成13项，提出审计建议120条，督促被审计单位落实整改措施130余条；完成省厅交办项目4个、市局交叉

① 数据来源：蒙城县人民政府2018年度、2019年度、2020年度法治政府建设报告。

审计项目8个；完成政府投资项目审计190个，审减金额1.1亿元。2019年，县审计局共完成预算执行、经济责任、财务收支等审计项目25个，完成政府投资审计项目305个，审计查出违规资金2.6亿元，管理不规范资金5.63亿元，提出审计意见建议106条。2020年开展审计调查33家单位117个项目，审计查出违规金额26万元，管理不规范金额1.43亿元，提出规范性管理意见和建议184条，审计移送线索25起①。

（四）完善社会监督和舆论监督机制，全面推进政务公开

建立行政机关违法行政行为投诉举报登记制度，畅通举报箱、电子信箱、热线电话等监督渠道，积极推行网络问政，并在此基础上不断推动社会监督、舆论监督与党内监督有机结合、协调发展。2018年蒙城县组织开展法治政府建设问卷调查工作，共发放问卷150份，包括人大代表、政协委员、法官、检察官、部门法制机构、政府法律顾问、政务中心办事群众等25类群体，深入了解社会各界对法治政府建设的工作评价，以真实的调查数据助力2018年度法治研究工作。着力提高县长热线办理质量，全年办理热线3.7万件，满意率96.8%。2019年，共受理热线42843件，办结率100%。办理县政府领导批示和交办事项556件，开展专项督查督办12次，下发通报24期。2020年办理热线诉求4.3万件，办结率100%。召开新闻发布会9场，“政民互动”系统办理群众咨询858件②。

蒙城县认真贯彻新修订的《政府信息公开条例》，坚持以公开为常态、不公开为例外的原则，全面梳理公开事项，编制公开标准，规范公开流程，拓宽公开渠道，持续推进决策、执行、管理、服务、结果五公开；统筹推进县级部门主动公开目录编制发布，深化重点领域信息公开，继续推进财政预算、公共资源配置、重大建设项目批准和实施、社会公益事业建设等领域的政府信息公开。比如2020年，蒙城县在政府网站上公开各类信息53610条（县政府公开网及各县直单位和乡镇、街道公开网发布信息总和），其中规范性文件13件，政策解读85条，回应关切3210条，其他信息53437

① 数据来源：蒙城县人民政府2018年度、2019年度、2020年度法治政府建设报告。

② 数据来源：蒙城县人民政府2018年度、2019年度、2020年度法治政府建设报告。

条。发行政府公报3期，通过蒙城县人民政府网站公开政务动态信息2252条；组织有关部门举办了4期“在线访谈”活动。符合法定条件要求的依申请公开信息答复率达100%。完善新闻发言人、突发事件信息发布制度[①]。

创新政务公开方式，全面推进“互联网+政务服务”模式，不断优化政府信息公开平台建设。已在县政务服务中心、庄周街道办事处等五个地方建成政务公开专区，另有5个政务公开专区的建设正在推进中。同时，组织县政务公开、热线、数据资源等部门在县政务服务中心建成政策咨询窗口。

加强完善监督渠道，推动行政权力与责任紧密挂钩，完善纠错问责机制，强化行政责任追究。制定《〈党政主要负责人履行推进法治建设第一责任人职责规定〉工作要求落实指引任务分解》，为党政主要负责人履行法治建设职责提供重要遵循。加大对贯彻执行中央省市决策部署不力、重大政策落实不到位、重大工程和项目推进滞后以及党员干部推诿扯皮、办事效率低等问题问责力度，采取确定原则、分级追查，重点突破、逐个审核等办法，对相关责任人进行责任追究。严格追究行政首长、负有责任的其他领导人员和相关责任人员的法律责任，坚决纠正不作为、乱作为，坚决克服懒政、怠政，坚决惩处失职、渎职。

三　蒙城县健全行政权力制约监督体系的突出成效

党的十八大以来，蒙城县紧紧围绕基本建成法治政府这个总目标，按照“确权扎笼子、明权制流程、晒权亮清单、限权依规矩、乱权必追究”的总体要求，认真落实健全行政权力制约监督体系夯基础、抓落实、促提升各项措施，政府工作法治化、规范化、科学化水平不断提升。2016年以来蒙城县先后荣获“全国法治县创建先进单位”“国家级基层政务公开标准化规范化试点县”、全省“七五”普法中期先进县等荣誉称号，2020年入围“全国法治政府建设示范县”，突显了依法治国方略在基层的生动实践。

① 数据来源：蒙城县人民政府2018年度、2019年度、2020年度法治政府建设报告。

（一）党在推进法治政府建设中的领导地位进一步巩固

中国共产党的领导是中国特色社会主义最本质的特征和最大优势，坚持党的领导是社会主义法治的根本要求。《法治政府建设实施纲要（2015—2020年）》中强调指出，“党的领导是全面推进依法治国、加快建设法治政府最根本的保证”，坚持和加强党对法治政府建设的领导，“必须坚持党总揽全局、协调各方，发挥各级党委领导核心作用，把党的领导贯彻到法治政府建设各方面。”蒙城县各级政府及其部门自觉学习贯彻习近平法治思想，接受党的全面领导，不断增强建设法治政府的使命感、紧迫感和责任感。

全面贯彻落实蒙城县委关于全面依法治县、建设法治政府的各项决策部署，制发《县委全面依法治县委员会工作规则》《县委全面依法治县委员会协调小组工作规则》《县委全面依法治县委员会办公室工作细则》和《蒙城县委依法治县办关于法治工作重要决定和方案备案工作办法》等文件，注重发挥考核评价对法治政府建设的重要推动作用，把法治政府建设成效作为衡量各级领导班子和党员领导干部工作实绩的重要内容，纳入政绩考核指标体系。

强化组织领导，勇于担责负责尽责，层层传导压力，层层抓好落实，确保党中央和省市县委有关法治政府建设的决策部署不折不扣落地生根。结合实际，贯彻落实《党政主要负责人履行推进法治建设第一责任人职责规定》《法治政府建设与责任落实督察工作规定》，推动党政主要负责人依法履行法治建设第一责任人的职责，不断健全责任落实机制，充分发挥督察工作的抓手作用，推动政府工作人员担当作为、守责尽责，对失责违规行为严厉追责，法治政府建设的力度不断加强，保障更加有力。

（二）行政权力运行持续规范透明

党的十八届三中全会强调指出，坚持用制度管权管事管人，让人民监督权力，让权力在阳光下运行，是把权力关进制度笼子的根本之策。党的十九届四中全会将“坚持和完善中国特色社会主义行政体制，构建职责明确、依法行政的政府治理体系”作为党和国家机构职能体系的重要组成部分，并作出系统部署。加强符合系统思维的制度建设，一体推进维护制度、执行制度、完善制度，着力增强工作的整体性协调性，不断把法治政府建设的制度优势更好地转化为法治政府的治理效能。蒙城县立足于已有的法治政府建设的制度基础，结合自身实际加强制度供给，坚定地发挥制度的规范、保障和引领作用，已基本形成推进法治政府建设的制度体系，保证了行政权力运行的持续规范。

第一，增加制度供给，巩固基础。2020年初，为全面贯彻落实县委关于全面依法治县、建设法治政府的各项决策部署，在印发《县委全面依法治县委员会工作规则》《县委全面依法治县委员会协调小组工作规则》《县委全面依法治县委员会办公室工作细则》和《蒙城县委依法治县办关于法治工作重要决定和方案备案工作办法》的基础上，蒙城县进一步完善了常态法治工作信息调研制度、重大法治问题请示报告制度、重要法治事项审批备案制度和重点法治任务督察考核制度等，逐步形成完整的制度体系，为法治政府建设提供遵循和指导。

第二，基本形成制度体系，变制度优势为治理效能。从政务公开情况来看，蒙城县基本形成了十八项相关制度，并编制了流程图。这十八项制度分别是：主动公开制度、依申请公开政府信息工作制度、政府信息公开保密审查制度、网络政务舆情收集研判和回应工作制度、政务公开统计制度、政务公开工作责任追究制度、政务公开发布协调制度、政府信息公文公开属性源头认定制度、人民重大行政决策公众参与程序制度、政务公开政策解读制度、政务公开工作社会评议制度、政务公开投诉举报制度、政务公开考评制度、政府开放日制度、蒙城县政务公开监督员制度、“五公开”纳入办文办会工作制度、社会公众代表列席县政府会议制度、政务公开部门联动与协调推进工作制度等。这样的制度体系保证了政务公开工作有程序、有依据、有机制、有规范，推动了政务公开工作质量和水平全面提升。这些制度与其他相关法律、法规、政策制度共同作用，基本形成了推进行政权力制约监督体系的制度体系，成为政府治理体系的重要组成部分。

（三）领导干部运用法治思维和法治方式的能力得到提高

习近平总书记指出，“全面依法治国必须抓住领导干部这个‘关键少数’。领导干部要做尊法学法守法用法的模范，带动全党全国一起努力。”① 领导干部具体行使党的执政权和国家立法权、行政权、监察权、司法权，是推进法治政府建设的“关键少数”，他们能否带头尊法学法守法用法直接影响着法治政府建设的成效。蒙城县聚焦“关键少数”，通过建章立制强化对政府工作人员的法治教育培训，引导党员领导干部带头尊法学法守法用法。蒙城县委依法治县办公室依据中办、国办《党政主要负责人履行推进法治建设第一责任人职责规定》（中办发〔2016〕71号）和省委依法治省办《〈党政主要负责人履行推进法治建设第一责任人职责规定〉工作要求落实指引》（皖法办发〔2020〕4号）要求，制定印发《〈党政主要负责人履行推进法治建设第一责任人职责规定〉工作要求落实指引任务分解》，把全县领导干部和乡科级领导班子尊法学法守法用法情况纳入年度述法、年度述职的重要内容，把领导干部的年度考核明确由“三述”变为“四述”（述职述德述廉述法）；在全国率先探索建立党员领导干部法治能力和法治素养评价体系，制定实施《领导干部法治能力和法治素养评价标准》，县直单位和乡镇（街道）依据此体系和标准相继建立干部法治档案。构建与完善党政机关事业单位领导干部、国家公职人员学法用法工作机制。采取党委（组）中心组学法、县政府常务会集体学法、干部夜校、法治大讲堂、党校主体班等多种形式，全面加强领导干部和政府工作人员的法治教育培训；建立季度考法制度，以此作为评价领导干部法治素养、法治能力以及使用干部的重要依据，做实做细此项工作。

经过多年来扎实有效的工作，蒙城县各级领导干部和政府工作人员接受监督的自觉性和主动性不断提高，运用法治思维和法治能力推动发展、化解矛盾、维护稳定、应对风险的能力全面提升。同时，蒙城县各级领导干部带头尊法学法守法用法，做科学决策、依法行政、制度执行的榜样，

---

① 习近平.习近平谈治国理政(第二卷)[M].北京:外文出版社,2017:126.

带动了县域内各界群众尊崇法治、依法办事，推动法治社会持续向前。

四 健全制约监督体系，确保行政权力规范透明运行的路径思考

党的十八大以来，我国法治政府建设在全面依法治国全局中率先突破，各项工作全面提速、进展显著。蒙城县在法治政府建设实践中虽然取得积极成效，但是同新时代党中央、国务院的要求相比，同经济社会发展的现实需要相比，同广大人民群众的期待相比，还存在一定的差距和不足。比如，政府、市场与社会的边界仍不够清晰，行政监督分散化，主管部门与综合执法部门之间的协作联动机制不够健全等。改革攻坚只有进行时没有完成时。这就要求我们坚持问题导向，把认识和解决当前法治政府建设实践中遇到的难题作为突破口，准确把握“十四五”时期和今后法治政府发展趋势和热点难点，进一步深化党在推进法治政府建设中的领导地位，建立健全法治政府建设的组织领导机制，规范行政权力运行，强化行政监督与追责问责，确保实现2025年法治政府建设的总目标和各领域分目标。

（一）全面理解新阶段法治政府建设目标定位，准确认识明晰梯次建设路径

党的十八届四中全会明确了法治政府建设六个方面的核心目标：职能科学、权责法定、执法严明、公开公正、廉洁高效、守法诚信，揭示了法治政府的内涵和基本形态，回答了我们要建设一个什么样的法治政府的重要问题。《法治政府建设实施纲要（2021—2025年）》结合新的实际，将核心目标调整为：职能科学、权责法定、执法严明、公开公正、智能高效、廉洁诚信、人民满意。两相比较，后者新增了“智能”政府和“人民满意”政府的内容，反映了我们对法治政府的基本内涵有了新认识。另外，为回应结构性的更深层次的社会变化，比如加速到来的信息社会、风险社会、信用社会，《法治政府建设实施纲要（2021—2025年）》提出了数字法治政府建设、应急法治建设、信用监管法治化、优化营商环境法治等新任务[①]。

① 金灿.落实新纲要推动法治政府建设[N].经济参考报，2021-08-31(8).

纲要从健全八个方面体系、强化八个方面能力谋篇布局，明确提出加快政府治理规范化、程序化、法治化，这意味着定位聚焦从过去的“行政行为法治化”转变为“政府治理法治化”等等。这些新内容体现了鲜明的时代特色，也反映了新时代对法治政府建设的更高要求。

新目标新任务显示出法治国家建设的“高站位”，也意味着“高难度”“加速度”，重点是“坚持统筹推进，强化法治政府建设的整体推动、协同发展”。基本思路是，正视法治政府在区域之间、城市之间、行政层级之间发展水平的不平衡乃至巨大落差，既要做好规定动作，比如，对于省级政府要强化它们对各类政府规章的备案审查职责，对于乡镇（街道）要依法下放基层管理迫切需要且能有效承接的行政执法事权，提升基层执法效率和能力等，解决“管得了的看不见”“看得见的管不了”的难题，另外，也要立足当地实际，制定分阶段目标，分层次推进。基层任务是普遍遵循法定权力边界和程序规则，筑牢法治的根基，二层任务是实现“让人民群众在每一个司法案件中感受到公平正义”，三层任务是构建起和谐善治的治理格局，四层任务是建成智能高效的卓越政府，到达法治的彼岸[①]。

（二）把握评估指标体系新要求新变化，注重“对标对表”和“补齐短板”

一般的指标体系都是体现一定的理念，用以指导特定类型行动、评价其客观效果、调整未来行动的方向或重点的功能模块。从整体上来看，当下，应立足于我国法治政府的理念、任务和实际，重视提升指标体系设计的科学性、系统性、适应性，包括：将评估对象扩展到以行政机关为中心的各类社会治理结构；根据不同区域、不同层级政府法治建设的不同要求，设置既有特色又能有所侧重的考核指标等。比如，对北上广深等经济发达地区需强化约束性指标要求，对中西部经济落后地区要增加基本公共服务提供、保障性政府职能履行情况的考核[②]。再从具体的行政权力制约监督方

① 鲁鹏宇.我国法治政府建设进入“规划引领”时代[N].法治日报，2021-10-15(6).

② 刘艺.国家治理理念下法治政府建设的再思考——基于文本、理念和指标的三维分析[J].法学评论，2021(1):38-51.

面来看，许多指标也应与时俱进不断完善。

比较2019年与2021年的《市县法治政府建设示范指标体系》两个版本，从二级指标到三级指标以及相应的条文内容，都进行了明显的调整，这需要参选市县在熟悉的基础上通过“对标对表”来“补齐短板”[①]。值得注意的地方有：第69条在原来第75条的基础上，增加了“坚持将行政权力制约和监督体系纳入党和国家监督体系全局统筹规划，突出党内监督主导地位”的内容。第74条属于全新的一条：“坚持严管和厚爱结合、激励和约束并重，做到依规依纪依法严肃问责、规范问责、精准问责、慎重问责，既避免问责不力，也避免问责泛化、简单化”“坚持严管和厚爱结合、激励和约束并重”。“严管和厚爱结合、激励和约束并重”是党的十九大报告围绕深化干部人事制度改革而提出的一项新标准新原则，也被写入《关于新形势下党内政治生活的若干准则》《中国共产党问责条例》《中华人民共和国公务员法》《关于解决形式主义突出问题为基层减负的通知》等党纪国法中。新原则既坚持了权责一致、错责相当的基本要求，体现问责的严肃性；又表明问责不是最终目的，不是束缚干部干事创业的手脚，而是保护和激发干部干事创业的积极性，“惩前毖后、治病救人”，体现了党组织的关心爱护和问责工作的价值导向，必将进一步提高问责工作科学化和规范化水平。原来的第82条“政府新闻发言人、突发事件信息发布等制度完善”由第五部分调整到第七部分（“重大突发事件依法预防处置”），放在“2.提高突发事件依法处置能力”下面的第91条。第77条（“创建周期内，没有因不履行或者不正确履行政府信息公开法定职责，在行政复议或者行政诉讼中被撤销、确认违法或者责令履行等的情形”）是对原83条的修改完善，增加了“创建周期内”的时间限制，将原来的“在行政复议或者行政诉讼中被撤销、确认违法或者责令履行等的发生率在5%以下”，修改为“没有……的情形”，即出现一例都是不合格的，标准提高了。

① 市县法治政府建设示范指标体系(2021年版)[N].法制日报，2021-08-21(2).

（三）健全党内监督引领各种监督力量的监督网络体系，提升协同监督效能

进一步明确党内监督、人大监督等八类监督主体的地位、职能、履职程序及方式，避免各监督主体处于休眠或互相推诿状态。推动党内监督与其他各类监督主体有机贯通、相互协调，既发挥各自优势又共同作用。监督网络体系中，党内监督居主导地位，突出党内监督主导地位，必然要求加强党组织对行政机关贯彻执行党的重大路线方针政策的监督检查，健全党员领导干部个人重大事项报告制度以及收入申报制度建设，加强廉政档案管理。围绕优势互补、监督有力的要求，加大人大监督力度，扩大民主监督范围，健全审计监督和司法监督，避免各主体监督权之间相互冲突、无序行使，提升协同监督效能①。

重点提高行政监督实效。为解决行政监督分散化、沟通协调机制不健全等问题，需要健全依法行政各项规章制度，完善政府机构内部的自我监督机制和机构间相互监督制衡机制；综合运用政府内部权力制约五种具体方式——分事行权、分岗设权、分级授权、定期轮岗、强化内部流程控制——通过对行政权力的适当分离，进一步明确机构间权能划分，加强对关键部门和重点岗位的制约和监督。《法治政府建设实施纲要（2021—2025年）》中指出“实现行政决策、执行、组织、监督既相互制约又相互协调，确保对行政权力制约和监督全覆盖、无缝隙，使党和人民赋予的权力始终用来为人民谋幸福。”在加强政府层级监督与专门监督、建立机构间相互监督制衡机制基础上，重点要健全程序监督机制，完善政府治理的次序、步骤、方式、范围、公开等方面的配套制度，最大限度减少和消除政府行政中的监督真空，以促进政府内部权力制约与司法审查的有效衔接，实现内外监督无缝隙。

① 伍洪杏.健全制约监督体系 确保行政权力规范透明运行[N].湖南日报，2021-09-30(11).

（四）完善横向联系、纵向指导的沟通协调机制，提升政务公开工作质量

如上所述，多年来，地方政府一直高度重视政务公开工作，采取切实措施，加强制度和制度体系建设，加大年度重点工作信息公开力度，以公开促落实、促规范、促服务，不断提升政务公开工作质量，取得了良好的成效，但仍存在很多不足和薄弱环节。以蒙城县为例，目前存在的问题主要有：政策解读形式单一，部分公开资料不够完整、规范，基层标准化规范化目录不够细化，部分重点领域责任单位上报信息与指标要求有所差距，重点领域信息公开仍有提升空间等。

提高政策解读质量，有效引导预期。紧紧围绕贯彻新发展理念、构建发展新格局、推动高质量发展的总体要求，以更高质量的政策发布与解读服务经济社会发展。完善新闻发布会制度，严格落实政策解读“三同步”制度（制定政策性文件与政策解读方案、政策解读材料同步起草、同步审批、同步发布），做好实质解读、深度解读、延伸解读，以数字化、动漫、图表图解、音频视频等形式，全面准确、形象生动地解读政策文件，变“政策语言”为“群众语言”，有效引导预期。

不断健全工作机制，特别是完善横向联系、纵向指导的沟通协调机制，加强常态化督导和管理。定期深入基层开展业务指导检查考核；增强主动性，变督查通报为上门指导，发现问题及时整改。

明确需要主动公开的重点领域的标准和要求，发挥多种方式协同联动公开信息的优势，推进政务信息资源共享共用。围绕部门权责和廉政清单，确立行政审批、行政处罚、行政执法、行政强制等信息的公开标准和范式；建立疑难、重大、复杂申请会商机制，定期开展有针对性的培训[①]。深化“互联网+政务服务”，推动网上政务服务标准化建设，推进政务信息资源共享共用。

---

① 梁海燕.新时代国家治理视域下的甘肃法治政府建设[J].社科纵横，2019(10)：104-107.

参考文献

中共中央、国务院印发《法治政府建设实施纲要（2015—2020年）》[N].人民日报，2015-12-28(1).

中共中央、国务院印发《法治政府建设实施纲要（2021—2025年）》[N].人民日报，2021-08-12(1).

刘艺.国家治理理念下法治政府建设的再思考——基于文本、理念和指标的三维分析[J].法学评论，2021(1):38-51.

六安市法治政府建设中的政务公开与制度创新

孔德斌[1]

摘　要： 加强政务公开制度化、标准化、信息化建设，提高政务公开能力和水平，是法治政府建设的重要内容和目标任务，也是依法保障人民群众合理信息的需求。六安市在政务公开推进初期、全面推进和创新提升三个接续发展阶段中，一如既往地做好政府信息主动公开和依申请公开的同时，从制度、内容和方式多个层面推进政务公开的制度化、规范化和法治化建设，形成了从前端、中端、后端三个环节构建政务公开的闭环管理；持续免费提供依申请公开的信息；创建政务公开“三平衡”；以公开带参与，以参与促公开等创新机制，在政务公开实践中发挥了重要作用，产生了积极影响。在新发展阶段，围绕高质量发展主题，全面主动落实政务公开新要求，要不断创新基层政务公开形式，完善政务公开监督保障机制，全面加强政务公开专区建设，提升政务公开工作质量，助力法治政府建设向纵深推进。

关键词： 法治政府建设　政府信息公开　政务公开　制度创新　六安市

法治政府集阳光政府、有限政府、诚信政府、法治政府于一身，并用

① 孔德斌，博士，扬州大学商学院副教授，硕士生导师，主要研究方向：行政管理、乡村治理与政策。

法律加以固定。“全面主动落实政务公开。坚持以公开为常态、不公开为例外，用政府更加公开透明赢得人民群众更多理解、信任和支持。大力推进决策、执行、管理、服务和结果公开，做到法定主动公开内容全部公开到位。加强公开制度化、标准化、信息化建设，提高政务公开能力和水平。全面提升政府信息公开申请办理工作质量，依法保障人民群众合理信息需求。鼓励开展政府开放日、网络问政等主题活动，增进与公众的互动交流。加快构建具有中国特色的公共企事业单位信息公开制度。”①从文件可以看出，政务公开是法治政府建设的题中应有之义，也是衡量法治政府建设成效的主要评估指标之一。中央对“十四五”时期的政务公开工作提出了“全面主动落实”“加强公开制度化、标准化、信息化建设，提高政务公开能力和水平”“加快构建具有中国特色的公共企事业单位信息公开制度”新要求。2019年5月，中央全面依法治国委员会办公室印发《关于开展法治政府建设示范创建活动的意见》，提出从2019年启动第一批法治政府建设示范地区评估认定工作，树立一批新时代法治政府建设的新标杆。在安徽省法治政府建设示范创建中，六安市“政务公开制度创新”获省首批法治政府建设示范项目。本文基于六安市政务公开的实践，研究法治政府建设中的政务公开与制度创新问题，探讨高质量发展对法治政府建设有关政务公开的新要求和对策建议。

一　六安市政务公开不断推进的三个阶段

有学者认为，政务公开有广义和狭义之分。广义的政务公开指整个公权力运作的活动及其信息的公开，包括各级人民政府和政府部门行使行政权的活动及其信息的公开，各级人民代表机关行使立法权、审查批准预决算和对“一府两院”监督权的活动及其信息的公开，以及执政党依法执政活动及其信息的公开。狭义的政务公开仅指各级人民政府和政府部门行使行政权的活动及其信息的公开②。在政务公开的初级阶段，政府信息公开是

①中共中央、国务院印发《法治政府建设实施纲要（2021—2025年）》[N].人民日报，2021-08-12(1).

②姜明安.论政务公开[J].湖南社会科学，2016(2):45-50.

唯一的内容，此时的政务公开就是狭义的政务公开。在政务公开的中高级阶段，政府信息公开、互联网+政务服务、政府网站和政务新媒体建设“三箭齐发”，此时的政务公开已经是广义上的政务公开了。

（一）政府信息公开是政务公开的起点

中国的政务公开制度，发轫于政府信息公开制度的创建和逐步完善。

中央层面的政府信息公开制度，始于2007年4月的国务院令第492号（《中华人民共和国政府信息公开条例》）。随着中国特色社会主义进入新时代，国务院对《中华人民共和国政府信息公开条例》进行了修订，2019年版本的《中华人民共和国政府信息公开条例》（以下简称新《条例》）以国务院令第711号的形式颁布，自2019年5月15日起施行。新《条例》扩大了主动公开的范围，明确各级行政机关应当主动公开机关职能、行政许可办理结果、行政处罚决定、公务员招录结果等15类信息。新《条例》列举了不公开政府信息的具体情形，包括依法确定为国家秘密的政府信息，法律、行政法规禁止公开的政府信息，公开后可能危及国家安全、公共安全、经济安全、社会稳定的政府信息，公开后会对第三方合法权益造成损害的政府信息，处于讨论、研究或者审查过程中的过程性信息、行政机关内部事务信息，等等。新《条例》建立健全政府信息管理动态调整机制、依申请公开向主动公开的转化机制，取消了依申请公开中“根据自身生产、生活、科研等特殊需要”的限制条件，并特别规定了三项便民服务措施：一是加强互联网政府信息公开平台建设，强化政府信息资源的规范化、标准化、信息化管理；二是规定依托政府门户网站，逐步建立具备信息检索、查阅、下载等功能的统一政府信息公开平台；三是要求在政府服务场所设置政府信息查阅场所，并配备相应的设施，为公民、法人和其他组织获取政府信息提供便利。

2016年2月，中共中央办公厅、国务院办公厅印发实施《关于全面推进政务公开工作的意见》，要求“推进行政决策公开、执行公开、管理公开、服务公开和结果公开，推动简政放权、放管结合、优化服务改革，激发市场活力和社会创造力，打造法治政府、创新政府、廉洁政府和服务型政府。”规定政务公开的工作目标是“到2020年，政务公开工作总体迈上新台阶，依法积极稳妥实行政务公开负面清单制度，公开内容覆盖权力运行全流程、政务服务全过程，公开制度化、标准化、信息化水平显著提升，公众参与度高，用政府更加公开透明赢得人民群众更多理解、信任和支持。”2016年11月，国务院办公厅印发《〈关于全面推进政务公开工作的意见〉实施细则》，提出着力推进“五公开”、强化政策解读、积极回应关切、加强平台建设、扩大公众参与、加强组织领导等工作要求。该细则为地方政府的政务公开工作提供了行动指南。

2008年9月，《安徽省人民政府办公厅关于印发安徽省政务公开考评暂行办法的通知》发布，规定采取自评、网上测评、民主评议和考核相结合的方式，对各地级市人民政府、省政府各部门及各直属机构、中央驻皖有关单位进行量化考评，并以适当形式予以通报或函告有关部门。2014年11月，安徽省人民政府第37次常务会议通过了《安徽省政府信息公开办法》（以下简称《办法》），自2015年1月1日起执行。从内容上看，安徽省的《办法》与新《条例》的精神完全一致、体例大体相似、内容更加具体和简单。新《条例》有56条规定，安徽省政府的《办法》只有32条，且颁布后尚未修订。2016年9月，《中共安徽省委办公厅安徽省人民政府办公厅关于全面推进政务公开工作的意见》发布，主要内容和精神与中央层面的《关于全面推进政务公开工作的意见》基本一致。2017年2月，《安徽省人民政府办公厅关于印发安徽省全面推进政务公开工作实施细则的通知》出台。这样，安徽省政务公开的“规定动作”构建完成，这些政务公开的“规定动作”也成为省内各个地级市政府必须完成的考核任务。

（二）政务公开与法治政府建设结伴同行

2004年，国务院颁布了《全面推进依法行政实施纲要》，从转变政府职能与行政管理体制改革、制度建设、法律实施、科学民主决策、政府信息公开、纠纷解决机制、行政监督和公务员依法行政观念和能力提高等方面规定了我国推进依法行政和建设法治政府的具体目标和措施。2010年，国务院颁布《关于加强法治政府建设的意见》，提出要“全面推进政务公开”。

《法治政府建设实施纲要（2015—2020年）》中提出，“全面推进政务公开。坚持以公开为常态、不公开为例外原则，推进决策公开、执行公开、管理公开、服务公开、结果公开。完善政府信息公开制度，拓宽政府信息公开渠道，进一步明确政府信息公开范围和内容。重点推进财政预算、公共资源配置、重大建设项目批准和实施、社会公益事业建设等领域的政府信息公开。完善政府新闻发言人、突发事件信息发布等制度，做好对热点敏感问题的舆论引导，及时回应人民群众关切。创新政务公开方式，加强互联网政务信息数据服务平台和便民服务平台建设，提高政务公开信息化、集中化水平。”

梳理文件我们可以看到，政务公开与法治政府建设基本是同步实施、结伴而行的。法治政府建设需要全面主动落实政务公开，增加政府透明度。政务公开的内容绝大部分是各种法律、行政法规以及法律实施的结果。

（三）六安市政务公开的三个发展阶段

从六安市政务公开实践看，经历了推进初期、全面推进、创新提升三个接续发展阶段。

1. 推进初期阶段(2008—2012年)

2009年1月9日，六安市政府发布了《六安市2008年政府信息公开年度工作报告》。从发布的时间来看，彼时国务院令第492号刚发布不久，安徽省政府办公厅的政务公开考评暂行办法也才发布不到三个月，六安市政府迅速跟进响应，积极主动落实中央和省政府关于政务公开的各项工作安排，其推进政务公开的速度和工作效率在全省也是排在前列的。

推进初期阶段的六安市政府信息公开年度变化情况见表1和表2。

表1　2008—2012年六安市政府信息主动公开的年度变化情况

时间	政府信息主动公开条数	比上年增长(%)
2008	28710	—
2009	31869	12
2010	35900	10
2011	27729	-22.8
2012	48000	60

数据来源:根据六安市政府信息公开工作年度报告(2008—2012年)相关数据整理。

表2　2008—2012年六安市政府信息依申请公开的年度变化情况

时间	政府信息依申请公开件数	比上年增长(%)	办结率(%)
2008	23	—	86.8
2009	62	180	96.8
2010	135	118	93
2011	114	-15.6	92
2012	85	-27	96

数据来源:根据六安市政府信息公开工作年度报告(2008—2012年)相关数据整理。

从表1和表2的数据可以看出，推进初期阶段的政府信息主动公开数量，基本在3万—5万条/年的量级层次波动，且依申请公开的办结率从未达到100%，说明有的部门和经办人员的办事效率还没有跟上政务公开的步伐，经验也不是很丰富，离上级要求和群众期待还有一定的距离。

推进初期阶段的政府信息公开，呈现出三个特点：一是政府信息公开形式多样化，2008年以前的政府信息公开载体，主要是政府门户网站、政府信息简报、报纸等，2009年开始积极探索无线网站、手机短信、听证会、专家论证、会议旁听等新型政府信息公开方式。二是“专常结合”，在做好常态化政府信息公开工作的同时，及时开展各种政府信息公开的专项活动。比如，2010年开展“政府信息公开制度执行年”和“政府信息公开宣传月”活动。将贯彻《政府信息公开条例》作为制度写入《六安市人民政府工作规则》，列为市政府的年度重点工作。2011年是全市政务公开“深化年”，完成市政府门户网站第四次改版，按照“统一平台、规范标准、兼容互联、分级运维”的思路，继续升级优化政府信息公开系统。市电视台开办“连心直通车”栏目，与市广播直播服务节目“政风行风热线”遥相呼应。2012年确定了政府信息公开的八项重点工作，印发《2012政务公开工作要点》。六安市政府信息公开网分别被《电子政务》杂志社和国脉互联评为“精品栏目奖”和“特色栏目提名奖”。三是社会公众参与和监督热情上升。2012年，全市共接到有关政府信息公开行政复议申请2件，其中1件因申请人自身原因主动撤回，1件复议后维持原答复。而在此之前，从未发生过涉及政府信息公开的行政复议或行政诉讼案件。

2. 全面推进阶段(2013—2017年)

从2013年开始，六安市从“政府信息公开”发展为“政务公开”，全面推进阶段政府信息公开的年度变化情况见表3和表4。

表3　2013—2017年六安市政府信息主动公开的年度变化情况

时间	政府信息主动公开条数	比上年增长(%)
2013	54000	15
2014	172050	218
2015	268223	56
2016	334086	24.6
2017	333724	-0.1

数据来源:根据六安市政府信息公开工作年度报告(2013—2017年)相关数据整理。

表4　2013—2017年六安市政府信息依申请公开的年度变化情况

时间	政府信息依申请公开件数	比上年增长(%)	办结率(%)
2013	75	-5	95
2014	86	15	97
2015	98	14	100
2016	113	15.3	100
2017	104	-8.7	100

数据来源:根据六安市政府信息公开工作年度报告(2013—2017年)相关数据整理。

从表3和表4的数据可以看出，全面推进阶段的政府信息主动公开数量，已经攀升到了30万条/年左右的数量级。依申请公开的信息数量，也达到了100条/年左右的量级层次，期间的年度变化虽有波动，但从2015年以后，办结率一致保持100%。这说明，六安市政府的政务公开工作已经达到一个积极主动作为、努力让群众满意的新阶段。

六安市政府在一如既往地做好政府信息主动公开和依申请公开的同时，从制度、内容和方式三个层面推进政务公开的制度化、规范化和法治化。

一是加强制度建设，狠抓制度落实工作。以政务公开工作要点为例，六安市发布《关于印发2013年全市政务公开工作要点的通知》（六政办〔2013〕11号），此通知从2012年以后基本每年都会印发，已经成为一项常态化的工作。但在2013年的通知中，六安市政府制定了重点领域政府信息公开工作任务分解表，明确了各项任务的牵头和协同配合单位。这种制定“时间表”“路线图”“责任人”的制度落实措施，是十八大以来从中央到地方各级政府贯彻执行政策的常用手段，是被实践证明很有效的一种手段。在政务公开的自觉阶段，六安市政府一方面加快制度的查漏补缺，做好制度的立、改、废工作，另一方面加强制度落实的监督检查，使政务公开的各项制度落到实处、见到实效。六安市落实政务公开制度的其中一个做法是“抓典型”，加快推进政务公开示范点建设。六安市政府印发《关于做好2015年度政务公开示范点建设工作的通知》（六政务公开办〔2015〕3号），根据县区政府（管委）、市级重点领域部门、非重点领域部门、乡镇政府各自职能的特性，分别制定了政务公开示范点建设指标体系。最终评选出2个县区政府（金寨县、裕安区）、10个重点领域部门（市政务服务中心、市政府办、市财政局、市住建委、市审计局、市统计局、市气象局、市法制办、市食品药品监管局、市环保局）、2个非重点领域部门（市旅游委、市监察局）和3个乡镇（金寨县桃岭乡、金寨县南溪、霍山县但家庙）为“六安市2015年度政务公开示范点建设先进单位”。2017年，国务院办公厅印发《开展基层政务公开标准化规范化试点工作方案》（国办发〔2017〕42号）、省政府办公厅印发《开展基层政务公开标准化规范化试点工作实施方案》（皖政办秘〔2017〕188号），将金寨县列为全国100个基层政务公开标准化规范化试点单位之一。2017年5月11日，印发《关于做好2017年度政务公开与办事公开示范点建设工作的通知》（六政务公开办〔2017〕7号），制定了7套政务公开示范点建设指标体系，分别适用于县区政府、管委会、市级重点领域部门、非重点领域部门、乡镇政府、街道、承担公共服务的事业单位等7类主体。2017年8月16日，印发《关于开展六安市2017年度政务公开示范点建设评估验收工作的通知》，将3个县区政府、13个重点领域部门、5个非重点领域部门、13个乡镇等单位和部门确认为“六安市2017年度政务公开示范点建设先进单位”。

二是根据上级规定和本地实际，动态调整政府信息公开的重点内容。2013年，六安市政府确定了九个方面的重点公开内容，分别是：财政预决算和“三公”经费信息、保障性住房信息、食品安全信息、环境保护信息、安全生产信息、征地拆迁信息、招投标信息、价格和收费信息、公益慈善信息。2014年的重点领域信息公开是：行政权力的精简与运行公开、财政资金信息公开、公共资源配置信息公开、公共服务信息公开、公共监管信息公开、基层政府信息公开。2015年增加了“正面引导社会舆论”“深入推进决策公开”等内容。2016年的重点领域信息公开又增加了“公开各项重点工作的执行步骤、实施步骤、责任分工、监督方式”“代表建议和委员提案办理结果公开”等内容，进一步回应社会关切。2017年，“放管服”改革情况、公共监管执法情况也纳入重点领域政府信息公开内容。

三是政府信息公开的方式逐渐多元化。首先，不断完善传统媒体平台建设。2013年市政府网站进行第五次改版，并印发《关于进一步加强政府网站建设和管理的通知》（六政办明电〔2013〕56号），要求各县区、各部门不断增加政府信息主动公开的广度、深度，要求加强日常监测，对出现空白月和全年不公开公文信息的，考核计零分。这就杜绝了“僵尸网站”、“更新不及时”等政府门户网站常见的顽固问题。同时注意“收放有度”，既加大主动公开的力度又严格保密审查，全市形成了分级管理、各负其责、齐抓共管、相互配合的保密审查联动工作机制。2013—2017年，未发生失泄密事件。2014年6月12日，市政府办印发《关于实施全市政府信息公开基本目录规范和政府信息公开网站（栏目）技术升级工程的通知》，对政府信息公开网进行全面改版，实现政府门户网站、各部门子网站、政府信息公开网和协同办公系统内容的互联互通。继续完善宣传橱窗、明白卡等传统信息公开方式，在政务服务中心、市档案馆、图书馆设置查阅点，配备专用上网查询设备。

其次，加快“微平台”建设。市政府和各部门普遍建立了政务微博、微信平台，2014年通过微博发布政务信息400条，2015年通过微博发布政务信息2635条，全面落实“中国六安”“六安发布”“微六安”“微效能”“微互动”等微信平台的应用。2016年9月23日，市政府办印发《关于进一步做好政务“两微一端”建设工作的通知》，“微平台”从全面铺开转向规范发展的新阶段。

最后，规范新闻发布会和舆情回应。市政府印发了《2014年重点领域新闻发布计划》，确定由市编办、财政、住建、食药监管、环保、安监、物价、国土、卫生、教育、人社、商务等12部门围绕民生和公众关注的热点事项举办25场新闻发布会。全面加强政府门户网站上面的“政民互动”板块建设，设置了“网上调查”“民意征集”“网上评议”“领导信箱”“部门信箱”“在线访谈”“百姓畅言”“连心直通车”等栏目，对公众有关政务的发帖、邮件，实行督办反馈，由承办单位在7日内依照法律政策、工作进程和客观事实进行及时回复。

3. 创新提升阶段(2018年至今)

2018年以后，六安市的政务公开进入了创新提升阶段，其标志性成果是六安市在安徽省法治政府建设中以“政务公开制度创新”成功创建2020年安徽省法治政府建设示范项目。其实，早在2018年的时候，“政务公开六安样板”的雏形就已经形成。2017、2018年，六安市政务公开工作连续两年位居安徽全省第一，时任六安市委书记、市长对此作了专门批示。浦东干部学院举办的第12期全国贫困县党政正职“学习贯彻习近平新时代中国特色社会主义思想，坚决打好精准脱贫攻坚战”专题研讨班，商请六安市为其拍摄“六安市政务公开典型案例经验影像案例片”。这充分说明六安市政务公开的先进经验及其影响力已经开始“跨省传播”了。

创新阶段政府信息公开的年度变化情况见表5和表6：

表5　2018—2021年六安市政府信息主动公开的年度变化情况

时间	政府信息主动公开条数	比上年增长
2018	282153	15%
2019	378800	34.3%
2020	514200	35.7%
2021	630073	23.9%

数据来源：根据六安市政府信息公开工作年度报告（2018—2021年）相关数据整理。

表6　2018—2021年六安市政府信息依申请公开的年度变化情况

时间	政府信息依申请公开件数	比上年增长	办结率
2018	129	24%	100%
2019	342	165%	100%
2020	350	2.3%	100%
2021	393	12.2%	100%

数据来源：根据六安市政府信息公开工作年度报告（2018—2021年）相关数据整理。

从表5和表6中的数据可以看出，创新提升阶段的政府信息主动公开数量达到了63万条/年的全新量级高度，几乎是推进初期阶段的18倍。依申请公开的政府信息数量，也高达390条/年，且仍然保持着100%的办结率。这说明，在工作量大幅度增长的情况下，六安市政务工作的质量也在稳步提升，政务公开的六安样板实至名归。这一阶段的政务公开工作，有很多看点和亮点。

一是坚持推进“五公开”（决策公开、执行公开、管理公开、服务公开和结果公开），全面加强污染防治、脱贫攻坚和防范化解金融风险等三大攻坚战有关的政策解读。据统计，2018年以来市本级共发布政策解读475篇，其中转载发布国家、省政策解读164篇，通过多种方式共发布相关政策解读301篇。2020年新冠疫情暴发后，政务公开围绕“六稳”“六保”工作，加强政策解读。在门户网站和信息公开网建立六稳“六保”专项工作专题，实时发布稳就业、稳金融、稳外贸、稳外资、稳投资、稳预期各项政策文件及解读，动态更新保居民就业、保基本民生、保市场主体、保粮食能源安全、保产业链供应链稳定、保基层运转等相关措施、执行情况和工作成效信息。按照“谁起草谁解读”的原则，实行政策性文件与解读方案、解读材料同步组织、同步审签、同步部署。印发《六安市人民政府办公室关于开展全市优秀政策解读材料评选活动的通知》，选取8篇高质量的政策解读推荐给省政府。

二是优化“互联网+政务服务”。2019年持续推进政府网站集约化建设，完成全市政府网站集约化平台升级改造和信息资源库搭建部署工作，全面实现“一网搜”“一网办”等功能，提炼聚合“百姓堵点事项疏解”“工程建设项目审批”等百姓、企业关注的专题套餐，一站式办理。

三是深化网络问计问政。开展“全程网办”“办好一件事”“跨市通办”三个专项行动，市县两级已实现全程网办率90.39%，减证便民（市县乡村四级事项申请材料平均值）精简至2.12件，审批效率（市县两级六类行政权力）压缩至2.73工作日；积极推广电子营业执照应用，全省第二个市实现利用电子营业执照办理银行开户和《烟草专卖许可证》。实行企业注销“一网服务”[①]。2020年改版“皖事通办·六安分厅”，与15个省垂直管理部门、20个市直部门45个业务系统数据完成对接，方便用户搜索办事；根据“放管服”改革进程，进一步梳理事项流程、申请材料、办事依据等要素并动态更新，除法律法规和确需到现场外，实现个人事项全网公开展示，全程网办率达100%，204件“一件事”可“全流程联办”[②]。

四是平台建设和技术支持实现了“线上+线下”相结合。2018年全面推进乡镇（街道）、村（社区）政府信息公开查询点和公告栏建设，在市县区的政务服务中心、档案馆、乡镇为民服务大厅等设置政府信息公开查询点，配备上网查询设备，设置指示牌和使用方法提示，方便公众查询。2020年，开设线上线下“区域通办”专栏，实现“一网通办”。创新线下服务举措，全面启用7×24小时政务服务大厅，配置自助设备，提供业务“自助办”，并将大厅人社、公积金、医保等自助服务延伸至部分银行网点，依托“皖事通”六安分站、“皖事通办·六安分厅”，上线7×24小时政务服务地图，关

---

① 参见六安市2019年政府信息公开工作年度报告。

② 参见六安市2020年政府信息公开工作年度报告。

联全市2271个服务场所、16.5万个服务事项，有效访问量97万次，访问人数近10万人，进一步提升办事便利度[①]。市政府网站互动交流类栏目与“市长热线平台”前后台打通，实现数据共享，创建市政府网站“统一政府服务热线”频道页，整合电话、网站、双微网友留言办理答复渠道等，集中展示留言办理情况；集约化平台共收到各类网民留言9000余条，各级各部门受理、答复留言8823条，办结率98%。

五是加强政务新媒体规范化监管。六安人民政府官方微博发布政务类信息2100余条，总阅读量约为1300万人次；六安人民政府官方微信发布政务信息2070条，政策文件及解读200余条，办理各类网友留言280余条，总阅读量超800万。

六是创新推进政府公报发展。健全规范性文件报送制度，将部门规范性文件列入政府公报刊登范围之内，同时积极加强政府公报的历史数据库建设和移动端展示工作，在电子版、纸质版、“两微一端”同步发行的基础上，实现政府公报的可查询、可检索，可下载。

二 六安市政务公开的实践创新

国内的政界和学界在看待政务公开的问题上，往往存在两种截然不同的看法：一是将政务公开看成是一项上级政府和部门布置的“规定动作”任务，上面的文件怎么规定，下面的政府部门按规定执行就行了，没有必要创新，同时也不存在什么政务公开的创新空间。二是将政务公开看成是一项展示地方政府形象和执政能力的“一把手工程”，在完成上级布置的“规定动作”的同时，还加入了很多具有地方特色的“自选动作”，从而推动地方政府政务公开制度的持续创新。六安市政府对政务公开创新的看法属于后者。

① 参见六安市2019年政府信息公开工作年度报告。

（一）从前端、中端、后端三个环节构建政务公开闭环管理

在前端，主要抓好政府信息主动公开的重点内容筛选，并不断创新检索方式，保证重点领域信息公开选题精准、查阅方便。其中，财政预决算和“三公”经费信息、保障性住房信息、食品安全信息、环境保护信息、安全生产信息、征地拆迁信息、招投标信息、价格和收费信息、公益慈善信息等与民生息息相关的内容是政府信息主动公开重点内容名单上的“常客”。2014年，随着清单管理方式的普及，重点内容中又增加了行政权力的精简与运行公开，主动向社会公布权力清单和责任清单，各部门在公开职权、依据、流程图的基础上积极推行行政审批、行政处罚等结果公开。2020年，又增加了“新冠疫情防控”“复工复产”等内容。在栏目设置和检索方式上，六安市政府门户网站经过了至少6次改版，现行版面根据《国务院办公厅政府信息与政务公开办公室关于规范政府信息公开平台有关事项的通知》要求，统一规范信息公开平台名称、页面设计、栏目设置等，并在信息公开页面顶部分类突出展示规范性文件。

在中端，主要是不断加强平台建设，为政务公开提供坚实的技术支持和物质保障。平台建设主要围绕“网”“新”“纸”三大件展开：一是强化政府门户网站的信息处理能力，2020年完成全市政府网站DNS和IPv6升级改造，首页支持率达100%，二级页面支持率达95%以上。二是完成了政务新媒体从全面建设到常态化监管的转变。2015年，国务院对政务公开展开全面督查管理，截至2015年底，全国各地区、各部门共开设政府网站84094个，正常运行的政府网站66453个。2016年国务院办公厅又建立了每季度进行一次常态化抽查的机制。2016年8月，国务院办公厅印发《关于在政务公开工作中进一步做好政务舆情回应的通知》明确要求：对涉及特别重大、重大突发事件的政务舆情，要快速发声、及时发声，最迟应在24小时内举行新闻发布会，对其他政务舆情应在48小时内予以回应，并根据工作进展情况持续发布权威信息。2016年，安徽省政府发布《关于进一步加强政务微博微信建设的通知》，标志着安徽成为全国率先对政务微博微信建设和管理工作进行规范管理的省份。通知要求：（1）全省各市、县政府及省政府

各部门要在2016年底前开通政务微博微信，并面向公众开放微博评论、私信以及微信留言功能。（2）在内容发布上，对涉及本地区和本部门的重大政策信息、重要政务舆情以及重大突发事件等，省政府微博微信要及时发布，各市、县政府及省政府各部门政务微博力争一小时内转载，微信“订阅号”不得滞后一个工作日。（3）对15天以上未更新的“僵尸”“睡眠”微博、微信通报整改，整改不到位的，坚决予以关停。2020年全市开展政务新媒体清理工作，清理“僵尸”账户190个，各级各部门自查整改错别字、错误链接等问题5000余条，全市普查填报的394个政务新媒体全部纳入市政务新媒体监管矩阵。三是让纸质平台“老树开新花”。梳理市、县区创刊以来的政府公报数据，2020年全年共补录124期历年政府公报，实现了创刊以来刊登内容全部电子化入网。在政府门户网站的首页、微信、微博客户端设置“政府公报”专栏，重点展示政府公报的电子版，内容与纸质版一致并提供检索、查阅、下载等功能。

在后端，坚持评估、考核、救济三管齐下。一是充分发挥政务公开监督员和第三方专业机构的优势，落实社会评议制度。对评估成绩靠后的单位，采用跟班学习和集中办公模式，督促其提升政务公开整体测评成绩。二是用考核形成奖惩机制，严格落实将政务公开纳入政府绩效考核体系且分值权重不低于4%的要求。三是扎实做好作为“救济”手段的行政复议和行政诉讼工作。数据显示，2014年六安市受理行政复议案件86件，同比增长112%。2015年受理行政复议案件187件，承办政府信息公开行政应诉案件267件，2016年受理行政复议案件204件，发生行政应诉案件367件，达到了一个阶段性的顶点。2017年以后，行政复议和行政诉讼案件明显下降，2017年六安市政府审理以县区政府（管委会）、市政府部门为被申请人的政府信息公开行政复议案件5件，安徽省政府审理以市政府为被申请人的政府信息公开行政复议案件1件，承办政府信息公开行政应诉案件1件。2019年行政复议案件数量维持在15件，行政诉讼案件数量维持在5件，继续保持低位。到2020年，行政复议和行政诉讼的案件数量双双“清零”。

（二）“将免费进行到底”

《中华人民共和国政府信息公开条例》第27条规定：“行政机关依申请提供政府信息，除可以收取检索、复制、邮寄等成本费用外，不得收取任何其他费用。行政机关不得通过其他组织、个人以有偿服务方式提供政府信息。行政机关收取检索、复制、邮寄等成本费用的标准由国务院价格主管部门会同国务院财政部门制定。”第28条规定：“申请公开政府信息的公民确有经济困难的，经本人申请、政府信息公开工作机构负责人审核同意，可以减免相关费用。”据此，地方政府在办理依申请公开的案件时，可以收取“检索、复制、邮寄”等费用，也可以减免相关费用。查询2008—2020年六安市政府历年的政府信息公开工作年度报告，发现六安市政府提供依申请公开的信息时，连续13年没有收取一分钱，全部是免费的。这顿“免费大餐”对吸引公民参与政府信息公开工作的作用及效果非常显著。

（三）炼成政务公开的“三平衡”

第一，公开与保密的平衡。所有的政务公开，都坚持“以公开为原则，以不公开为例外”，各类政府信息主动公开，公民参与率提高以后，依申请公开范围和数量也有所增长。但保密与“辟谣”的任务量随之加重。保密审查是一个前置程序，任何政府信息在主动公开之前，都应该进行保密审查，涉密的信息进行涉密管理，不涉密的信息可以主动公开。“辟谣”实际上是一个后置程序，先有“谣言”后有“辟谣”，这就对政府主动作为提出了更高的要求，不仅要经常监控网上舆论，还要在发现苗头或者“谣言”刚开始小范围传播时就及时跟进和用证据“辟谣”。

第二，极繁与极简的平衡。以政务公开的考核评估为例，六安市的政务公开检测指标不仅繁琐而且多变，市、县、乡指标高达3000余项，每年还要对照国务院办公厅要点和省级任务分工，编制具有六安地方特色的政务公开检测指标体系。但在具体操作层面，六安市对政务公开工作进行的评估，基本以社会评议和第三方评估为主，并没有采用360度绩效评估或者平衡计分卡之类的复杂技术。指标多样化，有利于全面评估政务公开工作的行为效果，操作简便化，又能节约成本提升效率和公信力。

第三，人员与技术的平衡。政务公开不仅是一个“力气活”，更是一个“技术活”。前者需要形成一支规模可观、技能娴熟的政务公开专兼职工作人员队伍，后者需要不断更新政务公开的技术手段，很多高新技术手段都可以而且应该广泛使用到政务公开上来。六安市政务公开制度创新较好地实现了人、技术和设备三者之间的平衡。

（四）以公开带参与，以参与促公开

从类型来看，政务公开主要有主动公开和依申请公开两大类，前者是政府的自觉行为，后者是行政相对人的自发行为。依申请公开的数量越多，范围越广，说明行政相对人对政府信息的需求越迫切，这会助长强烈的参与动机和积极的参与行为。

我们将公民、法人或者其他组织参与政务公开的行为分为“建设性参与”和“压迫性参与”两大类。建设性参与是指行政相对人积极主动地查阅信息、提出建议等。六安市在市、县区政府网站开设“意见征集库”专题，引导广大群众有序参与政府决策。专题分为公众和企业两类对象，规范性问卷、重大工程项目等6类主题，信息公示、意见征集、座谈交流等五种类型，确保各类信息全部征集入库。2020年8月，安徽省政务公开办公室专门刊登“六安市围绕群众需求点，打造公开新亮点”经验交流信息，对六安市的政务公开创新工作予以充分肯定。压迫性参与是指行政相对人在公开需求得不到满足或者持有异议的情况下，对政府提起行政复议或者行政诉讼，以此倒逼政府提升政务公开质量。这种参与也是正式制度允许和保护的，与通过游行示威、暴力抗法或者拉横幅“维权”等破坏性行为存在明显区别。

三　高质量发展对完善政务公开的新要求

党的十九届五中全会提出，“十四五”时期经济社会发展要以推动高质量发展为主题。因此法治政府建设，也必须围绕“高质量发展”主题，推

进政府全面深化改革，落实“全面主动公开”的政务公开新要求，着力在以下几个方面实现新突破。

（一）创新基层政务公开新形式

目前，政务公开在中央、省级、地级市层面，已经形成了较为成熟的模式，积累了很多成功的经验，但在县、乡镇、村等基层层面，政务公开仍显得较为薄弱，需要探索更多的基层政务公开新形式。

联想到2020年新冠疫情防控期间，农村的“大喇叭”意外走红，成为防疫的“利器”。各地的乡村干部，利用“大喇叭”进行防疫宣传和喊话，实效明显。这就启发我们，基层有些看上去貌似很“土”的载体和做法，比如“大喇叭”“墙上标语”等，稍加改造也可以成为基层政务公开的新平台和新形式。据《广西日报》报道，广西壮族自治区灵川县以群众需求为导向，借助农村“大喇叭工程”的实施，用乡土话随时将涉农补贴、社会救助、村级财务、筹资筹劳等内容传达给群众，将大喇叭广播打造成为基层政务公开的“新阵地”。

显然，基层的政务公开，明显有别于中央、省市那种“高技术”“高成本”的政务公开做法，受限于基层财力有限和群众文化水平不高的现实因素，在基层推广政务公开，必须考虑三方面的因素：

第一，要低成本地推进基层政务公开。基层的政务公开不应该“贪大求洋”，而是要因陋就简、就地取材，农村的围墙、大喇叭、道路边的广告牌和宣传栏等，都可以改造成为基层政务公开的平台和载体。

第二，基层政务公开要“接地气”。尽管当下网络通信越来越普及，普通话已经成为城市人群普遍接受的社会交往语言，但在广袤的农村地区，“大喇叭”仍旧是农民了解政务信息的重要渠道，乡土话、俗语等仍旧是农民喜闻乐见的“乡音”。现在城市的政务公开有一种追求“集中、统一”的趋势，这种思维不适用于农村。不统一、多样化地推进基层政务公开，才是“因地制宜”推行基层政务公开的正确做法。

第三，基层政务公开的内容要“入乡随俗”。村民和城市居民一样，都对政务公开有很强的需求和很高的期盼，因此，基层政务公开要考虑到农民的“口味”，具体的公开内容要充分结合群众的期待和需求。农民对关系到自身切身利益的政策更感兴趣，比如土地、养老、农保、种粮补贴等，这就对基层政务公开的内容提出了“按需公开”“通俗易懂”“与时俱进”等新要求。当农民出现新需求时，基层政务公开要能积极跟上群众的新期待，公开的内容和方式不仅要让群众看得到、听得懂，还要能让群众迅速记住、随时监督和广泛参与。

（二）进一步完善政务公开监督保障机制

从2007年到2017年，政务公开经过十年的初期建设之后，整体政策框架已经搭建完成，建章立制工作取得丰硕成果。2018年以后，政务公开进入了“规范发展”的新阶段，在这一阶段，需要对政务公开工作进行系统全面的“精细化管理”，在保障数据安全的同时，要稳步提升公开质量。具体来说，需要在“监督”和“保障”两端同时发力、协调推进。

1. 形成常态化的监督机制

主要涉及监督主体、监督方式和监督时效三个方面。从监督主体看，过去政务公开的监督主体主要有“主管部门”和“受众”两大主体。政务公开的主管部门及其垂直上级，最常见的是由政府办、政府信息办或者电子政务办等专门机构负责本地区的政务公开工作。2018年机构改革以后，政务公开的主管部门变成了“专班”，并确定了“日汇报+周例会”的专班工作模式。政务公开的受众一般是公民、法人以及其他社会组织，他们为了获取政府信息，会通过主动查阅、依申请公开、批评建议、网络问政等形式，监督和倒逼政务公开走标准化、规范化的正道。六安市政务公开进入“全面推进”阶段以来，政务公开的监督主体中“协同部门”的角色和作用愈加突出。2019年《六安市人民政府办公室关于印发2019年全市政务公开目标任务责任清单的通知》中把政务公开12个方面99项的具体工作予以分解落实，每项具体工作都列明牵头和责任落实单位，明确公开主体，压实工作责任。这些“协同部门”在过去的政务公开工作中一般是被动参与、协调配合的，被“压实主体责任”后，就有了更多的权利和更具体的义务，在“管好自己的人、守好自己的门”的同时，还要盯着其他部门的人和工作，任何一个协同环节出了问题，最终影响的是政务公开工作体系的流畅运转，“协同部门”也是要承担责任的。

从监督方式来看，目前主流的监督方式是“监测+考核”。监测主要分为季度性的常规监测和日常的随机巡查两种，考核通常委托第三方评估机构进行，采用量化打分的方式，考核结果还会纳入官员的政绩考核指标体系。当政务公开的考核得分和官员的奖励晋升捆绑在一起以后，政务公开工作就越来越成为“一把手工程”。

从监督时效来看，现行的政务公开的监督一般以“年”为周期，每年都会形成一份政务公开的年度工作报告。在工作节奏越来越快的当下，“年度工作报告”已经难以满足群众对政务信息更新的新需求。可以合理预测，以后政务公开“半年工作报告”“季度工作报告”“月度工作报告”的出现是大概率事件。

2. 对政务公开进行“联勤保障”

从政务公开工作保障的现实情况来看，人、财、物的保障是分散进行的，离“联勤保障”还有一段距离。当前最不稳定的是人的保障，突出表现在政务公开的专兼职人员队伍不稳定，大部分单位虽然能够确定政务公开的责任主体部门和具体岗位及其职责，但“专岗”不等于“专人”，由于晋升、调动、轮岗等多种因素的影响，政务公开的具体经办人员经常会根据工作需要进行频繁调整。更换经办人员必然容易产生业务不熟悉、工作开展滞后、信息公开质量下滑等种种问题，这些问题已经成为制约政务公开水平提高的“卡脖子”因素。提升经办人员的“联勤保障”工作水平，一是要拓宽经办人员队伍壮大的“源头活水”，做到专职兼职相结合，形成具有一定规模的经办人员队伍；二是要开展经常性培训，对刚刚定岗或者转岗的新经办人员开展定期培训、跟班学习、以老带新等形式多样的培训，在“接力赛”中增强经办人员队伍的业务知识和办事能力。

（三）全面加强政务公开专区建设

2019年发布的《国务院办公厅关于全面推进基层政务公开标准化规范化工作的指导意见》（国办发〔2019〕54号）明确要求，“到2023年，基本建成全国统一的基层政务公开标准体系，覆盖基层政府行政权力运行全过程和政务服务全流程，基层政务公开标准化规范化水平大幅提高，基层政府政务公开工作机制、公开平台、专业队伍进一步健全完善，政务公开的能力和水平显著提升。”《安徽省全面推进基层政务公开标准化规范化工作实施方案》提出：“到2021年底，基层政府……有条件的地区设立政务公开专区。推进政务公开事项标准目录、标准规范和工作流程嵌入部门业务系统。”“到2022年底，基层政府……全部开设政务公开专区，基本实现政务公开与村（居）务公开有效衔接、相同事项的公开内容对应一致。”“指定基层政务公开专区建设统一标准，在政务服务大厅、便民服务中心等场所设立标识清楚、方便实用的政务公开专区，提供政府信息查询、信息公开申请、办事咨询答复、自助办理等服务。”[①]

六安市在政务公开专区建设方面的进度偏慢，在2020年的官方公报中，将“政务公开专区建设进度较为缓慢”列为“存在的主要问题”之一。这是因为六安在省内经济发展滞后，而政务专区建设需要大量的资金、人力、物力投入。2020年裕安区率先谋划政务公开专区建设，在区政务服务中心、高新区政务大厅、西市街道为民服务中心建成政务公开专区先行试点区。通过试点推进政务公开专区建设和服务质量的提升，包括规范“政务公开专区”标识和位置，规范依申请公开受理以及“在线申请”服务，规范专区自助服务区设施配置，规范实物资料公开和咨询服务，等等。

总之，政务公开已经成为从中央到地方各级政府着力打造法治政府、服务型政府、数字政府的重要工作抓手。六安市在法治政府建设实践中高度重视政务公开和制度创新，既发挥了重要作用，也产生了积极影响。高质量发展对基层政务公开形式的创新、政务公开的监督保障机制的完善、政务公开专区建设的全面加强都提出了新要求。只要认真贯彻落实中央关于全面主动落实政务公开要求，立足全局、着眼长远、补齐短板、开拓创新、接续推进，政务公开一定能助力法治政府建设再上新台阶。

① 参见安徽省人民政府办公厅关于印发安徽省全面推进基层政务公开标准化规范化工作实施方案的通知。

参考文献

中共中央、国务院印发《法治政府建设实施纲要(2021—2025年)》[N].人民日报,2021-08-12(1).

中国政法大学法治政府研究院.中国法治政府发展报告(2020)[M].北京:社会科学文献出版社,2020.

陈丹,卞泽娟.政务公开实践与进阶[M].合肥:中国科学技术大学出版社,2020.

基层社会矛盾纠纷综合化解的新探索

——池州市加强信访工作的案例研究

陈　勇[①]

摘　要： 基层信访工作是党的群众工作的重要组成部分，是化解社会矛盾纠纷、实现社会治理现代化的重要手段。本文以池州市加强信访工作推进基层社会矛盾纠纷综合化解为案例，分析池州市在进行基层信访工作创新过程中的路线、理念、机制和前景。在路线层面，池州信访工作坚持群众路线，依靠人民群众，以人民群众利益为依归，服务人民群众。在理念层面，池州市信访工作坚持“矛盾不上交”理念，落实“属地管理，分级负责”原则，将矛盾化解在基层，消灭在萌芽状态。在机制层面，池州市致力于四级综治中心建设，在横向上实现信访和司法、民政、公安、群团等其他诸部门的联合行动，实现多主体共商共建，在纵向上实现村（社区）—乡镇（街道）—县—市的四级协同行动，建立联合接访中心。在前景层面，针对仍存在的一些问题和挑战，池州市坚持和加强党对信访工作的全面领导，构建完善新时代信访工作大格局，坚持依法按政策处理信访问题，依法维护群众权益、规范信访秩序，全面提升信访工作能力和水平，推动信访工作更加适应形势和任务需要，更好服务党和国家工作大局。

关键词： 信访　基层社会矛盾纠纷综合化解　信访工作条例　池州市

① 陈勇，博士，安徽师范大学法学院社会学系讲师，MPA硕士生导师，主要研究方向：社会学、当代中国研究。

基层信访工作是党的群众工作的重要组成部分，是化解社会矛盾纠纷、实现社会治理现代化的重要手段，是具有鲜明中国特色的以人民为中心的重要制度安排。这是法律赋予的权利，是人民意志的具体体现，是中国特色社会主义制度下的民主诠释。信访工作是党和政府密切联系群众的桥梁和纽带，是推进基层社会治理体系和治理能力现代化建设的有力抓手。人民群众通过信访途径，解决一些涉及人民群众切身利益的突出问题，能有效地化解基层社会矛盾，固本强基，这对于巩固党的执政地位，维护社会稳定，共建共享和谐社会，具有重要意义。

党对信访工作历来高度重视，特别是党的十八大以来，党中央对信访工作多次作出重大部署，尤其是在2021年11月，党的十九届六中全会首次把“完善信访制度，健全社会矛盾纠纷多元预防调处化解综合机制”写入党的重大决议，昭示着信访制度在中国特色社会主义制度体系中的重要地位愈加凸显。习近平总书记就加强和改进信访工作作出一系列重要指示，为信访工作提供了根本依循。随着中国特色社会主义进入新时代，中国社会转型日益深化，出现了新的社会矛盾和社会问题，客观上对信访工作提出了更高的要求。2022年2月25日，中共中央、国务院印发《信访工作条例》，于2022年5月1日起正式施行，为新时代开创信访工作的新局面指明了方向。

领导人的指示、中央的决策主要是宏观的指导和方向的引领，信访作为一项和广大人民群众直接打交道的工作，需要地方党政部门结合本地实情将中央精神转化为实践。为此，安徽各地区各部门深入把握新时代信访工作原则和要求，践行以人民为中心的发展思想，把党中央关于信访工作的方针政策和决策部署落到实处。其中，池州市的信访工作探索引起了社会越来越多的关注，随着总体的基层社会治理创新的全面加强，池州市信访工作取得了显著成绩，2020年12月22日，中共安徽省委全面依法治省委员会办公室发布了10个“全省法治政府建设示范项目”，池州市政府的“加强信访工作化解矛盾纠纷”项目赫然在列。在过去一年，池州市信访工作成绩斐然，在全省考核中名列前茅。池州市的信访工作探索有诸多有价值的经验可供总结，有丰富的案例素材可供研究。

一　信访：概述与池州样本

新中国成立以来的七十多年，尤其是改革开放以来的四十多年，中国的社会在一个空间范围内、在较短的历史时段内聚合了多重的转型和多方面的张力[①]，中国的面貌发生了天翻地覆的变化，社会主义现代化建设取得了伟大成就，与此同时，各个领域也伴随整体的迅速发展而出现一些新矛盾、新问题，呈现出复杂多样的特征，社会领域也不例外。随着社会阶层结构的变化，利益主体日益多元化，利益结构不断分化，各种社会矛盾、社会纠纷进入凸显期。而基层社会的社会矛盾和社会纠纷，既具有一般性社会矛盾、社会纠纷共性的一面，又具有一线区域的特殊性。因为基层直接和亿万人民群众打交道，人口众多，问题复杂，根据全国第六次人口普查数据显示，我国县域人口达8.154亿，占全国总人口的比重为61.8%。基层一线是社会治理的神经末梢，基层是国家治理的中心，是奠定国家治理体系的基石。正所谓“郡县治，天下安”，基层矛盾纠纷化解的成功与否，直接影响整体的国家治理、社会治理大局。如何化解这些社会矛盾和社会纠纷，是社会治理体系和治理能力现代化的一个重要课题，完善矛盾纠纷综合化解机制是一条必由之路，其中信访工作的重要性十分显著。

信访制度的最早雏形，可以追溯到中国古代的直诉制度。新中国成立初期，随着社会主义建设过程中人民内部矛盾出现，也随着民众参与国家和社会事务管理热情的日趋高涨，群众开始对涌现出来社会问题积极发表意见，在1957年左右出现了新中国第一次信访高峰。形势的需要催生了信访机构的建立和信访制度的制定，1957年5月的全国第一次信访工作会议的两个重要文件[②]标志着信访工作被正式纳入法规制度体系中。1963年9月下发《关于加强人民来信来访工作的通知》，对信访工作作为国家机关常规性

① 诸如农业文明向工业文明、计划经济向市场经济、人治向法治等方面的转型，传统和现代之间、中西文化之间等多方面的张力，等等。

② 这两个文件指《中国共产党各级党委机关处理人民来信、接待群众来访工作暂行办法》和《关于加强处理人民来信和接待人民来访工作的指示(草案)》。

政治任务的属性作了进一步阐发，使信访制度进一步完备[①]，信访机构也提升固定为常设机构。20世纪60年代中期到70年代中期，受政治运动的影响，信访制度和机构受到相当大程度的破坏。此后经历了6年左右的信访制度的恢复和重建阶段，1982年召开的第三次全国信访工作会议通过了初具雏形的信访条例[②]，信访机构成为党政部门体系中的常设性机构。改革开放以来，以1995年《信访条例》的颁布、2001年全国第五次信访工作的召开、2000年国家信访局的正式成立、2003年“孙志刚事件”、2005年修订的《信访条例》等为标志，信访制度日渐完善[③]。2006年中共十六届六中全会赋予信访工作在构建和谐社会中基础性地位，2007年第六次全国信访工作会议召开，尤其是十八大、十九大以来党中央和习近平总书记对信访工作作出的一系列战略部署和重要指示，预示着信访工作进入了一个新阶段。

随着中国特色社会主义进入新时代，当前信访工作面临着许多新问题、新挑战、新情况，基层社会矛盾呈现“类型多样化、内容复合化、调处疑难化、矛盾易激化[④]”的特点。就类型而言，各方面的群众信访事件大幅度上升，包含诸多类别：生活待遇、涉法涉诉、山林土地权属纠纷、拆迁补偿与住房保障、劳动和社会保障、安全生产与环境保护、行政执法与行业服务、城市建设与管理，等等。就内容而言，除了行政、劳动人事、民政、司法等部门之外，其他涉及政治权力运行和政府职能行使的问题，都在可信访范围之内，牵涉到广泛而错综复杂的利益和社会关系。就信访工作内部层面的问题而言，由于压力传导机制、一票否决机制的作用，群众倾向于到更高的层级上访，越级上访导致集体上访、重复上访事件和案例明显增多。

池州是安徽南部的省辖地级市，长江流域重要的滨江港口城市，下辖1个市辖区（贵池区）、3个县（东至县、石台县、青阳县），信访工作也曾经历过坎坷的发展历程。2003年池州连续发生两起重大信访事件，一起是池

① 比如信访干部配备、“多转少办”的信访办理等类型制度的建立。

② 全称为《党政机关信访工作暂行条例（草案）》。

③ 吴超.新中国六十年信访制度的历史考察[J].中共党史研究，2009(11)：46-53.

④ 李栗燕，鲍玮.和谐社会视野下多元化矛盾纠纷解决机制研究[J].法制与经济（下旬），2011(3)：43-44.

州青阳县访民在天安门自焚事件，一件是东至县纺织厂职工到合肥集体上访事件，这两起严重事件在当年9月接连发生，被称为池州“信访工作的黑色9月”。这也让池州信访部门和社会各界痛定思痛，改进信访工作因此被提到更高层级的工作议程上，加大了探索的步伐和改革的力度。2006年，池州在全国范围内开风气之先，首创信访案件评议听证团制度，到2008年，以池州市青阳县推行的基层维稳综治一体化新机制为标志的“池州模式”开始逐渐成形，引起越来越多的关注。近年来随着“枫桥经验”在全国的推行，池州信访部门在结合本地经验基础上加以创新性融合，打造出了“枫桥经验池州版”的信访工作模式。池州的信访工作所取得的卓越成效，是池州市信访工作在路线、理念和机制层面努力实践和探索的结果，既为学术研究提供了丰富素材，也为整体信访事业的发展贡献了不凡的池州智慧。

二　路线：信访工作的群众导向

“民为邦本，本固邦宁”，这是悠久中华历史凝结的政治文明和政治智慧的阐发。作为一个以“全心全意为人民服务”为宗旨的政党，中国共产党历来把群众路线作为自己的执政根基和根本工作方法来维护，是党领导中国人民取得革命胜利的三大法宝之一，也是社会主义现代化建设取得巨大成就的力量源泉和最大底气。信访工作是党的群众路线的重要组成部分，设立信访的初衷，就是要搭建起群众联系党和政府的桥梁，给群众提供一个直接表达诉求的平台，让党和政府倾听人民呼声，体察群众疾苦。进入新时代以来，党中央和习近平总书记多次对信访工作要立足群众路线作出重要指示，比如，习近平总书记在2022年中央党校中青年干部培训班开班式上强调“信访工作是送上门来的群众工作”，要求各地“通过信访渠道摸清群众愿望和诉求”，更好地为群众服务。

池州几十年的信访工作历程表明，落实群众路线与否，决定着信访事业的成败和民众的人心向背。2003年池州“信访工作的黑色9月”，正是由于信访部门一定程度上脱离了人民群众，漠视了人民群众诉求而带来的后果，教训不可谓不深刻。值得肯定的是，池州信访部门以此为契机，发扬协商民主精神，创新群众工作方法，创立了信访案件评议听证团制度，给全国信访部门做了一次极好的示范。通过组织包括政协委员、人大代表、律师、民营企业家等在内的各界人士对信访突出问题进行协商调处，从而在信访群众和基层组织之间搭建起对话平台①。这一平台自设立以来，为人民群众解决了大量信访问题，获得群众的高度认可，池州的信访工作局面开始有了明显改观。在这一过程中，也涌现了不少信访工作典型人物，被誉为“民间包公”的池州市人民信访评议团团长何宗文就是其中的杰出代表，其事迹是池州信访工作践行群众路线的生动缩影。

作为信访评议员和政协委员二重身份集于一身的何宗文，曾为了帮助一位因意外高位截瘫的困难人士龚建平，几年间“像个陀螺似的”在龚建平家、企业、医院、法院、政府部门间不停旋转，最终帮龚建平拿到近65万元的救济款②。

池州市人民信访评议团尤其注重维护弱势群体的合理信访权益，以下这一案例或可起到管中窥豹的作用：

陈太平系原池州地区环保产业中心职工，和池州市环保局产生房改纠纷，陈太平向评议团申请公开听证评议。评议团评议后认为，虽然陈太平有一些行为细节不甚妥当，但其要求按房改政策获得购买权的基本诉求整体是合理的，原单位不应阻挠，陈太平此前被扣缴的养老保险金也应由原单位补缴。评议团同时也批评了陈太平的一些不当行为，要求其约束不利于团结的言行，并缴清欠环保局的水电费等等。在评议团的公正调处下，双方都表示认可、遵守评议结果③。

近年来，池州市认真贯彻以人民为中心的发展思想，积极落实党中央和习近平总书记关于信访工作要走群众路线的重要指示批示精神，切实担负起为民解难、为党分忧的政治责任。池州市立志于打造“枫桥经验池州

---

① 张祥根.准确把握协商民主与信访工作内在联系 将党的群众路线落实落细落好[J].中国政协，2019(21)：50-51.

② 孙颖.做有温度的委员——访全国政协委员、安徽省池州市信访评议福利保障团团长何宗文[J].雷锋，2016(4)：7-8.DOI：10.19564/j.cnki.leifeng.2016.04.005.

③ 胡海燕.“必也，使无讼乎？”——记池州市信访案件评议听证团团长何宗文[J].江淮文史，2006(5)：40-47.

版”，认真恪守“发动和依靠群众”这一“枫桥经验”要义，坚持和发扬人民群众的主体性。

池州信访部门全力保证信访群众信访渠道畅通，完善维护信访群众合法权益的政策制度，积极推进“我为群众办实事”实践活动。为增加信访群众的表达诉求的渠道，加强政府和信访群众的直接沟通，池州市开通了“12345”市长热线电话，为民众反映信访问题、表达信访诉求提供便捷的通道；与此同时，池州媒体的“群众热线”也为促进强化政府与信访群众的联系而尽心尽力[①]。2020年以来，依托检举举报平台，构建“信、访、网、电、微”五位一体信访举报受理体系，不断拓宽信访举报渠道，全市受理初次举报837件[②]，反映人员职级覆盖从群众到县处级各个层级[③]。

池州信访部门对于一些重点区域、重点隐患、重点对象、重点人员投入更多的关注，使征地补偿、道路拥挤、噪音扰民等一系列矛盾纠纷得以大大缓解。2020年以来，池州信访各关联部门联手发起了服务于信访群众的“温暖”系列活动，其中包括法院“温暖家事”活动，检察机关“温暖控申”活动，公安机关“温暖联调”活动和司法行政机关“温暖调解”活动[④]，等等。在解决了大量信访问题的同时，浓厚的人文关怀氛围，又大大提高了信访群众的满意度。

三　理念：信访工作“矛盾不上交”

当前，越级上访现象成为影响信访工作顺利开展的一大挑战，这有访民和基层信访部门两层面的原因。在访民层面，访民基于“级别越高，权力越大”的感性认识，也由于现实中“大闹大解决、小闹小解决、不闹不

① 和谐池州：生态古城的崛起梦想[J].小康，2005(7)：56-58.

② 其中来信351件、来访193件、来电139件、网络举报254件。

③ 其中，涉及县处级54件、乡科级196件、一般干部93件、农村人员345件、其他人员149件。参见：池州.强化信访综合分析研判 发挥参谋助手作用[EB/OL].[2021-01-19].http://www.czjjcw.gov.cn/News/show/469942.html.

④ 创建矛盾纠纷化解“温暖”系列品牌打造新时代“枫桥经验”池州版[EB/OL].[2020-04-13].http://czcaw.gov.cn/info.asp?id=4651.

解决”现象的变相鼓励，访民动辄到省一级甚至中央一级上访，甚至越级上访的同时，叠加着集体上访、反复上访等现象，让问题更加复杂化。在基层信访部门层面，过于教条地理解“属地管理，分级负责”，加之态度有时不够积极，往往将信访事项向相关部门一转了事，或在受理转办程序上推诿塞责，或者处理问题时过于刻板，不仅未能有效解决信访事项，甚至有时还产生新的矛盾纠纷。

我国的信访政策允许访民逐级上访，最高可上访到中央层级，但反对越级上访。现实大量的越级上访问题既让基层的信访部门疲于奔命，又给上级部门尤其是中央造成不必要的沉重负担。自1996年国务院《信访条例》规定“分级负责、归口办理，谁主管、谁负责”的总原则以来，“属地管理、分级负责”“依法、及时、就地解决问题与疏导教育相结合”这些原则就开始在全国全面推行。2005年版的《信访条例》再次强调“属地管理、分级负责”原则。实际上，现实中的信访案件也确实可以在基层解决，原国家信访局局长周占顺曾总结，群众的信访问题“80%以上是基层应该解决也可以解决的问题”。

矛盾不上交，依靠人民群众，基层就地解决，是社会治理“枫桥经验”的精髓之一。通过释放在党领导下基层组织自治的智慧，实现国家法治和村民自治之间的良性互动。党中央曾在2007年把当年确定为“矛盾纠纷排查化解年”，要求各级信访部门把矛盾纠纷化解在基层。2013年起，国家取消了全国范围内对各省市的信访排名通报，这也推动了各地信访部门努力“把矛盾化解在当地”。在这样的理念和政策指导下，池州市近年着力打造的新时代“枫桥经验池州版”，力图将矛盾化解在基层，化解在萌芽状态，做到不放大、不上交①。为此池州信访部门采取以下几方面措施：

首先，推动信访工作重心下移、关口前置。池州信访部门继续巩固“三无”创建工作的成果，所谓“三无”即“无重复上访、无集体上访、无信访积案”，2017年，乡镇（街道）“三无”率达64.2%，超过全省平均水平。完善初信初访办理制度，落实信访事项简易处置流程，初信初访办结

---

① 创建矛盾纠纷化解“温暖”系列品牌打造新时代“枫桥经验”池州版[EB/OL].[2020-04-13].http://czcaw.gov.cn/info.asp?id=4651.

率99%。开展进京访专项治理百日攻坚行动，社会面清理人员实现“零清理”，2017年，进京走访、进京越级访、进京重复访批次人次降幅均超过50%①。

其次，抓好“四下基层”工作②。所谓“四下基层”，是习近平总书记1988年在福建宁德工作期间总结并大力推行的工作方法，要求领导干部“信访接待下基层、现场办公下基层、调查研究下基层、宣传党的方针政策下基层”。池州市建立市、县党政领导信访工作联系点制度，加强对基层信访工作的指导，2020年，池州市党政领导先后深入联系点开展工作32次。

其三，推行“四最”试点工作，即“最多投一次”“最多跑一地”“最多交一回”“最后访一回”。池州市要求各级信访部门切实办理好每一封来信，及时有效地回复或办理；接待好每一次来访，全面回应访民的诉求，不回避问题，不拖延问题的解决；处理好每一次投诉，据实依规地对被投诉人员进行处理，并以此为契机改进不合理的工作流程，提高服务意识和水平；化解好每一件积案，不能让未解决的问题无限期沉积下去，让访民失望，伤害民众对信访事业的信心。其中，特别加强初信初访办理工作，及时、依法、就地化解信访矛盾，从源头上杜绝矛盾上交、信访上行③。

其四，发挥技术手段的助力作用。为避免不必要的走访、越级访、重复访，池州市信访部门也特别注重发挥技术上的优势，为响应网上信访办理要求，上马了省信访信息化综合平台二期项目，有诸多新功能上线，并优化了信访信息系统应用。市县乡三级信访业务全部纳入受理系统办理，信访事项“三率”均超过全省平均水平④。

在多年坚持不懈的努力下，“矛盾不上交”越来越显著地得到落实，矛盾化解在基层，矛盾化解在萌芽状态，在一些数据上得到验证。据统计，

① 恪守为民之责 倾力排忧解难——我市信访工作综述[EB/OL].[2018-02-14].http://www.chizhou.gov.cn/News/show/52590.html.

② 张祥根来我市调研信访工作[EB/OL].[2021-03-11].http://www.chizhou.gov.cn/OpennessContent/show/1036881.html.

③ 池州市召开“最多投一次”试点暨网上信访工作推进会[EB/OL].[2020-08-12].http://xfj.chizhou.gov.cn/News/show/444515.html.

④ 池州市召开“最多投一次”试点暨网上信访工作推进会[EB/OL].[2020-08-12].http://xfj.chizhou.gov.cn/News/show/444515.html.

池州市各类信访案件数量近年来呈显著下降趋势，其中2019年池州市信访局接待群众来访批次人次同比分别下降23%和29%，全市赴省访人次同比下降45.7%，进京访人次同比下降18%①。

四　机制：综合化解的“横”与“纵”

基层矛盾纠纷的多样性复杂性决定了化解机制的综合性，这种综合性在横向上体现为信访部门和其他部门之间的协同联动，在纵向上体现为信访部门上下各层级的协调配合。

（一）横向层面

信访问题的全面解决有赖于多元主体的共同参与，单单依赖信访部门是远远不够的，行政、司法、社会组织、群众等其他重要主体的参与也不可或缺，需要综合运用教育、行政、仲裁、调解、诉讼等多种方式。

2003年底，在“信访工作黑色9月”的强烈触动下，池州信访部门开始认识到引入其他各界人士介入信访工作的必要性和紧迫性。在此背景下成立的池州市人民信访评议团由包括人大代表、政协委员、民营企业家、律师、教育界人士、新闻界人士、退休老干部和群众在内的社会各阶层人士组成，对信访工作中难以落实的问题进行协商调处，给访民与基层组织建立沟通平台。综合运用法律、政策、经济、行政等手段，使用教育、调解、疏导等办法，实现信访和人民调解、行政调解、司法调解联动，实现访调对接、访诉对接，实现信访与调解、仲裁、行政裁决、行政复议等的有机衔接和相互协调②。对于需要进入法律程序的信访案件，池州市还成立了仲裁委员会，同时向群众允诺在需要的时候提供法律援助，如聘请法律顾问，建立律师参与化解信访事项常态化机制，对排查发现的信访问题，

① 创建矛盾纠纷化解“温暖”系列品牌打造新时代“枫桥经验”池州版[EB/OL].[2020-04-13].http://czcaw.gov.cn/info.asp?id=4651.

② 在信访工作中着力化解矛盾纠纷[EB/OL].[2021-02-04]. https://baijiahao. baidu. com/s? id=1691279951195900661&wfr=spider&for=pc.

逐一落实化解责任[①]。

当前，池州市信访工作已经建立起市长接待日、群众信访评议、仲裁委裁决和法律援助四道信访工作保障线。每月安排一次市长接待日，提前三天将接访时间、地点、接访领导及分管的工作，在池州电视台和《池州日报》上向社会公告，并且要求各县区和市直有关部门负责人在现场等候，参与涉及本地、本部门上访问题的接访。市信访局、市政府督办室按照接访领导的意见，及时交办信访问题并跟踪督办[②]。

2017年，池州市对联合接访中心进行改造，建成视频信访系统，健全联合接访工作制度，从重点县区和部门派驻4名干部常年参与联合接访，动态选派6名新任处级干部担任信访专员。完善市级信访工作联系会议制度，发挥市级医疗纠纷调解委员会、交通事故损害赔偿纠纷调解中心、房屋质量投诉受理中心作用，解决重点领域信访问题129件。整合政府网站“市长信箱”、信访门户网站投诉受理平台等资源[③]。

池州市创造性地打造起矛盾化解“超市”，成为贵池区矛盾纠纷调处化解中心。矛盾化解“超市”坚持以“有案必受、有受必理、有理必果”为宗旨，以调解资源大整合、调解体系大健全、调解机制大联动、调解职能大提升为主要目标，积极创新联合联动办公、联合联动办事、联合联动接访、联合联动调处的矛盾纠纷调处模式[④]。

池州市持续推进人民调解参与化解信访矛盾，出台了《池州市关于加强访调对接工作实施意见》，市本级设立了“池州市信访事项人民调解委员会”，增加了16万元的“访调对接工作”经费预算[⑤]，调解成果显著[⑥]。

---

① 恪守为民之责 倾力排忧解难——我市信访工作综述[EB/OL].[2018-02-14].http://www.chizhou.gov.cn/News/show/52590.html.

② 徐文广.四条保障线 破解信访题[J].江淮，2004(8):29.

③ 恪守为民之责 倾力排忧解难——我市信访工作综述[EB/OL].[2018-02-14].http://www.chizhou.gov.cn/News/show/52590.html.

④ 矛盾化解“超市”来啦！贵池区矛盾纠纷调处化解中心揭牌启用[EB/OL].[2021-11-02].https://www.163.com/dy/article/GNQHE7RD0514DTJ2.html.

⑤ 池州市人民调解主动服务基层社会治理[EB/OL].[2019-01-14].http://www.czcaw.gov.cn/info.asp?id=4103.

⑥ 以2018年为例，至6月人民调解参与信访矛盾化试点以来，池州市各级调解组织共参与调解信访事项495件，调解成功383件。

（二）纵向层面

在信访部门内部，池州市结合组织架构与信息平台，打造纵向的三级（或四级）综治中心。以贵池区为例，当前正在大力推进全区三级综治中心标准化建设和规范化运行，强化社会基层基础建设、筑牢平安建设根基，努力将综治中心打造成新时代基层社会治理的实战平台。依托区综治中心实体化运行，打造群众来访接待大厅、矛盾纠纷调处化解中心、平安信息指挥调度中心三大功能区，群众来访接待大厅负责对信访事项和各类矛盾纠纷进行登记、审核受理、分流和办理；矛盾纠纷调处化解中心通过吸纳行业性专业性人民调解组织，完善多元化解机制，提升全区矛盾纠纷调处化解能力和水平；平安信息指挥调度中心统筹推进综治信息系统建设、综治视联网建设、“雪亮工程”建设、网格化服务管理中心建设四个方面工作。贵池区综治中心通过建立实体化运行机制，加强了对区直有关单位力量的整合，在全社会形成了多方参与的局面，实现了矛盾纠纷有效预防、有效分流、有效化解，对提升群众安全感和政府满意度以及综治中心知晓率起到了积极促进作用，同时为加快打造“五新贵池”，建设新阶段现代化首善之区作出了新的贡献①。

近年来，池州市政法机关正致力于推进村（社区）—乡镇（街道）—县—市四级综治中心规范化建设，以图实现对社会矛盾纠纷的“一条龙受理、一站式服务、一揽子解决”，打造四级联动的大调解工作格局。其中，村（社区）充当综治中心“基础平台”角色，乡镇（街道）扮演综治中心“实战平台”的角色，县级起着“枢纽平台”作用，市级则承担着“指挥平台”功能。

五　前景：新《条例》的路径指引

2022年，中共中央、国务院关于《信访工作条例》（以下简称《条

① 矛盾化解“超市”来啦！贵池区矛盾纠纷调处化解中心揭牌启用[EB/OL].[2021-11-02].https://www.163.com/dy/article/GNQHE7RD0514DTJ2.html.

例》）的制定与施行，是系统总结我们党长期以来领导和开展信访工作经验特别是党的十八大以来信访工作制度改革的成果，是在新的历史起点上纵深推进信访制度改革、完善信访制度，进一步加强和改进新时代信访工作、更好维护群众合法权益，开创信访工作新局面的基本遵循，为提高做好信访工作能力指明了努力方向。

（一）强化党对信访工作的全面领导

坚持和加强党对信访工作的全面领导，是党领导一切根本原则的具体体现，是习近平总书记关于加强和改进人民信访工作的重要论述的“魂”和“纲”，是信访工作发展历程的最宝贵经验，是做好新时代信访工作的最根本保证。《条例》明确规定，坚持党的全面领导，把党的领导贯彻到信访工作各方面和全过程，确保正确政治方向。这是充分发挥党对信访工作全面领导的显著优势，凸显信访工作更好地履行为民解难、为党分忧的政治责任。《条例》还从政治引领、工作遵循、组织保证等三个维度，进一步加强党中央对信访工作的统一领导，要求把党的领导放在最重要、最突出、最关键的位置，充分发挥党总揽全局、协调各方的领导核心作用，把党的领导贯彻到信访工作各方面和全过程，确保信访工作始终沿着正确的政治方向前进。作为地方党委包括池州市党委，在新的发展阶段推进信访工作新局面，要全面贯彻落实党中央关于信访工作的各项方针政策和决策部署，认真执行上级党组织关于信访工作的部署要求，统筹信访工作责任体系构建，支持和督促下级党组织做好信访工作。要压实各级领导干部抓信访工作的政治责任，健全信访工作联席会议机制，着力办好初次信访，注重基层基础建设，加强和改进源头治理，强化社情民意新动向分析研判，运用法治思维和法治方式解决涉及群众切身利益的矛盾和问题,最大限度地累积和谐因素、消除不和谐因素，从而有效防范化解风险挑战。总之，新时代信访工作高质量发展面临诸多风险挑战，越是形势复杂、挑战严峻，越要坚持和加强党对信访工作的全面领导，明确党对信访工作全面领导的责任，切实把党领导信访工作的制度落实到实处，不断提升信访工作质效。

（二）完善信访工作大格局，落实信访工作责任

信访问题牵涉诸多方面，成因错综复杂，靠一个部门力量、一种工作方法、一项制度机制解决不了，也解决不好，需要综合施策、协同发力。《条例》总结党的十八大以来的成功实践探索，实现了重大创新，即对新时代信访工作格局作出新的界定，“构建党委统一领导、政府组织落实、信访工作联席会议协调、信访部门推动、各方齐抓共管的信访工作格局”。强调党委统一领导主要是把方向、管大局、作决策，政府组织落实主要是贯彻落实党委作出的决策部署，信访工作联席会议协调是加强党对信访工作领导的有力抓手，信访部门推动主要是推动信访问题得到及时有效解决，各方齐抓共管主要是履行信访工作职责、共同化解矛盾纠纷。五个方面有机联系，不可分割，为完善地方信访工作大格局明确了路径。《条例》还首次对信访工作联席会议机制进行了规定，分别明确了中央和地方信访工作联席会议职责、架构和运行机制，并提出规范要求。中央信访工作联席会议主要负责统筹协调、整体推进、督促落实。地方信访工作联席会议，要参照中央信访工作联席会议的职责进一步细化完善。规定乡镇（街道）可以建立信访工作联席会议机制或者明确党政联席会定期研究本地区信访工作。显然，贯彻落实好《条例》的规定，地市党委要把构建信访工作体制和工作格局作为做好新时代信访工作的重中之重，压紧压实各方责任，健全工作机制；要切实履行统一领导信访工作的责任，增强领导信访工作的系统性、联动性、协同性；要健全完善信访工作联席会议机制，研究重大事项，解决突出问题；要健全完善专项督查机制，将疑难复杂信访问题纳入党委和政府督查部门督查范围，督促各责任主体切实担负起责任；要严格责任追究，对违反信访工作责任的单位和人员，坚决依规依纪依法严肃处理。

（三）坚持依法按政策处理信访工作

将信访纳入法治化轨道，依法维护群众权益、规范信访秩序，是新的历史条件下坚持依法按政策解决问题，做好信访工作应遵循的重要原则之

一，是遵循“依法治访”的基本方向，也是深化和完善信访制度的根本途径。《条例》坚持法治思维、严格依照法定权限和程序行使权力，对各机关、单位处理信访事项作出全面规范，强调依法维护群众权益、规范信访秩序。这是要求我们在贯彻落实条例这一原则过程中，要重视将信访人、信访事项和信访工作者都纳入法治化轨道，纳入法治范畴。所谓将信访人纳入法治范畴，就是要对信访人依法保护，如重申不得打击报复信访人；同时，规定信访人需依法信访，不得实施违法手段或行为。这是坚持以人民为中心的发展思想的体现和维护信访人合法权益的要求，也是“依法治访”的基础和前提。将信访事项纳入法治范畴，解决的是“信访不信法”的问题。在处理信访事项工作中，既要明确诉访分离制度，规定将涉及诉讼权利救济的信访事项从普通信访体制中分离，由政法部门依法处理；也要明确分类处理原则，对于意见建议类、检举控告类、申诉求决类等不同信访事项，根据其类别依法分别处理；同时，要明确信访事项办理程序法治化，应当办理的事项在法定期限内按流程依法办理，诉求无理的依法不予支持并加强思想教育。将信访工作者纳入法治范畴，就是通过明确信访工作者依法履职的监督机制，以及违法行为的责任后果，包括加大对国家工作人员在信访领域违法犯罪行为的处理力度，促进和规范信访工作单位和个人依法接访。总而言之，将信访人、信访事项和信访工作者纳入法治范畴，就是要遵循“依法治访”的基本方向，坚持依法按政策处理信访工作，推动信访问题依法及时就地妥善解决，维护好群众合法权益，化解信访突出问题，促进社会和谐稳定。

总体来说，池州市近年来通过加强信访工作，推进基层社会矛盾纠纷综合化解的探索取得积极成效。为进一步提升基层社会矛盾纠纷化解能力，要切实落实习近平总书记关于加强和改进人民信访工作的重要思想，全面贯彻落实《条例》，加强和改进新时代信访工作，强化党对信访工作的全面领导，构建完善新时代信访工作大格局，推动落实信访工作责任，加强“法治信访”建设，进一步提高市域基层信访工作法治化，全面提升信访工作能力和水平。

参考文献

吴超.新中国六十年信访制度的历史考察[J].中共党史研究,2009(11):46-53.

袁家淼.城市社区治理中矛盾纠纷化解机制研究[D].南京:南京师范大学,2021.

丁佩.治理视野中的社会矛盾纠纷化解机制研究[D].徐州:中国矿业大学,2018.

胡志敏.社会力量参与信访矛盾纠纷化解研究[D].重庆:西南政法大学,2017.

李栗燕,鲍玮.和谐社会视野下多元化矛盾纠纷解决机制研究[J].法制与经济(下旬),2011(3):43-44.

胡海燕."必也,使无讼乎?"——记池州市信访案件评议听证团团长何宗文[J].江淮文史,2006(5):40-47.

和谐池州:生态古城的崛起梦想[J].小康,2005(7):56-58.

张祥根.准确把握协商民主与信访工作内在联系 将党的群众路线落实落细落好[J].中国政协,2019(21):50-51.

徐文广.四条保障线 破解信访题[J].江淮,2004(8):29.

许建起.信访为民纾忧解难[J].中国老区建设,2005(3):25-28.

安徽池州首创信访案件评议听证团[J].领导决策信息,2006(22):23.

大调解融入基层社会矛盾纠纷化解机制的创新路径分析

——淮北市相山区的考察

郭敬东[①]

摘　要： 以大调解为原则的联动性调解机制是解决当前社会矛盾纠纷的重要路径，也是推进基层社会治理能力和水平的重要任务。淮北市相山区在顺应基层社会治理内在逻辑和要求的基础上，积极探索联动性调解机制的实施方式，推行了富有创新性的治理举措：一是制定大调解视域下的调解实施文件，从制度层面保障联动性调解模式的展开；二是加强调解组织建设，在建立联动性机制的基础上搭建全方位的社会矛盾纠纷化解平台；三是以点带面，构建基层纠纷调解中心，满足人民群众的多元利益诉求，从源头上预防社会矛盾纠纷的发生。为健全社会矛盾纠纷化解机制，提升基层政府的治理能力和治理水平，一方面要进一步加强人民调解、行政调解与司法调解的联动机制的制度建设，充分发挥"三大调解"的综合性功能在化解基层社会矛盾中的作用；另一方面要搭建数据平台，充分运用互联网大数据的优势，构建"大调解"框架下的网络信息数据基础。同时，要将商业调解、行业调解、律师调解等方式融入大调解的机制当中，打造多措并举的社会矛盾纠纷解决机制。

关键词： 大调解　社会矛盾　化解机制　路径创新

---

① 郭敬东，博士，安徽师范大学法学院公共管理系副教授，硕士生导师。安徽省政治学会理事、安徽省科学社会主义学会理事，芜湖市社会治理研究院研究员。主要研究方向：政治哲学与中国政治思想史等。

一 引 言

社会矛盾纠纷的有效化解是新时代基层社会治理的重要价值目标与实施路径，关乎着社会治理体系与治理能力现代化的有效推进。构建有效的社会矛盾纠纷化解机制可以从制度层面消解社会中的不稳定因素，使人与人之间、人与制度之间产生和谐相融的社会关系，有助于为共建共治共享的社会治理格局的实现奠定良好的基层法治层面上的保障。为了推动基层社会形成以人民为中心的，切实维护社会成员合法利益的社会矛盾纠纷化解机制，推动各地法治政府治理模式和治理程序维度的建设，2015年12月，中共中央、国务院印发《法治政府建设实施纲要（2015—2020年）》，提出并规定了法治政府基本建成的七大标准，从政府职能、制度体系以及行政决策等方面阐述了法治政府价值内涵、实施程序与落实步骤。依法解决转型时期的社会矛盾纠纷，打造以人民为中心的，符合人民利益的社会矛盾纠纷化解机制是法治政府基本建成的重要指标之一。对于社会治理而言，随着社会环境的变化以及利益格局的调整，新的社会矛盾纠纷会以各种样式而出现。这就要求治理主体要制定具有法治化、权威性的社会矛盾纠纷解决机制，发挥制度本身对各种常态性与突发性社会矛盾的规制作用。从2015年以来，各地政府在《法治政府建设实施纲要（2015—2020年）》的指导下，围绕法治政府理念的落实与法治治理模式的实施，积极推动符合当地治理环境的社会矛盾纠纷化解机制的形成，在引导人民依法维护自身权益，化解基层社会矛盾方面取得了长足的进步①。当然，法治政府建设是一项持续化的社会政治工程，需要在总结实施经验的基础上不断地克服实践过程中的短处和不足，形成比较成熟的实施路径，而优化社会矛盾纠纷

① 根据中国政法大学法治政府研究院发布的2020年度中国法治政府评估报告，自2014年至2019年，我国在社会矛盾化解与行政争议解决方面取得了五方面的主要成就，分别是“（一）重点民生领域化解社会矛盾的制度创新卓有成效；（二）社会矛盾化解渠道更加畅通，纠纷解决方式趋于法治化；（三）人民调解组织建设稳步推进；（四）社会稳定风险评估机制相对完善；（五）行政复议制度不断健全。复议体制改革成效显著。”参见中国政法大学法治政府研究院主编：《中国法治政府评估报告（2020）》，社会科学文献出版社2020年版，第202—207页。

的化解机制，构建稳定的社会治理秩序既是法治政府建设的重要内容之一，也是推动法治政府建设实施路径的重要助力。2021年8月，中共中央、国务院印发《法治政府建设实施纲要（2021—2025年）》，明确了今后五年法治政府建设的主要目标和内容，明确指出要“健全社会矛盾纠纷行政预防调处化解体系，不断促进社会公平正义。”并强调了基层社会矛盾化解对于推动社会治理现代化，落实与保障人民权益的重要性。就社会矛盾纠纷化解方式中的实施内容而言，我国基本形成了以政府主导下的多维调解为主要内容的解决机制。地方政府在推动社会矛盾纠纷化解方面也因地制宜地结合本地的社会环境而有所创新，并形成了各具地方特色的调解模式。其中，获2020年安徽省法治政府建设示范创建命名的淮北市相山区就结合当地的治理情况，将人民调解、行政调解以及司法调解等方式相结合，打造了以事前预防、事中调解与事后跟踪反馈为特征的联动性调解机制，有效化解本地的社会矛盾纠纷，为和谐社会的建设构筑了坚固的防线。

二　三大调解的功能融合与大调解模式的生成

在日常生活中，社会矛盾纠纷所涵盖的内容较为多样化，既有基层社会成员之间的民事纠纷，也有因利益诉求得不到及时回应而产生的行政纠纷，还有基于工作关系而产生的劳资纠纷等。从社会治理的角度来看，预防并有效地化解这些矛盾纠纷是构建稳定基层社会治理秩序的前提。这些矛盾纠纷处理的有效与否直接关系到人民群众的利益是否能够得到有效的维护，也关系到基层社会治理中良法与善治是否能够得到全面的实施，更关系到全面建成小康社会这一战略目标能否切实实现。如果不能从源头抓起，将社会矛盾纠纷消灭在萌芽状态，则会导致因社会矛盾纠纷逐渐扩大化而引发的一系列社会治理领域中不稳定状况。这就需要构建一种制度化的社会矛盾纠纷处理机制作为沟通民众、社会与政府之间的整合性的纽带，以应对程序性的和非程序性的社会矛盾纠纷事件。从当前的治理实践来看，社会矛盾纠纷主要集中在民事领域，而调解则是解决社会矛盾纠纷最为常用的处理方法，也是化解社会矛盾纠纷的第一道防线。

在我国，调解主要包括人民调解、行政调解以及司法调解等方式。人民调解是指人民委员会采用软性的说服、教育等方式使矛盾双方通过协商而达成符合情、理、法的协议。这种方法主要是通过社会疏导的方式使被调解的当事人能够产生共识性的意见，并就此共识意见而形成双方都认可的解决方法。在调解过程中，调解的主体与调解的客体之间具有一种平等性，作为调解主体的人民调解委员会以服务群众为原则，可以采用灵活多变的调解程序，并根据社会矛盾纠纷的具体情境来展开调解。与行政调解和司法调解相比，人民调解属于一种群众性的活动，调解的范围主要集中在民间纠纷方面，且涉及的调解领域较为广泛，是解决人民群众内部矛盾最为常用的方式之一。“凡是发生在公民与公民之间、公民与法人或者其他组织之间，涉及当事人有权处分的人身、财产权益的纠纷，都属于民间纠纷，都可以通过人民调解来处理。”[①]这种调解方式源自中国传统的基层治理文化。在长期治理经验积累的基础上，古代中国形成了以乡贤、耆老等人采用道德劝解的方法作为调解基层社会矛盾的治理模式。如汉代以三老负责基层社会的教化工作，并就民间的纠纷事件进行调解。由于他们在乡里具有较高的道德威望，故其调解意见对于矛盾双方而言无疑具有一定的权威性。我国当下实行的人民调解制度创制于新中国成立初期，吸收了新民主主义时期人民调解实践经验，1953年，各地在基层党委和政府组织的领导下建立了人民调解组织，开始处理人民内部的社会矛盾纠纷问题。1954年，《人民调解委员会暂行组织通则》颁布，这为人民调解活动提供了实施原则和具体方法。经过长期的实践，我国的人民调解制度已经相当成熟，既吸收了传统的“息诉止争”的精神理念，又构建了符合现代治理方式的实施路径。对于社会矛盾纠纷化解而言，人民调解方式具有三方面的优势：其一，由于人民调解属于群众性活动，具有一定的自治性，故容易得到民众的认同和采纳。当基层社会成员出现婚姻、债务等民事纠纷时，人民调解可以因时因地的给他们提供帮助，快速解决困扰他们的问题，将微小性的社会矛盾纠纷消解于萌芽状态，防止事态的进一步扩大。其二，

① 中华人民共和国人民调解法[M].北京：中国法制出版社，2018：3.

人民调解具有非营利性的特征，调解的方式和程序多样，人民调解委员会可以根据当地具体的环境制定和实施符合本地治理状况的调解程序。由于处理方式灵活，应对程序适宜，可以合理地解决常规性的民间矛盾。其三，在调解方式方面，人民调解主要采用劝说、引导等方式来说服矛盾当事人，使他们在达成共识的基础上形成一致性的解决意见。如果社会矛盾纠纷较为复杂，人民调解委员会可以邀请当地具有威望的社会人士介入到调解过程中，多维度、多面向的展开调解活动①。这对于矛盾的解决无疑具有推动作用。

行政调解主要是指作为调解主体的行政机关以及获得相关法律法规授权的组织依法对该机关职权范围内所涵盖的社会纠纷采用调解的方式使当事人在平等自愿的前提下达成解决协议的活动。从调解的范围来看，由于行政调解属于公权力对非诉讼性的纠纷特别是民事纠纷的介入，因此，其处理的范围没有人民调解的范围宽泛。行政调解的对象主要涉及两大方面：一是行政机关自身在行使职能时所遇到的纠纷；二是行政机关针对特定领域诸如治安、交通等方面的纠纷。就行政调解的内容来看，其主体一般为基层政府的民政机关、公安机关等，其调解的目的也非常明确。行政调解属于诉讼外的调解，调解的对象具有特定性即“行政管理活动中发生的纠纷，包括民事纠纷和部分情节轻微、危害不大的刑事纠纷，以及特定的行政纠纷。”②从调解实践来看，行政调解具有三方面的积极性作用：一是调解的程序便捷，且作为调解主体的行政机关具有政治权威性，在调解过程中可以有效引导矛盾纠纷当事人达成一致性的解决协议。二是行政调解具有专业性，一般而言，主持调解的人员都是行政部门中具有专业知识和素养的工作人员，面对复杂的矛盾纠纷事件，他们可以根据情、理、法对事件的总体性质作出判断，并运用专业知识找准矛盾纠纷双方中存在的核心问题，快速解决问题。三是行政调解行为本身即属于增强行政机关公信力

①《中华人民共和国人民调解法》第二十条规定：“人民调解员根据调解纠纷的需要，在征得当事人的同意后，可以邀请当事人的亲属、邻里、同事等参与调解，也可以邀请具有专门知识、特定经验的人员或者有关社会组织的人员参与调解。”参见《中华人民共和国人民调解法》，北京：中国法制出版社2018年版，第30页。

② 常怡.中国调解制度[M].北京：法律出版社，2012：153.

的措施，也有助于矛盾纠纷当事人对行政调解协议的认同。

司法调解则是指法院审判组织作为调解主体在诉前对诉讼当事人进行调解，本着平等自愿的原则，使矛盾双方能够达成解决问题的协议。司法调解的主体主要是法院的审判人员，调解的过程主要是在公权力的介入下使矛盾双方在平等自愿的基础上达成解决协议。在调解实践中，司法调解主要有三方面的长处：一是由于调解组织是作为司法机关的法院，所以调解的过程和调解的建议都具有高度的权威性。二是法院调解与诉讼判决之间联系紧密。当法院受理社会矛盾纠纷特别是民事纠纷时，在审判之前，一般会进行调解，其目的主要是出于“有利于当事人的和睦共处，有利于社会的和谐稳定”①的考虑。在调解过程中，作为公权力体现的审判人员通过说服、教育的方式，可以使矛盾双方一方面知晓自身所应具有的各项权利，另一方面认清自身行为在调解事件中所存在的问题。这样有利于矛盾双方当事人进行有效的协商，并达成解决协议。三是司法调解在处理上具有快速性，有助于解决一些人民调解中久拖不决的矛盾纠纷事件。当矛盾纠纷的当事人在自愿的基础上认可审判人员所主持的调解行为，并达成一致性共识，则该矛盾纠纷就会按照程序得到快速的处理。当矛盾纠纷的当事人不能达成调解协议时，则可以使他们通过诉讼程序，法院对他们的纠纷事件进行判决。

从实施内容来看，人民调解、行政调解和司法调解各有其优点和长处。在基层社会矛盾纠纷化解方面发挥着不可替代的作用。当前，由于新常态下社会矛盾纠纷呈现出多发的态势，必须要统合人民调解、行政调解以及司法调解的综合防治功能，建立制度性的、常态化的、能够有效衔接的大调解机制。

三　相山区大调解化解社会矛盾纠纷的创新性实践

相较于传统的调解方式而言，在社会矛盾纠纷的化解方面，大调解具

① 常怡.中国调解制度[M].北京:法律出版社,2012:260.

有三个方面的特点：一是在调解理念方面，主要采用多措并举的程序性办法来解决矛盾纠纷当事人之间的问题；二是在调解的方式方面，主要采用联动性的调解模式，以劝说、教育等方法，使矛盾双方能够形成一致性的解决协议；三是在调解的内容方面，大调解涵盖了与民众利益息息相关的各个领域，可以解决基层社会中的大部分矛盾纠纷。事实上，大调解模式属于反应性治理的范畴。反应性治理具有一个非常明显的特点，即在治理活动中，"各级决策者的决定作用较大，他们根据面临的社会问题作出反映，在稳固执政权力的考量下，加强掌控，同时根据社会的需要不断调整有效的办法。"①而作为联动性调解的大调解在行动过程中，调解主体也被赋予了一定的自主性权利，无论是人民调解委员会还是行政机关以及法院等，在调解过程中，他们都可以根据当时的环境状况针对具体的矛盾纠纷问题而采用相应的调解模式。大调解模式在化解社会矛盾纠纷过程中有着重要的作用，2019年5月，司法部强调："到2022年，基本形成以人民调解、行政调解、行业性专业调解、司法调解优势互补、有机衔接、协调联动的大调解工作格局。"②在大调解的实施实践中，淮北市相山区在总结以往经验的基础上，不断推进联动调解机制的构建，并取得了一定的成效。淮北市相山区地处该市中北部，属于传统的老城区，下辖等8个街道，人口50万左右。与淮北市其他地区相比，相山区属于淮北市的主城区，管辖的社区数目众多，居民的利益诉求较为多元，易发生一定的社会矛盾纠纷。为了有效地落实和贯彻法治政府建设，淮北市相山区积极探索基层社会矛盾纠纷的化解路径，并对大调解的实施机制进行了创新性的构建。

第一，制定大调解视域下的调解实施文件，从制度层面保障联动性调解模式的展开。贯彻常态化的联合调解方式一方面需要程序化的制度规范，另一方面也需要构建解决问题的平台。这就要求地方政府制定关于联合调解方面的程序性文件，对调解主体的人员构成，调解方式的行为规范以及调解结果的反馈回路进行明确的规定，以确保联合调解能够依法依规地进

---

① 张静.社会治理：组织、观念与方法[M].北京：商务印书馆，2019：254.

② 中国政法大学法治政府研究院.中国法治政府评估报告（2020）[M].北京：社会科学文献出版社，2020：221.

行。为了构建平安社会，筑造坚实的社会矛盾纠纷化解基石，使大调解规范化、制度化和常态化，淮北市相继制定了《关于加强新时代人民调解工作的实施意见》《淮北市人民调解工作经费保障暂行办法》《淮北市行政调解办法（试行）》《淮北市关于打造金牌劳动人事争议调解组织实施方案》等相关文件。相山区则围绕这些文件对调解工作进行了进一步的细化落实，并结合本区情况制定情况的调解办法，形成了多维并举的矛盾纠纷化解合力。

第二，加强调解组织建设，在建立联动性机制的基础上搭建全方位的社会矛盾纠纷化解平台。组织建设属于制度构建的维度，任何治理措施的实施都必须注重治理组织的设置。诺斯曾指出："制度是一个社会的博弈规则，或者更规范地说，它们是一些人为设计的、形塑人们互动关系的约束。"①构建系统有效的调解组织是解决社会矛盾纠纷的前提性条件。

就人民调解方面的组织建设而言，相山区积极落实和推行2019年4月淮北市依法治市委员会下发的《关于加强新时代人民调解工作的实施意见》（简称《意见》）。该《意见》从纵向维度对人民调解组织的设置进行了总体性的规划和网络性的设计：其一，在村（居）一级，《意见》强调要"巩固和完善村（居）人民调解组织"，统一将村（居）一级的人民调解组织纳入到基层人民调解组织的规划建设中。村委会与居委会属于社会治理过程中的基层组织，在其管理单位中积极推动人民调解组织建设，可以借助具有群众自治性质的村委会与居委会的作用，落实人民调解组织在基层社会单位中的功能性作用。其二，在镇（街道）一级，《意见》强调要"规范强化镇（街道）人民调解组织"。乡镇与街道的分管领导直接担任本地区人民调解委员会的主任，司法所所长担任人民调解委员会的副主任，而基层派出所、法庭等部门的负责人则担任人民调解委员会的委员。这种制度设计主要强化了基层政府在社会矛盾纠纷化解工作中的责任，使他们在相互协作的基础上统筹处理本地区的社会矛盾纠纷化解工作。他们之间的关系可以说是一种部门联动性调解的关系。事实上，镇与街道属于基层的行政组

① [美]道格拉斯•C.诺思.制度、制度变迁与经济绩效[M].杭行，译.上海：格致出版社，上海人民出版社，2014:3.

织，也是处理社会矛盾纠纷的第一场地。村（居）一级的人民调解工作能否得到切实的实施，主要看乡镇与街道一级的基层政府对于人民调解工作的执行力度。在调解工作中，镇（街道）一级的人民调解组织的完善以及调解工作的落实可以对辖区内社会矛盾纠纷化解产生辐射作用。将乡镇与街道的行政组织有效地组织起来作为社会矛盾纠纷化解过程中的调解主体，可以发挥联合调解的长处，促进基层调解工作的开展。其三，与民生相关的信访、公安、人社等部门在行政工作中也会因故遇到纠纷问题，故《意见》提出了“拓展规范行业性专业性人民调解组织”，并建议在涉及信访事项、劳动人事争议、医患纠纷等问题的部门进一步完善内部的人民调解组织，发挥其自身所具有的专业性的调解功能。其四，《意见》还强调要对企事业单位中的人民调解组织规范化进行进一步的加强，在内部纠纷频繁或职工数量在200人以上的企事业中设立人民调解委员会。企事业单位中出现的纠纷主要是劳资纠纷以及围绕职工权益而产生的纠纷。在企事业内部设立人民调解委员会，可以及时化解工作中出现的各种民事纠纷问题，为职工合法权益的维护提供制度层面上的保障。其五，在当前，人口流动的数量与速度越来越大，在特定区域会出现一些常态性的社会矛盾纠纷，如以外来务工人口为主体的人口集聚区和大型集贸市场等经常会出现纠纷问题。《意见》指出：“在外来人口集聚区、大型集贸市场等纠纷多发的特定区域应逐步建立人民调解组织，强化‘以外调外’人民调解模式在外来人口集聚区的应用。”这种做法可以说是将普遍性调解和特定性调解相结合，即构建了人民调解的一般性机制，就特定问题实施有效的和具有针对性的调解处理。

相山区努力拓展人民调解组织建设的深度和广度，并对人民调解的功能和作用进行积极的宣传。如在2019年9月28日，相山区司法局、东山社区承办了淮北市首届“金秋调解夜话”活动，采用群众喜闻乐见的歌舞晚会的形式对人民调解方式进行宣传，向群众发放《人民调解法》等宣传册，并提供现场调解咨询讲解等服务工作。为了能够将调解工作向基层做实，相山区在南黎街道桂苑社区成立了“骆永华调解工作室”，在每月第二周的周六下午集中处理化解居民的各种纠纷问题。为了能够提高工作效率，调解工作室还将调解工作从“线下”搬到了“线上”，在“线下”固定的调解工作时间之外，居民还可以通过微信、电话等方式就自身的矛盾纠纷问题进行咨询。这种调解模式最大限度地将社会矛盾纠纷化解在了基层。

就行政调解方面的组织建设而言，在淮北市的统一部署下，相山区积极落实淮北市制定的《淮北市行政调解办法》。该办法的出台主要是为了规范本地的行政调解工作，在保障人民权益的基础上使行政调解能够与人民调解、司法调解相契合。该办法明确了行政调解的三方面内容，分别是：“（一）公民、法人或者其他组织对行政机关行使法律、法规、规章规定的行政裁量权作出的行政行为不服的；（二）公民、法人或者其他组织与行政机关之间的行政补偿、行政赔偿纠纷；（三）其他依法可以调解的行政争议。”可以看出，行政调解主要是为了处理行政机关在履行行政职能的过程中产生的争议或者纠纷。

就调解主体而言，行政调解机关在调解争议或者纠纷时可以采用两种方式：一是以购买社会服务的方式委托人民调解组织或其他社会组织对争议纠纷问题进行调解；二是行政机关自身开展调解工作，在调解中可以聘请行政调解辅助人员来帮助调解工作。一般性的争议纠纷由一名行政调解员来主持调解，当出现重大或疑难的矛盾纠纷时，则可以由两名及以上的行政调解员来组织调解工作。

就调解程序而言，行政调解一般先由当事人以口头或者书面等形式提出申请，行政调解机关在收到当时的调解申请后，对其所需调解的事项和理由等进行书面登记。当调解事件属于本行政机关受理的范围内，而另一方当事人也同意由行政机关进行调解的，则由行政机关在五个工作日内将调解的时间、地点等事项告知双方。如果调解事件不在本行政机关的受理范围之内或者另一方当事人不同意调解的，则由该行政机关告知调解申请的当事人。

就调解的过程而言，《淮北市行政调解办法》规定：“行政调解机关调解纠纷或者争议，应当听取当事人的陈述、申辩和质证，向当事人释明有关法律、法规、规章和政策，在事实清楚的基础上分清是非，引导当事人自愿达成调解协议。”调解的过程也是引导的过程，目的是使当事人双方形成一致性的共识，并在平等自愿的基础上达成调解。行政调解机关则应本着公平公正的原则，对当事人不清楚、不明白的地方进行详细的答疑解惑。调解之后，如果双方当事人认同调解，则由行政机关制定行政调解协议书，对于一些矛盾纠纷较小，可以适用简易程序的调解以及当事人能够自行和解的纠纷，也可以不制定行政调解协议书，而由行政调解员将双方协议的内容以及调解情况进行记录备案。淮北市制定的行政调解办法对行政调解的内容、程序等进行了细致的规定，其实施的目的和初衷在于“以自愿平等为原则，以事实为依据，通过解释、沟通、说服、疏导等方式，促使公民、法人或者其他组织之间以及行政机关与行政相对人之间达成调解协议。”

就司法调解的组织建设而言，司法调解属于诉讼调解，即在“组成法庭的审判人员主持下进行的调解，而不是指在法院其他部门和人员主持下进行的调解。”[①]相山区积极落实淮北市统一部署的调解衔接联动机制。一方面，不断加强自身队伍专业素质建设，在诉讼调解的过程中坚持和落实民生保障原则；另一方面，积极完善纠纷解决机制，构建多元立体性的诉讼与非诉讼相结合的处理机制。2016年以来，淮北市法院“分别与文旅体委、妇联、消保委、侨联、保协五部门联合出台诉调对接工作意见，与市工商联联合出台《关于建立诉讼调解与商会调解衔接机制的实施意见》，与市司法局联合出台《设立法院援助工作站的实施意见》。完善诉前化解机制，对起诉到人民法院的婚姻家庭、人身损害赔偿、名誉权、交通事故、劳动争议、物业服务等纠纷，建立甄别分流机制、立案前委派调解机制。这种做法将诉讼调解与非诉讼调解进行了有机的融合，既保证了诉讼调解过程的公正性、有效性，也推动了诉讼调解处理的及时性、衔接性。相山区法院在此基础上也对诉讼调解作了积极的探索，建立了调解前置制度，即对于一些家庭纠纷、婚姻纠纷、债务纠纷以及物业管理纠纷等诉讼案件，在取得矛盾双方同意的前提下，在登记立案之前先行由调解组织进行调解的做法。

---

① 常怡.中国调解制度[M].北京:法律出版社,2013:259.

在淮北市统筹推进的基础上，相山区在深化人民调解、行政调解以及司法调解的组织建设的同时，也在不断构建大调解的工作架构，积极推动人民调解、行政调解与司法调解的有效衔接，发挥大调解在化解基层社会矛盾纠纷中的作用。在构建和完善联动性调解机制方面，相山区根据该市全面依法治市委员会办公室制定的《关于加强新时代人民调解工作的实施意见》，积极贯彻和落实以大调解为原则的社会矛盾纠纷调解机制。该《意见》规定："完善人民调解、行政调解、司法调解衔接联动机制。充分发挥人民调解在矛盾纠纷多元化解工作中的基础和纽带作用，逐步构建以诉调对接、警民联调、检调对接、访调对接为支撑，以医患、婚姻家庭、劳动争议、环境保护、物业管理等行业、专业调解为补充的'1+4+N'纠纷化解格局，健全完善人民调解、行政调解、司法调解'三位一体'的多元化纠纷化解和协调联动工作机制。"

相山区在贯彻和落实该《意见》基础上，不断根据本辖区的情况进一步丰富以"大调解"为原则的联动性调解机制，推进人民调解、行政调解、司法调解三大机制的有效衔接，并将这种联动工作机制落实到基层，积极构建区级的社会矛盾纠纷化解中心，将民事纠纷调解、商事纠纷调解以及诉讼调解有机地整合起来，并在基层设立了"诉调对接"工作室。

第三，以点带面，构建基层纠纷调解中心，满足人民群众的多元利益需求，从源头上预防社会矛盾纠纷的发生。随着社会的不断发展，基层治理在国家治理中的重要性越来越突出，可以说是解决社会矛盾纠纷的"第一线"。为了能够将社会矛盾纠纷解决在初始和萌芽状况，相山区在南黎街道设立了淮北市首家集中解决社会矛盾纠纷的调解中心。之所以选择南黎街道，其原因有三：一是相山区是淮北市的主城区，而南黎街道又处于相山区的中心地带，居住着大量人口。在南黎街道设立联合调解中心，有助于发挥其在基层社会治理中的示范性作用。二是南黎街道的人口成分差异性较大，所从事的职业种类也非常多。由于社区居民有着各不相同的利益诉求，围绕利益而产生的社会矛盾纠纷较多，而联合调解正可以通过"一揽子"的解决方式集中性处理该街道中的居民纠纷。三是南黎街道社区中的物业与业主之间在社区的日常管理方面也存在不同的观点，急需要一个平台来解决他们之间的矛盾分歧，而调解中心的建立正可以从制度层面来解决物业与业主彼此间的不同主张。在相山区法院的牵头下，该街道成立了具有联动机制的物业纠纷调解中心。从组织机构构成来看，该调解中心具有明显的大调解的性质。一方面，区法院、区司法局、区城管局、南黎街道办以及区物业中心等组成了综合性的调解主体，负责对该地区的社会矛盾纠纷进行系统性的调解；另一方面，由于调解主体的多元性和调解职能的多样性，该调解中心采用了人民调解、行政调解、司法调解、律师调解、法院调解相配合的联动性调解机制。

就运行机制来看，该调解中心受理调解的范围主要有四个方面，分别是当事人申请受理、调解中心主动受理、联动部门委托受理以及其他需要受理的调解事件。当调解中心接到需要调解的事件后便对其进行处理，在充分的调查基础上，调解人一般会对矛盾纠纷的当事人展开情、理、法方面的说服与劝解，使当事人了解各自行为中的不当之处。一旦当事人认可了调解人的调解，则会在调解人的主持下签订调解协议达成和解。调解中心也会对受理的调解案件进行归档整理，并定期展开回访。当然，如果在调解过程中，矛盾纠纷的当事人不认可调解人的调解意见，无法达成一致的调解协议后则由调解中心告知当事人下一步可以采取的解决方法，即就纠纷事件向人民法院直接进行诉讼或向相关的仲裁机关直接申请对应的纠纷仲裁，以使纠纷案件可以及时地进入法院或仲裁机构进行处理，防止纠纷问题因时间的拖延而产生进一步的扩大化。在整个调解处理过程中，物业纠纷调解中心与矛盾纠纷当事人之间是平等的，整个调解过程也是建立在公平公正的基础上的，调解协议的制定遵循矛盾纠纷当事人双方所达成的一致性意见，具有自愿性。

从实践的角度来看，这种综合化解社会矛盾纠纷的做法既具有处理问题的及时性，又具有解决纠纷的时效性，做到了纠纷化解与事件教育的双重功能，且有联动性部门的专业指导，故该调解中心自成立以来，成了南黎街道解决社会矛盾纠纷的一个重要平台，也成了相山区化解社会矛盾纠纷的一个典型示范样板。

四　对大调解在基层社会矛盾纠纷化解中实施路径的进一步思考

在当前，随着基层社会结构的不断分化与调整，各种类型的社会矛盾纠纷不断涌出。为了构建稳定和谐的基层社会秩序，必须要建立一套能够有效化解社会矛盾纠纷的调解制度，将一些可以在基层解决的纠纷事件消解于萌芽状态。从当前社会治理的内在逻辑来看，实施以大调解为特色的联动调解机制是有效应对当前基层矛盾纠纷多发的必需性要求。淮北市相山区在推进人民调解、行政调解与司法调解的联动机制方面取得了重要进展，在社会矛盾纠纷化解方面的调解水平也有了较为显著的提升。通过对淮北市相山区构建联动调解的实践经验来看，未来可以从以下三个方面来巩固和推进联动性调解机制的制度建设。

第一，进一步加强人民调解、行政调解与司法调解的联动机制的制度建设，充分发挥“三大调解”的综合性功能在化解基层社会矛盾中的作用。从淮北市相山区的调解实践来看，构建人民调解、行政调解和司法调解有机融合的社会矛盾纠纷解决机制可以有效地将基层社会中经常出现的一些常态性的矛盾消解于萌芽状态。当然，这种联动性调解机制的完善一方面需要国家的规范性推动，另一方面也需要地方政府特别是市、区政府结合本地的治理状况而出台相应的制度性文件，以打破不同调解方式之间的隔阂，使其可以形成化解社会矛盾纠纷的“合力”。“许多地方政府尽管出台了有关加强‘三大调解’衔接工作的制度文件，但只是形同虚设，并没有真正运用到治理中；有的制度文件内容过于原则笼统，可实施性不强，就更谈不上调解联动作用的发挥。”①在接下来的联动性调解机制的构建过程中，其一，地方政府特别是市、区政府可以根据《法治政府建设实施纲要（2021—2025年）》，在深入贯彻的基础上细化制度指标，出台规范联动性调解机制的文件、办法等，优化当前基层的社会矛盾纠纷化解机制。其二，

① 中国政法大学法治政府研究院.中国法治政府评估报告(2020)[M].北京：社会科学文献出版社，2020：212.

由于人民调解、行政调解、司法调解的调解主体不同，在加强各自调解队伍的专业知识、调解方法以及调解程序等素质建设的同时，也要打造横向的调解人员交流机制，使他们在相互沟通的基础上，可以互相交流和学习彼此的调解经验，树立大调解的工作思维，提升调解队伍的矛盾纠纷处理能力。其三，地方政府在联动性调解机制的推进过程中，要发挥党委的统筹性指导和规范作用，将以人民为中心的发展思想落实和贯彻到调解机制中，使联动性调解机制在运作过程中及时、有效地解决民众的社会矛盾纠纷，保护人民群众的合法权益。

第二，搭建数据平台，充分运用互联网大数据的优势，构建“大调解”框架下的网络信息数据基础。随着人工智能以及大数据在基层社会治理中的广泛应用，信息数据的分类整理与使用在社会矛盾纠纷调解中的作用越来越重要。针对基层社会矛盾纠纷的多元化、频发化等现状，借助于互联网大数据可以有效地对当地社会矛盾纠纷产生的类型、频率以及特点进行分析，并形成富有前瞻性的预测。基层政府可以根据大数据通过建立相应的预警排查机制，防患于未然，也可以根据大数据所呈现出的关于本地社会矛盾纠纷所产生一般性特点和特殊性维度实施相应的矛盾纠纷整治处理措施，建立程序化的和非程序化的解决机制分别应对常态性和偶发性的社会矛盾纠纷问题。同时，还可以进一步将社会矛盾纠纷的数据平台与基层社区治理的网络平台相衔接。一方面，通过社区治理的网络平台，宣传与民众利益相关的法律、法规，“运用社区论坛、微博、微信、移动客户端等新媒体，引导社区居民密切日常交往、参与公共事务、开展协商活动、组织邻里互助”①，从源头上消解基层社会矛盾纠纷；另一方面，及时将社区中的社会矛盾纠纷反馈到社会矛盾纠纷的数据平台中，有利于基层政府以及相应的调解部门及时发现问题，并根据社会矛盾纠纷的态势制定相应的制度性的政策，进一步提升基层政府主动性介入和化解社会矛盾纠纷的能力。

第三，将商业调解、行业调解、律师调解等方式融入大调解机制当中，

① 中共中央国务院关于加强和完善城乡社区治理的意见[M].北京：人民出版社，2017:11.

打造多措并举的社会矛盾纠纷解决机制。基层社会矛盾纠纷复杂，既有人民群众内部之间的民事纠纷和侵权纠纷，也有行业性的商业矛盾纠纷。一些社会矛盾纠纷情况更为复杂，涉及民事、商事等多个维度。这就需要将商业调解、行业调解、律师调解以及第三方调解等有机地融入大调解机制当中，增强联动性调解化解基层社会矛盾纠纷的深度和广度。

参考文献

中国政法大学法治政府研究院.中国法治政府评估报告(2020)[M].北京:社会科学文献出版社,2020.

张静.社会治理:组织、观念与方法[M].北京:商务印书馆,2019.

中华人民共和国人民调解法[M].北京:中国法制出版社,2018.

中共中央国务院关于加强和完善城乡社区治理的意见[M].北京:人民出版社,2017.

法治社会建设实施纲要(2020—2025年)[M].北京:中国法制出版社,2020.

法治政府建设实施纲要(2021—2025年)[M].北京:中国法制出版社,2021.

法治政府建设实施纲要(2015—2020年)[M].北京:中国法制出版社,2016.

常怡.中国调解制度[M].北京:法律出版社,2013.

加强党的领导全面推进法治政府建设

——天长市示范创建实证研究

周仁标[①]

摘　要： 法治政府建设是实施依法治国方略的必然要求，是推进国家治理体制和治理能力现代化的重要支撑。天长市积极贯彻落实党中央、国务院关于法治政府建设的重要部署，加强党对法治政府建设的领导，多措并举推进法治政府建设，成效显著。医疗改革在法治保障下顺利实施，行政改革活力有效释放，改革成果惠及广大人民群众，依法行政能力不断提升，社会矛盾纠纷得到有效化解，形成对公共权力监督和制约机制。在新发展阶段，法治政府建设面临新情况、新任务和诸多因素的制约，必须加强党对法治政府建设的全面领导，压实责任、狠抓落实，增强公务人员的法治意识，树立正确的政绩观，充实法制机构工作队伍，健全法治监督与制约机制，不断推动建设高水平、高质量的法治政府。

关键词： 党的领导　法治政府建设　依法行政　依法治国　天长市

---

① 周仁标，安徽师范大学法学院公共管理系博士、教授，硕士生导师，中国政治学会理事，安徽省政治学会常务理事，安徽省科学社会主义学会常务理事，芜湖市社会治理研究院研究员，主要研究方向：行政管理、地方治理、公共政策。

一 引 言

依法行政，建设法治政府，是全面落实依法治国基本方略的必然要求和重要组成部分，并成为我国从中央到地方各级政府施政的基本准则。党中央、国务院一直高度重视全面推进依法治国，建设社会主义法治国家，将法治政府建设作为全面依法治国的重点任务和主体工程，整体谋划，采取了一系列重大举措，不断推进法治政府建设。党的十五大报告指出："依法治国，是党领导人民治理国家的基本方略"。九届全国人大二次会议通过的宪法修正案规定"中华人民共和国实行依法治国，建设社会主义法治国家"，使依法治国基本方略得到国家根本大法的保障。1999年国务院颁布了《关于全面推进依法行政的决定》，明确依法行政总的指导思想，对立法、执法和监督提出要求。2004年国务院又颁布了《全面推进依法行政实施纲要》，确立法治政府建设的目标，提出今后十年全面推进依法行政的指导思想和具体目标、基本原则和要求、主要任务和措施。党的十八大明确提出到2020年全面建成小康社会的重要目标之一就是法治政府基本建成。为深入推进依法行政，加快建设法治政府，如期实现法治政府基本建成的奋斗目标，2015年12月，中共中央、国务院印发《法治政府建设实施纲要（2015—2020年）》，就指导思想、总体目标、基本原则、衡量标准、主要任务和具体措施等作出部署。自党的十八大以来，在以习近平同志为核心的党中央坚强领导下，各地区各部门坚持以习近平新时代中国特色社会主义思想为指导，深入学习贯彻习近平总书记全面依法治国新理念新思想新战略，全面贯彻落实党中央、国务院关于法治政府建设各项决策部署，不断把法治政府建设向纵深推进，取得了一系列重大进展。

为进一步加快新时代法治政府建设的进程，大力培育法治政府建设先进典型，树立新时代法治政府建设标杆，自2019年7月起，中央依法治国办公室部署开展了全国市县法治政府建设示范创建活动。2020年6月，天长市获全国首批法治政府建设示范地区命名，在全国市县法治政府建设示范创建活动中产生了积极的影响。

本文采用理论探讨与实证分析相结合的方法，梳理和总结天长市加强党对法治政府建设的领导所采取的积极举措与取得的积极成效，分析法治政府建设中存在的制约因素，进而有针对性地提出推进法治政府建设的对策建议，以期为法治政府建设提供有益的参考和借鉴。

二　天长市法治政府建设的实践举措

（一）强化党组织的领导，全面推进法治政府建设

“党的领导是全面依法治国、建设法治政府的根本保证，必须坚持党总揽全局、协调各方，发挥各级党委的领导作用，把法治政府建设摆到工作全局更加突出的位置。”①这是党中央对推进法治政府建设提出的根本要求，也是法治政府建设必须遵循的重要原则。天长市委认真贯彻党中央的部署，把加强党对法治政府建设的领导放在头等重要位置，履行法治政府建设的主体责任，谋划落实法治政府建设的各项任务，强化工作责任，一级抓一级，层层抓落实。2016年，天长市委、市政府印发《天长市贯彻落实〈党政主要负责人履行推进法治建设第一责任人职责规定〉实施细则》（天法发〔2019〕4号），严格落实政府主要负责人切实担负起推进法治建设工作第一责任人制度；2019年8月，召开市委全面依法治市委员会第一次会议，对全市法治建设作出全面部署和要求，印发了《市委全面依法治市委员会协调小组成员名单》（天法发〔2019〕2号），明确相关部门和第一责任人法治建设的工作职责。

正是如此，天长市委、市政府把法治政府建设作为法治天长建设的重点任务、主体工程作出精心安排和部署，对标安徽省和滁州市关于法治政府建设的要求，召开市、镇办两级法治政府建设推进会，对法治政府创建工作从政府职能依法全面履行、依法行政制度体系完善、重大行政决策科学民主合法、行政执法严格规范公正文明、行政权力制约监督科学有效、

① 中共中央、国务院印发《法治政府建设实施纲要（2021—2025年）》[N].人民日报，2021-08-12（1）.

社会矛盾纠纷依法有效化解、政府工作人员法治思维和依法行政能力全面提高、法治政府建设组织领导落实到位等八个方面进行全面安排和部署①，制定了《天长市法治政府建设示范单位创建任务清单》，将创建工作任务细化分解到各镇（街）、各部门，做到了安排部署到位、责任落实到位、推进措施到位、督促检查到位。

天长市委高度重视法治政府建设示范创建工作，为了保障示范创建工作按期完成，取得实效，市政府把创建工作列入年度政法目标责任考核内容重点督办事项，市司法局会同市作风办，先后对各镇（街）和各有关部门进行督导检查，对发现的问题进行了现场交办。成立专项督查组，通过听取工作汇报，查阅相关记录、文件、案卷资料，实地查看工作情况等方式对全市法治政府建设和示范单位创建情况进行检查验收，进一步查漏补缺、巩固提升，保障了创建工作效果。

（二）开展大学习活动，深入领会习近平全面依法治国新理念新思想新战略

为了保证党对法治政府建设的有力领导，把习近平法治思想贯彻落实到法治政府建设全过程和各方面，天长市委极为重视习近平法治思想的学习领会，集中开展“大学习大培训大研讨”主题活动。围绕学习贯彻习近平总书记全面依法治国新理念新思想新战略和重要讲话精神，结合“不忘初心、牢记使命”主题教育，推动各地各部门通过专题学习会、报告会、培训班、党组（党委）中心组学习等形式，开展系列学习研讨。为增强学习效果，表彰在学习教育活动中涌现的先进典型，市政府印发了《关于开展天长市首届“十件法治实事”评选活动的通知》（天法发〔2019〕5号），在全市各地各部门广泛征集，评选出一批十九大以来在全市范围内发生的重大法治实践事件及典型法治案例，进一步在全社会弘扬社会主义法治精神，提升全民法治意识，提高广大干部群众运用法治思维和法治方式推动发展、深化改革、化解矛盾、维护稳定的能力。建立全市法治政府建设信

---

① 天长市召开法治政府建设工作推进会[N]. 滁州日报，2020-12-03(10).

息报送机制，印发《关于进一步做好天长市依法治市信息报送工作的通知》（天法办明电〔2019〕2号），将依法治市信息报送作为一项重要工作进行安排部署，发挥信息宣传实现上情下达、下情上报的积极作用，全方位、多层次地展示依法治市工作成效。不仅如此，为检验学习活动的效果，全市面向各地各部门，开展深入学习贯彻“习近平总书记全面依法治国新理念新思想新战略和重要讲话精神”主题征文活动，将其列入年度法治责任落实考核范围，从上百篇文稿中，选评出优秀作品，进行市级通报表扬并上报滁州市依法治市办。同时，组织开展“大督察”活动。根据市委依法治市委员会年度工作要点和有关督察工作部署，将各地各部门学习宣传贯彻习近平总书记全面依法治国新理念新思想新战略和重要讲话精神作为年度法治督察重要内容。落实法治建设责任，将法治建设纳入市委综合考核和政府目标绩效考核重要内容，探索建立党政主要负责人年度法治述职，领导班子、领导干部推进法治建设评价和法治谈话制度。

（三）加强《宪法》《民法典》学习教育，增强法治观念

法治观念的提升是推进法治政府建设的基础。加强法治政府建设，要重视政府工作人员带头学法，培养和提升自身的法治观念。天长市将宪法学习列入各级党委（党组）理论学习中心组年度学习计划，规定各单位党委（党组）中心组组织专题集体学习，把宪法学习教育作为党员干部教育的重要内容，纳入干部教育培训计划，各单位和学校组织单位工作人员原原本本学习宪法文本，掌握宪法的基本知识，增强宪法观念，带头遵守和维护宪法法律。把宪法学习作为2019年度国家工作人员学法考法的重要考核内容，部分单位组织工作人员在学习的同时公开进行宪法宣誓，激励和引导国家工作人员忠于宪法、遵守宪法、维护宪法。

开展《民法典》学习，是提升公务人员法治观念和学法用法的又一举措。一是将《民法典》列为各级党委（党组）中心组的学习内容，通过举办专题培训班、专题讲座等形式推动《民法典》的学习。二是将学习宣传《民法典》纳入2020年普法依法治理工作要点，开展《民法典》宣传进机关、进乡村、进社区、进学校、进企业、进单位等活动；巩固全国首批法

治政府示范地区创建的成果，建立民法典宣传教育长效机制，将其纳入“十四五”规划编制重要内容；落实“谁执法谁普法”的普法责任制，细化和明确各单位每个工作人员的普法、执法职责。三是利用“天长普法”等微信公众号平台，开展以案释典系列宣传，其以生动的案例、鲜活的语言和形式宣讲民法。市镇两级司法部门通过派发宣传图册、播放宣传视频等方式，集中开展“民法典与生活”普法宣传活动，积极解答群众提出的各种法律问题，化解民间的矛盾纠纷。

（四）举办法治培训班，提升领导干部法治素养和行政执法人员能力

推进法治政府建设，领导干部学法用法显得极为重要，加强各部门负责人法治专题培训，提高他们的法治素质是首要任务。2020年10月，在天长市委党校举办了领导干部法治素养和行政执法人员能力提升培训班，全市各镇街、市直有关单位分管负责同志和法制机构的负责人参加。培训班培训的内容十分丰富，培训队伍阵容强大，邀请了安徽省司法厅法治调研处、滁州市司法局、滁州市中院行政庭、滁州市司法局行政执法协调监督科等部门的专家和领导讲解法治政府建设、合法性审查、行政审判、行政执法卷宗制作等内容。通过培训学习，近百名干部学员受到系统的法律知识教育，增强了公务人员依法行政观念，为提升全市领导干部的法治素养和行政执法人员能力打下扎实基础。

（五）全面实行权责清单制度，推动政府高效履职尽责

党的十八大以来，党中央、国务院强调各级政府必须依法全面履行职能，坚持法定职责必须为、法无授权不可为。

一方面，各级政府要不断深化政府职能转变，在行政审批领域实行“减法”，最大限度减少对生产经营活动的许可，最大限度缩小投资项目审批、核准的范围，最大幅度减少对各类机构及其活动的认定。天长市积极承接国务院和省政府取消、下放和调整的行政审批事项。市政府下发了《关于转发滁州市人民政府关于贯彻落实国务院和省政府取消行政许可事项的通知》等文件，2018年共取消了11项行政许可事项。文件要求涉及单位

及时做好取消行政许可事项的落实，并对权责清单进行相应调整，切实加强事中事后监管，落实监管责任，防止出现监管盲区，坚决维护公平公正的市场环境。

另一方面，加快推进机构、职能、权限、程度、责任法定化，大力推行权责清单、负面清单制度并实行动态管理，加快建设服务型政府，提高政务服务效能。按照滁州市统一安排部署，2018年9月份，天长市政府办印发了《天长市人民政府办公室关于开展2018年政府权责清单、公共服务清单和行政权力中介服务清单动态调整工作的通知》，要求各单位、各镇（街）对照全省行政许可事项清单、其他依申请类权力事项清单、县乡两级公共服务事项目录进行动态调整，编制规范统一的市、县、乡三级政务服务事项清单体系。经各单位清理申报，市委编办、法制办认真审核，2018年市级权责清单新增182项，减少64项，调整要素55项，调整后共2091项；镇级权责清单新增5项，取消4项，调整要素26项，调整后共169项；市级公共服务清单新增213项，减少79项，调整要素29项，调整实施机构8项，调整后共856项；镇级公共服务清单新增122项，取消62项，调整要素43项，调整后共170项；中介服务清单增加3项，取消2项，调整委托主体1项，调整后共111项。清单全部以市政府文件印发执行，并在政府信息公开网进行了公开。

（六）扎实推进“放管服”改革，持续优化营商环境

在社会主义现代化建设的新时代，要实现高质量发展，必须着力转变发展方式、优化经济结构、转换增长动力，提高经济发展质量和效益。要实现这些目标，就必须持续深化推进“放管服”改革。天长市近年来为深化“放管服”改革作出积极努力。以法治营商环境大督查为抓手，全面落实多证合一、一照一码、企业简易注销、注册登记信息共享等改革措施，积极推行最多跑一次等便民措施，及时剔除没有法律法规依据的审批事项和前置证明，大力优化行政审批环节。为此，积极推进“一网、一门、一次”改革。天长市已实现“一张网，两个100%，两个全覆盖”。该项工作的推进实现了市、县、镇、村审批、服务、监管的多级联动，强化智能化建

设和应用，让“互联网+”成为我们做好服务的好帮手。天长市政务中心做到除特殊原因外审批部门和事项“应进必进、一门通达”“一窗受理、综合服务”，不动产交易大厅“综合窗口”已经组建运行。2018年新进驻教体局、卫健委、公安车驾管、人民医院体检等窗口，公安出入境、邮政EMS、粮食、审计、红十字会等正在筹划进驻。2018年11月底前政务服务事项进驻政务中心比例不低于70%。因安全等特殊原因需要保留的分中心，已按要求通知各分中心报政府备案，并更名为“行政区划名称+人民政府政务服务中心部门办事大厅”，由本级政务服务管理机构统一监督管理，执行统一服务标准，政务服务事项纳入网上政务服务平台办理、监察。天长市政务服务中心协同编办起草完成了《天长市加快推进政务服务“最多跑一次”改革实施方案》，以市政府下文，在各镇（街）、市直各有关部门（单位）和承担行政职能和公共服务职能的事业单位推行“最多跑一次”改革。2018年6月底，全市各部门均公布了“最多跑一次”事项清单。政务服务中心在市政府网站和政务公开栏等多处公布了进驻大厅的“最多跑一次”事项清单，进驻事项566项，100%能实现“最多跑一次”。天长市政务服务中心于2018年10月29日召开全市“一门一网一次”改革推进及任务交办会，给相关单位下发改革任务交办单，压实责任，进一步落实改革任务。

与此同时，优化“四最”营商环境，不断促进商事制度改革。2017年，天长市在推行电子营业执照和全程电子化登记管理的基础上，颁发了全国首份“便携式缩小版”电子营业执照。同时，在“五证合一、一照一码”基础上，全市将更多涉企许可证与营业执照整合，再次颁发全省首份“多证合一”的营业执照。一系列“第一”的创新举措，让百姓创业在注册上实现了网上登记“一次不跑”，线下登记“只跑一次”，提高了准入登记效能，减少了行政审批成本。截至2018年底，共发放“五证合一”“一照一码”执照15167份。在推进国地税合作的过程中，坚持改革创新，探索建立国地税“一体化”合作新模式，对35个基本合作事项和创新合作事项进行分解，倾力打造国地税合作“升级版”，实现纳税服务大厅“五统一、五联合”。“五统一”为：标准统一的服务导税、规划统一的税务标识、共用统一的硬件环境、实施统一的服务标准、采用统一的排队叫号评价系统；“五联合”为：在办税厅联合办理税务登记业务、联合进行纳税咨询辅导、联合设置自助办税区、联合设立国地税值班长，联合打造“无边界、无时限、无缝隙”的服务窗口。对各部门自行设定的证明事项一律按照中央的要求取消，并在部门网站及时公布本部门设定的证明事项取消和保留清单。对于取消的证明事项涉及的规范性文件，要及时修改、解释或者废止。对于依法保留的证明事项，逐项列明证明事项名称、证明用途、证明内容、开具单位、设定依据等；对于取消的证明事项，明确取消后的办理方式。

（七）优化政府组织结构，扎实做好机构编制管理

天长市认真落实控编减编任务，强化机关、事业单位的用编计划前置管理，做到了同2012年底的机构编制统计数相比只减不增，落实中央、国务院财政供养人员的宏观调控目标。全面实现了市直行政编制、镇街行政编制、政法专项行政编制、部门核定事业编制、镇街事业编制适度空编运行。及时更新升级维护机构编制实名制系统信息；积极做好党政负责人经济责任审计有关机构编制审计工作；协同组织人社部门做好全市股级领导职数配置管理的相关检查监督工作；机构编制信息化和政务公益域名管理工作扎实推进；认真做好机关事业单位社会信用代码证书管理及事业单位法人登记工作；加强机关档案数据化管理。将所有资质档案，全部扫描，转换成PDF文档，为机构编制档案信息化管理打下了良好的基础。

先行组建了市退役军人事务局和市、镇退役军人事务服务管理机构。将市民政局的退役军人优抚安置职责、市人力资源和社会保障局的军官转业安置职责等整合组建市退役军人事务局。成立了市退役军人服务管理中心，将市退役军人服务管理中心、市烈士陵园管理所、市军队离休退休干部休养所、原市军人接待站整建制转隶至市退役军人事务局。各镇街成立了退役军人服务管理站。2018年，在县级机构改革方面做了大量的基础性工作，完成了3万多字的《天长市党政机构改革调研报告》《天长市党委和政府机构改革推演方案》。2018年8月6日，安徽省委推进机构改革领导小组来滁州调研访谈了天长市主要领导，天长市委编办为市委、市政府准备了《天长市关于机构改革有关情况的汇报》材料，得到了省委推进机构改革领导组的高度评价。

（八）规范行政制度制定程序，完善备案管理

按照中共中央、国务院印发的《法治政府建设实施纲要（2015—2020年）》要求，需要完善重大行政决策程序制度，明确决策主体、事项范围、法定程序、法律责任，规范决策流程，强化决策法定程序的刚性约束。为此，天长市采取了如下措施：

一是严格规范性文件的制定程序。为保证规范性文件的合法性和科学性，凡以市政府或以市政府办公室名义出台的规范性文件，都必须经市政府法制办进行合法性审核后，才能提交市政府常务会议研究，2018年天长市法制办共审核文件近40件。规范性文件审核中，坚持规范性文件专人审核和重大疑难问题集体讨论制度，重点把好行政许可、行政收费和行政处罚这三个关口，是否存在超越权限，限制或者剥夺公民、法人和其他组织的合法权利，或者增加公民、法人和其他组织的义务的；是否同法律、法规规定相抵触的；是否违反法定程序的以及有其他不适当的情形的。

二是加强规范性文件的备案管理。规范性文件备案有利于规范政府行为，加强和完善政府法制工作；有利于提高政府机关的行政效率，解决行政管理过程中出现的新问题。天长市严格按照安徽省、滁州市关于规范性文件备案的相关要求，自文件印发之日起15日内向滁州市人民政府和天长市人大常委会备案，做到应备尽备。2018年，天长市通过安徽省法制监督平台向滁州市政府备案规范性文件17件，向天长市人大常委会书面备案规范性文件17件；有关镇街和部门向市政府备案2件。

（九）严格规范行政执法，提高执法工作水平

坚持严格执法，切实维护公共利益、人民权益和社会秩序，是全面推进依法治国的基本要求，是维护社会公平正义的重大举措，是提升执法公信力的重要途径。为真正做到严格规范行政执法，天长市政府印发了《天长市推行行政执法公示制度 执法全过程记录制度 重大执法决定法制审核制度工作方案》，依托天长市政务信息公开网选择市场监管局、交通局等22家行政执法单位先行公示“执法主体”“执法人员”“职责权限依据”“行政

执法流程”“行政裁量基准”“行政执法结果”六个栏目，22家参加执法公示单位共上传各类信息5028条，完成了行政执法公示工作任务。

有序推进行政执法全过程记录工作。为确保行政执法全过程记录工作的正常进行，各单位合计采购了照相机55台、摄像机30台、执法记录仪336台、高拍仪55台、指纹采集器16台、移动硬盘100个、录音笔86个、光盘刻录器62个。全市城管执法局结合创建标准化城管执法大队的契机，专门新建了同步录音谈话室，配置同程录音录像设施，利用音频全方位、无死角监控，投诉、询问笔录、案卷制作等均在谈话室内完成，实现行政执法行为全过程留痕和可回溯管理。市场监管局借助原工商协同办案系统，对立案、调查、取证、审查、决定、送达、执行等行政执法活动进行记录并归档，实现执法文书和执法卷宗电子化。

认真落实重大执法决定法制审核工作，印发《天长市重大行政执法决定法制审核办法》，落实审核主体、确定审核范围、明确审核内容、细化审核程序。根据重大执法决定的实际情况，编制法制审核工作流程，确定了“七必审”工作方法，即执法对象主体资格必审、执法权限必审、证据材料必审、适用依据必审、执法程序必审、行政裁量权行使（执法结果）必审、法律文书内容必审。执法案件经办人必须将案件材料交由法制机构或法制员以及法律顾问审核，未经审核、报送的材料虚假、不齐备，或者不采纳审核意见的，予以追究责任。

严格执行行政执法人员资格考试及年检制度。2020年是行政执法人员资格认证考试改革之年，从资格报名到通用法律知识考试勤对接，重培训，取实效，均实现网络化；组织行政执法单位的相关人员参加了行政执法人员专业资格考试。2017年全市参加年审的行政执法证件总数为493人，通过数为445人，年审不通过被清理注销数为48人。

认真开展行政执法案卷评查工作，分两批对文广新局、市城管局等28家单位于2017年1月1日至4月30日按一般程序办结的100余件行政处罚、行政许可卷宗进行评查，重点检查法制审核工作的落实、许可案件是否严格程序规定等情况。对评查发现的问题，在全市范围内进行了通报，并督促相关部门进行整改。

三　天长市法治政府建设的积极成效

（一）法治保障医疗改革顺利实施

深化改革，制度先行。2016年3月，天长市被确定为全国4个县级公立医院综合改革示范县（市）之一。全市确立“改革推进到哪个阶段，法治就跟进到哪个阶段”工作思路，先后出台一系列针对性强的制度性文件，为医改工作推进搭桥铺路。制定《天长市深化医药卫生体制综合改革实施方案》，成立医改委，加强统一决策，形成有效管理体制；出台《关于进一步完善县级医院管理体制的实施意见》，实行党委领导下的院长负责制；优化财政投入机制，印发《天长市医疗卫生机构政府投入暂行办法》《天长市公立医院运行补偿管理实施细则》，确保公立医院良性运转；出台《进一步加强基层医疗卫生机构人才队伍建设的实施意见》，规定在镇卫生院服务满3至5年后，经考核可择优纳入县级公立医院编制“周转池”管理，形成“医共体”内人才合理流动。在强有力的法治支撑下，全市医改各项工作顺利推进，县域内就诊率达90.11%，基层医疗卫生机构门急诊人次较医改前明显增长，群众就医满意度达到92.7%。2016年、2017年天长市连续受到国务院通报表扬，4次在全国会议上交流发言，国家卫健委两次召开现场会推广天长经验①。

（二）保障行政改革活力有效释放

天长市积极发挥法治支撑作用，把法治要求贯穿改革全过程，做到“事前”有谋划、“事中”有研判、“事后”有保障。在深化行政审批制度改革过程中，市政府印发了《天长市加快推进政务服务“最多跑一次”改革实施方案》，围绕“简”“快”“优”，提出各阶段的目标任务、责任单位和

① 李光明.健全法治保障创新法治实践——天长护航两项“国字号”改革破冰前行[N].法治日报，2020-09-16(2).

完成时限，实现了更多事项在网上办理“一次不用跑”，特定事项或环节在政务服务窗口“最多跑一次”。经清理审核，市直单位1648项行政权力及公共服务事项，1525项事项实现最多跑一次，占全部事项的92.5%。大力推行“互联网+政务服务”模式，在市级部门的统筹指导下，政务服务中心完成政务服务实施清单编制公布工作，清单认领率100%。全市开展了“减证便民”整治申请材料多的专项行动，实施“八个一律取消”，颁布了取消政务服务事项申请材料清单，并按规定每年开展一次证明事项清理工作，有力保障了行政审批制度改革顺利推进。

（三）依法行政能力得到明显提升

天长市在推进法治政府建设进程中，各行政机关和公务人员按照明确的法治政府建设“路线图”“施工图”，履行职责、行使职权，依法行政能力得到明显提升。首先是依法行政的认知力的提升，即通对法律准则和内容的学习，对法治政府建设的认知能力有了新的认识，在法定的行政权限内，按照法定的行政程序进行行政活动。其次是依法行政的决策力的提升，市域内的广大干部作为政府管理人员，能正确履行基层政府管理公共事务的行政决策职能，在法律法规的指导下对需要解决的问题出主意作决定，使天长市各方面工作得到较快发展，推进了法治政府建设进程。最后是依法行政执行力的提升，广大干部把制定的目标和计划及时转化为实际行动的能力，如“证照分离”改革全面推开，企业开办、不动产登记等事项办理时间压缩50%以上；及时修订政府信息公开条例，开展政府诚信专项督导检查；全面推广行政执法“三项制度”，执法不作为、乱作为等问题从源头上被防止和纠正，全市行政机关依法行政能力和水平明显增强。

（四）改革成果惠及广大人民群众

天长市牢固树立法治理念，在改革过程中，始终通过法治手段为之保驾护航，有效保障各项改革顺利推进。2015年5月，天长市被确定为全国首批29个农村集体资产股份权能改革试点县（市）之一。为确保改革成果经得起检验，全市充分发挥市、镇、村三级法律顾问的作用，对试点过程中需要召开的会议、履行的手续、公示的内容进行严格把关。“农权贷”的顺利“诞生”，与法律顾问的保驾护航密不可分。在改革过程中，全市创新推出配套的“农权贷”融资产品，允许农民以集体资产股份作抵押申请贷款。产品推出前，法律顾问建议设立风险补偿基金，加强风险防控。2016年8月23日，铜城镇余庄村村民于怀同用村集体资产股权证书和土地承包经营权证书作抵押，获得了天长市民生村镇银行提供的15万元贷款，这是安徽省首笔农村集体资产股权抵押贷款。几年来，“农权贷”运行良好，未发生1笔不良贷款。目前，天长市151个村全部完成股份合作制改革，在安徽省率先实现农村股改全覆盖，46.4万农民成为“股东”。

（五）社会矛盾纠纷得到有效化解

首先，健全了矛盾纠纷多元化解机制，认真部署开展“春节”“两会”期间矛盾纠纷排查调处和“大排查、早调解、护稳定、迎国庆”专项活动，2018年，全市各级人民调解组织共排查矛盾纠纷1149起，调解成功率为99%，在维护社会和谐稳定方面发挥了不可替代的作用。其次，推进了人民调解组织的建设，做到村委、社区全覆盖。共建联调组织，齐推源头治理，同享区域和谐，联调委成立以来共调解矛盾纠纷15900余起。大力推进了行政复议的规范化建设。2018年，共办理行政复议案件21件，其中撤销3件，终止11件，维持6件，不予受理1件，复议决定书均挂网公示。抓好建章立制工作，进一步完善了行政复议案件办理流程、案件归档查阅、重大疑难案件集体讨论、召开听证会等工作制度。全面履行行政复议职责，对作为被申请人的行政复议案件，均能够在法定期限内向行政复议机关提交书面答复，提交当初作出具体行政行为的证据、依据和其他有关材料，并按要求参加复议听证。同时，落实行政复议回访，案件办结后，在合理期限内开展行政复议案件回访，填写回访表，听取申请人对案件办理情况的建议和意见。再次，法治宣传教育得到大力加强。充分发挥市“七五”普法宣讲团作用，全面开展2018年度全市“七五”普法宣讲团“法律六进”巡讲活动。活动时间贯穿全年，以“尊法、学法、守法、用法”为主题，深入市直机关、单位、学校、企业和乡村，开展67场“法律六进”活动。结合

“美丽乡村”建设，开展民主法治示范村（社区）创建活动，推荐申报仁和集镇界牌社区等12个村（社区）为滁州市民主法治示范村（社区），提高基层民主法治水平；联合民政局开展“民主法治示范村”调研活动，对民主法治示范（社区）实施动态管理。开展大型主题集中宣传活动38场次，在全社会营造了浓厚的普法氛围。印发《关于组织开展学习宣传宪法学习宣传教育活动的实施方案》，在全市范围内广泛开展各类宪法学习宣传教育活动368场次，受教育群众达2万人次，积极营造了浓厚的宪法宣传学习氛围。深入推进“法德故事”校车行活动，联合教体局、关工委开展中小学生法德故事读书周、法德故事征文以及法德故事演讲比赛活动；联合关工委开展以“法治宣传教育如何向村（社区）延伸”为主题的调研活动，深入推进青少年法治宣传教育。充实“法治书房”普法用书，丰富法治文化宣传载体；推进农村法治文化阵地建设，在全市各村（社区）建立法律图书角（架）。通过采取以上活动，天长市形成了风清气正的良好社会氛围，一些社会矛盾和纠纷得到了有效化解。

（六）形成对公共权力的监督和制约机制

首先，认真办理了人大及其常委会对政府工作的审议意见，人大代表和政协委员提出的意见和建议办结率达100%。其次，落实行政机关负责人出庭应诉。依照市政府出台的《关于进一步加强行政机关负责人出庭应诉及出庭应诉情况备案工作的通知》从制度层面推进机关负责人出庭应诉。组织行政执法人员旁听行政诉讼案件庭审活动，通过旁听案件庭审，提升行政执法人员证据意识和程序意识，以法治思维指导行政执法工作。再次，办理市长热线和市长信箱，共收到群众投诉及问题反映共4100余起，均在规定时间内向当事人作出了回复。从办理效果看，群众满意度高，没有起因处理或者答复不及时而引发群体性事件。同时，全面推进政务公开，深入贯彻《政府信息公开条例》，加大信息主动公开力度。制定了《关于印发天长市2018年度政务公开工作考评细则的通知》（天政务〔2018〕46号），对全市政务公开工作做了具体考核要求。2020年，全市共收到网上依申请公开42件，全部督促按时回复；没有因信息公开发生行政复议和行政诉讼案件。坚持新闻发布会的公开方式，强化政务公开工作。2020年以来组织了六期47场新闻发布会，共47家部门单位作发布，参会人数达370人之多。协助三家单位召开了3场新闻发布会。最后，实施“红黑名单”制度。共有13个部门建立了本部门的红黑名单制度，并及时把红黑名单信息录入平台，形成了有效的对公共权力的监督和制约机制。

四 法治政府建设面临的制约因素

（一）传统政治文化的制约

法治是相对于人治而言的，人治是传统农业社会政府的治理方式，中国是一个具有两千多年封建社会集权传统的国家，这是与农业在全社会中占主导地位的经济基础相适应的，生产方式和管理方式高度一致和统一，由此形成了传统的政治文化，全社会形成浓厚的人情因素、精英意识、等级观念和特权思想，与此相适应，人们的民主观念、法治意识、权利意识等比较淡薄。建设法治政府就是要摒弃传统的人治观念，树立民主意识、平等观念、权利意识和法治思想，这对于受传统观念深刻影响的政府官员和广大民众来说，是一个较为漫长的历史过程，很难在较短的时间内产生理想的效果。因此，传统的人治观念、官本位意识对法治政府的建设构成极为不利的影响。

（二）唯GDP论政绩观的影响

改革开放以后，我国各级政府尤其是基层地方政府都把抓经济建设放到一切工作的首位，因此，GDP成为衡量各级政府官员优劣的关键指标，近些年来，虽然中央政府一再强调要树立正确的政绩观，在实现经济快速增长的同时，努力促进经济、政治、文化、社会和生态“五位一体”协调发展，即实现物质文明、精神文明、政治文明、社会文明、生态文明全面进步，努力构建服务型的政府。然而，在现实生活中，唯GDP论的政绩观仍在一些地方大行其道，并在各地政府间产生涟漪效应，给法治政府建设带来不利的影响。

（三）基层法制机构人员配备不全

近年来，随着法治政府建设的推进，天长市政府法制机构和人员配备等方面的力量都有了一定程度的增强，但与上级政府的要求、法治政府建设与依法行政的目标任务之间还存在着较大差距，难以承担起推进依法行政、建设法治政府的重要使命。在市政府部门和镇（街）的层面，政府工作部门仅有半数机构专门设立了法制股等类似的单位，其余单位则由其他股室兼揽法制工作，镇（街）则多以司法所兼职法制机构的职责，而没有明确配备专职的法制工作人员，使得法制工作缺乏基本的组织体系。因此，部门和镇（街）作为法治建设的前沿阵地，还停留在一种真空或半真空的状态。

（四）制度执行和监督存在漏洞

一项好的制度如果没有规范而高效的执行，同样不能取得理想的效果。天长市政府对政府合同、规范性文件、行政执法等工作都建立了系统的管理机制，并且都进行了多次培训，但在实施过程中，落实仍有差距。一些单位在规范性文件送审时没有严格按照规定的程序和形式报送审查，政府合同主办部门未组织相关涉事部门研究论证就报送法制审查；在报送政府合同或规范性文件时不给法制审查留出必要的工作时间，经常是“下午签约，上午送审”；在行政执法中，有的单位对违法轻的处得重，对违法重的处得轻，没有严格执行行政处罚自由裁量基准制度。制度执行之所以存在不足或不利的现象，问题的关键是制度在执行过程中缺乏有效的监督和制约。

五　进一步推进法治政府建设的几点思考

2021 年 8 月，中共中央、国务院印发《法治政府建设实施纲要（2021—2025 年）》，是全面贯彻习近平法治思想的重大举措，是“十四五”

时期全面推进法治政府建设的路线图和施工图，对在新发展阶段不断推进法治政府建设，更好发挥法治政府建设在保障高质量发展、推动全面深化改革、维护社会大局稳定等方面的重要作用，更好发挥法治政府建设在法治国家、法治社会建设中的示范带动作用，具有重大意义。天长市在具体实践中，应着力解决制约法治政府建设推进中的突出问题，根据新情况新任务提出新举措，积极推动法治政府建设压茬推进、创新发展，不断推动建设高水平、高质量的法治政府。

（一）强化党组织建设，增强公务人员的法治意识

习近平总书记多次强调，要坚持中国共产党对各项工作的全面统一领导，法治政府建设必须在党的坚强领导下，沿着正确的方向前进。为此，一要继续强化各级党组织建设，配齐配强党的领导班子，实行党委一把手负责制，把法治政府建设的成效作为考核党委一把手工作业绩的重要指标，同时突出基层党组织的战斗堡垒作用，发挥每一个党员在法治政府建设中的模范带头作用。二要加强公务人员法律知识的教育和宣传，把增强公务人员法律意识作为各级地方政府的使命和任务，长期不懈地坚持下去，可通过各种宣传工具，如会议、宣传栏、广播影视等，对公务员进行宣传和教育，并使之常态化和规范化。三要督促公务员加强对法律知识和法律法规的学习，并通过思想汇报、书面心得等方式掌握学习情况及效果，使广大公务人员深入领会法律法规的精髓，形成依法行政和建设法治政府的思想认同和理论认同，牢固树立依法行政的观念，并将法治意识切实贯彻于每一项行政活动中，从而确保行政活动的合法性、针对性和实效性。四要健全公务人员有关法律知识的考试考核制度。地方各级政府的行政机关每年要安排集体学法或开展法治讲座，省、市、县委党校、行政学院和公务员培训机构均要把系统的法律知识教育纳入教学课程，加强对通用的法律知识以及与履职相关的专门法律知识的教育和考核。五要使公务人员正确认识法律和权力的关系。从权力的来源看，它源于人民的授予或让渡，我国宪法规定：“中华人民共和国的一切权力属于人民”，人民通过选举代表组成国家立法机关和行政机关，权力的法定化是公务人员依法行政的前提，它保证了权力本身的

正当性和合理性。因此，政府工作人员须准确理解各种法律法规，明确自己的职责权限，坚持“法定职责必须为、法无授权不可为”的办事原则，使自己的各项活动都在法律的框架下运行。

（二）树立正确的政绩观，推动“五位一体”全面协调发展

所谓政绩，是指政府官员行使公共权力、履行行政职能所取得的实际绩效。所谓政绩观，有广义和狭义之分，广义上是泛指全社会对政绩总的看法和态度，狭义上仅指政府官员对政绩总的看法和态度，它反映一定区域内的政府及其公务人员从政的基本价值取向。树立正确的政绩观既是马克思主义执政党的本质体现，也是中国共产党人建设社会主义现代化国家、实现中华民族伟大复兴的必然要求，在建设社会主义现代化国家的征程中，各级党政领导干部和广大的公务人员，只有牢固树立正确的政绩观，才能推动社会主义各项事业全面协调地发展[①]。2020年11月，中共中央组织部印发《关于改进推动高质量发展的政绩考核的通知》，要求改进地方党政领导班子和领导干部政绩考核工作，推动形成能者上、优者奖、庸者下、劣者汰的正确导向，引导各级领导干部牢固树立正确的政绩观，不断提高贯彻新发展理念能力和水平，提高制度执行力和治理能力。树立正确的政绩观，首先要牢记中国共产党人的初心和使命，即为中国人民谋幸福、为中华民族谋复兴，牢记党的根本宗旨，全心全意为人民服务，把实现好、维护好、发展好最广大人民的根本利益作为自己一切工作的出发点和落脚点；其次是树立正确的世界观、人生观和价值观，深刻认识和科学把握人类社会的发展规律、社会主义建设的规律、共产党的执政规律，提高明辨是非的能力；再次，坚持实事求是的思想路线，尊重实际、尊重群众、坚持真理，以不断发展变化的客观实际为基础和前提，充分发挥公务人员的主观能动性，从而创造出令人民满意、能够经受实践检验的从政业绩；最后，完善政绩考评机制，因为科学的政绩考评机制是引导人们正确从政的“风向标”和“助推器”，为此，要按照科学发展观的要求，将政治、经济、文化、社

① 陈春生.以正确政绩观推动科学发展[N].河北日报，2013-10-30(7).

会、生态文明五大领域的总目标细化为各种具体的考核指标，并将考核的结果与公务员的职务晋升、奖惩等挂起钩来，从而激励和引导各级政府官员确立科学的正确的政绩观，全面提升执政能力和水平。

（三）充实法制机构队伍，为法治建设提供充足人力支持

全面推进依法行政、建设法治政府是新时代各级政府建设的重要目标，因此，适当增加县级市（区）政府法制机构编制，配齐配强法制机构人员，使政府法制机构人员队伍与依法行政的工作需求相适应。当前基层政府的法制机构，存在着人员编制与承担的职责和功能极不相称的情况，需要上级政府和编制管理部门对基层政府法制机构的设置规格、性质、编制等作出统一规定，适当增加基层政府法制机构的人员编制数。一般而言，区县级政府法制机构因为需要全面履行法定职责，至少需要2个内设机构，其中一个机构负责行政合同和规范性文件审查，另一个机构负责行政复议和执法监督。每个镇（街）政府应当设立专门的从事法制工作的机构（法制室或法制股），配备1至2名专职法制工作人员。同时，建立健全法制干部培训制度，有计划、有步骤、有重点地对法制工作人员进行业务知识的培训，不断提升法治工作者的综合素质，着力建设一支既能深入政府法治实践，又有较高理论水平的学习型、研究型的法治工作队伍。

（四）健全法治监督与制约机制，促进权力与责任相统一

法治政府建设就是要求政府行政权力的运用、行政职能的履行都在法治的框架下进行，而脱离法治的轨道、不受监督和制约的权力必然会产生权力的滥用和腐败，因此，防止权力的滥用和腐败就必须加强对权力的监督和制约。首先，要建立健全权力监督和制约的法规制度，只要权力运行到的地方就应该由相应的机构和人员进行监督，在权力的监督上不留死角，对于不同权力的监督主体、监督内容、监督程序和手段、发现问题如何处理等事项必须通过法律法规和规章加以明确。其次，要完善权力监督制约体制。习近平总书记在首都各界纪念现行宪法公布施行30周年大会上指出："我们要健全权力运行制约和监督体系，有权必有责，用权受监督，失

职要问责，违法要追究”。因此，一方面既要加强人大、舆论、社会组织和公众等外部监督，另一方面要加强政府内部的层级监督和专门机关的监督，形成严密的监督体系，对监督中发现的问题要坚持有错必纠、有过必改，确保权力监督落到实处、见到实效。再次，建立问责机制。权力和责任是相辅相成、辩证统一的关系，既没有无权力的责任，也没有无责任的权力，权力越大，责任往往就越重。责任与权力相伴而生，它是对政府权力的规范和制约。法治政府首先就是责任政府，即责任法定、依法尽责、依法担责、违法问责。政府机关的工作人员必须有勇于为国家、社会和人民负责的精神，敢于担当和作为，既要反对那些尸位素餐的不作为现象，也要杜绝胆大妄为的乱作为现象。对于在公务活动中违法失职的行为要依法追究，坚持责罚一致、公正严明的追责原则。此外，在权力的监督上，同样需要在法治的框架下进行，即实行法制监督，一方面要防止出现影响和干涉权力合法运行的现象，另一方面也不能出现搞形式、走过场或对违法犯罪视而不见、听而不闻，甚至与滥用权力者同流合污的现象。

六 结 语

天长市在法治政府建设进程中，坚持以习近平新时代中国特色社会主义思想为指导，深入学习贯彻党的十九大和十九届历次全会精神，全面贯彻习近平法治思想，坚持依法治市、依法执政、依法行政共同推进，法治天长、法治政府、法治社会一体建设，把法治政府建设作为贯穿政府工作的主线，不断完善工作机制，规范行政行为，增强了政府公信力和执行力，为天长市经济社会的健康与快速发展提供了坚实的法治保障。天长市法治政府建设在取得明显成效的同时，也受到传统的政治文化、不当的政绩观、法制机构建设不健全、监督制约机制不完善等不利因素的影响和制约。必须结合实际，认真贯彻落实《法治政府建设实施纲要（2021—2025年）》文件精神，全面推进法治政府建设，加强法律知识的教育和宣传，增强公务人员的法治意识，打牢法治政府建设的思想根基；广大公务人员应树立正确的政绩观，推动政治、经济、文化、社会、生态文明南等“五位一体”

全面协调发展。同时，进一步充实法制机构工作队伍，提高法治工作者的素质，为法治政府建设提供充足的人力支持；建立健全法治监督与制约机制，促进权力与责任相互统一，努力构建适应社会主义现代化建设要求的人民满意的法治政府。

参考文献

中共中央、国务院印发《政府建设实施纲要（2015—2020年）》[N].人民日报，2015-12-28（1）.

中共中央、国务院印发《法治政府建设实施纲要（2021—2025年）》[N].人民日报，2021-08-12（1）.

李光明.健全法治保障创新法治实践——天长护航两项“国字号”改革破冰前行[N].法治日报，2020-09-16（2）.